U0931421

陕西省社会科学基金项目（13C071）
陕西省教育厅人文社科重点研究基地项目（14JZ003）

周秦伦理文化研究丛书

ZHOUQIN LUNLI WENHUA YANJIU CONGSHU

德性之用

思孟学派与亚里士多德的伦理学

崔丽萍 著

中国社会科学出版社

图书在版编目(CIP)数据

德性之用:思孟学派与亚里士多德的伦理学/崔丽萍著.—北京:中国社会科学出版社,2016.5

ISBN 978－7－5161－7587－3

Ⅰ.①德… Ⅱ.①崔… Ⅲ.①儒家—学派—哲学思想—研究②亚里士多德(前384～前322)—伦理学—研究 Ⅳ.①B222.05②B502.233③B82－095.45

中国版本图书馆CIP数据核字(2016)第025342号

出 版 人 赵剑英
责任编辑 周晓慧
责任校对 无 介
责任印制 戴 宽

出 版 中国社会科学出版社
社 址 北京鼓楼西大街甲158号
邮 编 100720
网 址 http://www.csspw.cn
发 行 部 010－84083685
门 市 部 010－84029450
经 销 新华书店及其他书店

印 刷 北京明恒达印务有限公司
装 订 廊坊市广阳区广增装订厂
版 次 2016年5月第1版
印 次 2016年5月第1次印刷

开 本 710×1000 1/16
印 张 17.5
插 页 2
字 数 301千字
定 价 66.00元

目　　录

导　论

“德性”是20世纪后半期学术界比较热门的术语，在“德性”的光照之下，中西方都产生了德性伦理复兴的浪潮，国内外有许多学者将中西的德性之学进行比较；同时，思孟学派作为儒家的重要学派，在德性伦理学中占有一席之地，也是近年来的研究热点之一。因此，在“德性”的平台上，将中国儒家的重要学派和西方德性伦理学的代表人物亚里士多德的伦理学进行比较，就是本书的核心理路。下面将从本书研究背景及成果、理路创新及方法、主要内容及框架结构三个方面做一些基础研究和交代。

一　背景及研究成果

（一）两种复兴

1. 德性伦理学的复兴

20世纪后半期，西方伦理学界出现了两场声势浩大的新伦理学运动，其中之一就是德性伦理学的复兴，这场复兴运动起源于1958年英国著名学者安思康（Elizabeth Anscombe）发表的《现代道德哲学》。[①] 在这篇论文中，安思康认为，近代西方道德哲学家将道德当作一种规则去研究，这在逻辑上是错误的，在人们找到确当的心理哲学之前应该停止道德哲学研究。安思康的文章激发了当代德性伦理学的复兴，特别是亚里士多德德性伦理学的复兴研究。甘绍平在《当代德性论的命运》一文中指出：当代亚里士多德德性伦理学的复兴并不是对亚里士多德德性论的原原本本的回

① “Modern Moral Philosophy”最早刊于 *Philosophy*, 33（1985），再载于 *Virtue Ethics*, eds. Roger Crisp and Michael Slote（Oxford University Press, 1997）.

归，而是对其理论的吸收和创新，这主要有三种变形：一是以美国哲学家麦金太尔（A. MacIntyre）为代表的共同体主义的变形；二是以美国哲学家努斯鲍姆（Martha C. Nussbaum）为代表的普遍主义的变形；三是以美国哲学家麦克道尔（John McDowell）和德国哲学家伽达默尔（Hans-Georg Gadamer）为代表的明智论的变形。[①]

以麦金太尔为代表的共同体主义是德性伦理学复兴的主要旗帜，他们以反思西方传统伦理思想的面目出现，对以边沁、穆勒为代表的功利论、以康德为代表的义务论和以罗尔斯为代表的新契约论等新旧规范伦理学展开了思想批评，力图恢复古典的亚里士多德主义德性伦理传统，建构现代德性伦理学，其著作《追寻美德：道德理论研究》（*After Virtue: A Study of Moral Theory*）可以说是现代德性伦理研究的一个纲领性文献。在书中，他审视和反思了现代社会的道德观念，批判了道德无序的精神状态，并把道德问题解决的方向指向了传统德性伦理学。而努斯鲍姆认为，德性对于任何人都是适用的，因而具有普世性，力图消解共同体主义所导致的相对主义缺陷；麦克道尔和伽达默尔继承和强化了亚里士多德的“明智”德性，通过对明智的强调来批判和弥补规范伦理学所导致的理论和实践之间的分离。

此外，托马斯·阿奎那的德性伦理学也受到学术界的关注，如美国学者安德鲁·J. 德洛里奥（Andrew J. Dell'Olio）在其著作《道德自我性的基础：阿奎那论神圣的善及诸美德之间的联系》（*Foundation of Moral Selfhood: Aquinas on Divine Goodness and The Connection of Virtue*）通过考虑上帝在道德自我性发展中的基础性作用，反思有神论与伦理理论之间的关系，尤其是与美德伦理学的关系，并集中阐释了阿奎那的美德概念。此外，近年来，在德性伦理学研究领域出现了许多知名的学者和著作，如美国学者迈克尔·斯洛特（Michael Slote）的《从道德到德性》（*Morality to Virtue*），英国女哲学家奥罗拉·奥尼尔（Onora O'Neill）的《朝向正义与德性——关于实践理性的总的阐释》（*Towards Justice and Virtue—A Collective Account of Practical Reasoning*），美国学者丹尼尔·斯戴特曼（Daniel Statman）编辑出版的《德性伦理学》（*Virtue Ethics*）等，这些著作从不同的侧面研究了德性伦理学。

---

① 甘绍平：《当代德性论的命运》，《中国人民大学学报》2009 年第 3 期。

此外，自20世纪90年代以来，中国学术界对德性伦理学的研究和探讨也取得了一定的成果。如陈根法的《德性论》就是一部系统研究和阐述德性理论及其实践的专著。该著作对德性的意义和价值，德性的审美力、选择力、意志力、人格力进行了细致探讨，并比较了中西方传统德性伦理，着重论述了德性伦理的当代意义。王国银的《德性伦理研究》也是在德性伦理复兴的学术大背景下结出的果实。该著作分析了德性伦理的概念与结构、中西方德性伦理的发展脉络、德性伦理的本质与方法，以及探讨了在当代社会中德性伦理可能存在的样态，比较综合、全面地研究了与德性伦理学相关的一些问题。此外，学术界也出现了大量关于德性伦理的学术论文，如肖群忠的《美德诠释与美德伦理学研究》，陈真的《美德伦理学和道德建设》，李兰芬的《德性伦理：人类的自我关怀》，杨国荣的《道德系统中的德性》等。这些论文对德性伦理的特点、德性伦理研究的内容及德性伦理的运行机制等进行了细致探讨，深化了我们对德性伦理学的认识。此外，伦理学界的学理探讨一直围绕着当代中国“道德危机”和“道德重建”等问题展开，很多学者在肯定规范（制度）伦理及其价值的基础上阐释了德性伦理及其当代价值，并试图构建新的伦理范式。王海明的专著《新伦理学》、李彬的博士学位论文《走出道德困境——社会转型下的道德建设研究》以及吕耀怀、刘爱龙的学术论文《制度伦理与德性伦理》就是其中的典范。

除此之外，亚里士多德的德性伦理研究也结出了丰硕的成果，主要有廖申白的《亚里士多德友爱论研究》，黄显中的《公正德性论——亚里士多德公正思想研究》，何良安的博士学位论文《为了幸福——亚里士多德德性伦理研究》，周雯的硕士学位论文《亚里士多德“幸福论”研究》，刘科的硕士学位论文《亚里士多德明智思想研究》等。这些著作和论文对亚里士多德德性伦理学产生的背景、实质、特征、学术宗旨及主要德性进行了比较深入的研究和探讨。

2. 儒学的复兴

儒学在中国传统社会中一直处于主导性地位，但是近代以来，国势日衰、民族危亡，西方经济实力的强大和文化的先进自然而然成为当时人们关注的热点。在19世纪后半期，儒学的独尊地位受到挑战，先是天平天国运动中基督教对儒家思想的冲击，再是曾国藩、张之洞等人主张“中学为体，西学为用”，强调西方先进的科学技术对儒学实用价值的补充和完善；然后是改良派康有为的今文经学对儒家思想本体的创新和诠释。虽然这些挑战和革新并没有改变传统儒学的主体地位，但是儒学的完善性和崇高性受到普遍的质疑。随着改良运动的失败和民主革命的兴起，特别是五四新文化运动的爆发，思想界出现了以胡适为代表的自由主义和以陈独秀、李大钊为代表的早期马克思主义等文化激进主义者对儒学的彻底批判，传统儒学的独尊地位就此终结，其存在的意义和价值受到质疑，甚至遭到完全的否弃。在这种情况下，一批学者如梁漱溟、张君劢、熊十力等为了挽救民族文化的危亡，站在儒家文化和中国文化的立场上，回应批判和反批评，重新强调儒家文化的人文价值和精神价值的核心地位，是现代新儒学自我发展道路上的起始阶段，也被称为儒学复兴的第一阶段。也就是说，儒学的复兴和现代新儒学的崛起是同一学术现象的不同表述，前者着眼于对传统的延续，后者着眼于对现代的回应，而此处对于儒学复兴的阐释也选用了现代新儒学的视野。

对于现代新儒学和现代新儒家，方克立先生在《现代新儒学辑要丛书·总序》中有明确的界定，即“超越了新儒家学者之间的师承、门户之见，把在现代条件下重新肯定儒家的价值系统，力图恢复儒家传统的本体和主导地位，并以此为基础来吸纳、融合、会通西学，以谋求中国文化和中国社会的现实出路的那些学者都看作是现代的新儒家”[①]。也就是说，由于各自的学术视野、学术气质及学术方法的不同，现代新儒学和现代新儒家内部形态各异，但是，现代性、本体性及重构性是现代新儒学和新儒家的共同特征。对于现代新儒学的发展历程，刘述先先生根据新儒家学者的出生年代、学术风格和活动时间，提出了“三代四群”的构架；第一代第一群主要指上述的梁漱溟、张君劢、熊十力及马一浮四位先生；第一代第二群主要有冯友兰、贺麟、方东美等。第一代新儒家基本上都活动在20—40年代，第一群学者的学术风格比较保守，更为强调儒学的本体性和主导性地位，而第二群学者基本上受西方学术的影响较深，在现代性和民族性问题上，往往因对现代性的强调而偏离了儒家文化的本体性、主导性地位，因此，有些学者认为，他们不应当位于新儒家之列。但是冯友兰的“新理学”、贺麟的“新心学”以及方东美的“生命哲学”在很大程度上都着眼于儒家学说本身，是对儒家学说的现代重构，对儒学的复兴和

①　方克立主编：《现代新儒学辑要丛书》，中国广播电视出版社1992—1996年版。

现代性转化做出了很大的贡献。因此，笔者认为，方克立先生宽泛的态度和上述一代两群的分类法是比较合理的，更能体现现代新儒学的多样性和包容性。

从新中国成立到80年代，中国大陆的学术氛围和政治气候不适合现代新儒学的进一步发展，这种新儒学传统也随着部分儒家学者迁徙至港台，而在港台落地生根。1958年1月，张君劢、牟宗三、唐君毅和徐复观继承和发展了第一代新儒学的成果，在香港的《民主评论》和台湾的《新生》周刊上共同发表了《为中国文化敬告世界人士宣言》。该宣言认为，西方文化并非完美无缺，中国文化也是世界优秀文化成果的一部分，应该有存在和研究的价值和意义，因而倡导中国文化的复兴。此宣言影响深远，被称为“现代新儒学第二阶段发展历程中最重大的事件”。该宣言的作者们认为，哲学是中国文化的根本，而儒学特别是儒家的心性之学是中国哲学的重中之重。因此，他们认为，中国文化复兴归根到底是儒学的复兴。而且他们坚持中国文化的一本性，即认为中国文化在本源上是充足的，因此，中国文化的现代性应该来源于中国文化本身，即中国需要科学和民主，但是这种科学和民主应该发源和统摄于中国固有的历史文化精神。在儒学复兴的第二阶段发展中，出现了一大批研究成果，如牟宗三的《心体与性体》《中国哲学的特质》《中西哲学的会通》，徐复观的《中国人性论史·先秦篇》《中国艺术精神》，唐君毅的《中国哲学原论》《生命存在与心灵境界》等。这些著作从不同的角度集中探讨了中国哲学，即儒学的特质，阐释了儒学“道德形而上”的特性，重新确立了儒学的人生理想和价值系统，并且探讨了“新”儒学的含义及建构，探索儒学新的发展趋向，使新儒学思潮成为当代中国最有活力和最具影响力的哲学运动之一。但是，虽然港台三大家或第二代新儒家在倡导儒学复兴，重新构建新的儒学体系方面贡献甚大，但是他们过分强调了儒学的一本性、主体性、自足性和本源性，在儒学回应现代性时也恢复了其独断性，这就导致了其体系内部的矛盾，为第三代新儒学和儒学复兴的第三阶段提供了路径。

在七八十年代，一批师承港台新儒家而旅居海外的学者，继承了港台新儒学的文化脉络，使儒学研究呈现了新的气象，这批学者不同于第二代新儒家那样强调中国文化的特质和独立地位，不再坚持儒家文化的一本性、自足性和独断性，而是力图在西方文化的多元构架中，为中国文化争取一席之地。他们坚持开放化、多元化、世界化的学术立场，注重批判意识和对话意识，希望在批判和回应中重建儒学自身。他们不仅注重用西方现代化的视野研究、重构儒学，而且将儒学的重建方向确定在批判“现代性”的道德危机中，注重儒学和谐的人道精神对现代道德的补充和挽救作用，这批学者被称为第三代新儒家，主要代表有余英时、刘述先、成中英和杜维明等。余英时着重阐发中国文化的“内在超越”特征，注重传统文化的现代价值和“超现代”价值，注重传统和现代之间的连接和转化，打破儒学独霸精神领域的构想，注重儒学的人伦日用，主要著作有《中国思想传统的现代诠释》《史学与传统》等；刘述先主要致力于“理一分殊”的现代诠释，并且提出了现代化的五大弊端，明确标示出儒学的“后现代”价值，主要著作有《儒家思想开拓的尝试》《朱子哲学思想的发展与完成》等；成中英意图建立一个更具整合性和开放性的儒学体系，为建立客观性、外向性的儒学开创了道路，主要著作有《合外内之道——儒家哲学》《中国文化的现代化与世界化》等；杜维明注重儒学的人文价值和对儒学的创造性诠释，强调儒学在人文资源和价值取向上的文化影响，主要著作有《现代精神与儒家传统》《儒家思想新论——创造性转化的自我》等。

由上所述可知，虽然现代性、本体性、重构性是现代新儒学和儒学复兴各个阶段的共同特征，但是在如何回应现代性，如何重建新儒学，如何以及在多大程度上保有儒学的本体性、主导性和连续性上，不同时期、不同群体的新儒家呈现出不同的取向，一代一群和二代三群的新儒家更加强调中国文化和儒家文化的主体性地位，民族主义特色比较明显，而一代二群和三代四群的新儒家更加倾向于现代性和世界性的学术视野，在某种程度上超越了儒学的本体性界定。但是，如果打破民族本位文化和儒家本位文化的界限，将儒家文化的现代性转化和儒家文化现代价值的挖掘活动都视为儒家文化的新的发展的话，不仅一代二群和三代四群是现代新儒学的劲旅，而且许多未成体系，还不是很成熟的儒学新研究都可以归入现代新儒学的范畴。这种泛化的取向可能会触动对“现代新儒学”已有的界定，但是学术的发展原本不就是不断地超越和完善吗？在现代性和后现代性已成趋势的今天，着眼于儒学，对其进行批判性研究和现代性诠释，本身就是对民族文化的传承和发展。

此外，在中国大陆，新中国成立之后和改革开放之前的这段时间内，儒家学说，特别是宋明理学受到了严厉的批判，同时，在历史唯物主义和辩证唯物主义视角下，儒学虽然没有得到发展，但获得了一定的历史地位，作为一种历史价值被保留下来。但是，随着“文化大革命”的到来，阶级斗争统领了一切领域，学术界、文化界一片荒芜，儒学也受到了彻底的摧残。其后，随着改革开放的浪潮，思想解放也被提上日程，儒学在劫难后再一次重生，重返学术界，而且在海外新儒学和港台新儒学的影响下，中国大陆也出现了“儒学第三期”“儒学第四期”的研究热潮，主要代表人物有张立文、牟钟鉴、杨国荣、蒋庆、李泽厚等。[①] 张立文致力于“和合哲学”的现代重建；牟钟鉴试图建立“新仁学”；杨国荣注重存在与价值的关系；蒋庆试图强化儒学的政治功能；而李泽厚则不同意将汉唐儒学排除出儒学发展的进程，因而提出了“四期儒学”说，并且强调儒学的后现代价值。虽然不同的学者群关注的焦点和诠释的方式有所不同，但是儒学的当代价值或者儒学的现代化问题是大家共同面对的主题之一。而儒学的复兴也成为学术界关注的热点之一。

此外，中国的第三代领导集体和第四代领导集体非常注重中国的文化建设以及对传统优秀文化的弘扬，注重文化的软实力作用。继江泽民总书记“三个代表”重要思想和“以德治国”思想方针提出之后，胡锦涛总书记进一步提出了“和谐社会”的发展方略和“八荣八耻”的社会主义荣辱观，而且在庆祝中国共产党成立 90 周年大会上的讲话中，明确提出了“文化自觉和文化自信”的观念，倡导在现代背景下对民族文化的自觉发展和进一步创新，树立对民族复兴和民族文化复兴的坚定信念，将民族文化的复兴看作民族复兴的重要组成部分。官方的文化观念是对学术界文化观的一种回应和总结，是改革开放以来中国学术界思想发展的成果结晶。同时，这种文化观也指导和预示着中国未来的文化发展方向。也就是说，儒学的复兴，中国传统文化的复兴，是学术界和文化界一个普遍的观念，它将在很长一段时间内受到普遍的关注。

（二）两种复兴的对话及比较研究

正如上文所言，20 世纪出现了两种复兴：一种是西方德性伦理学的

① 陈鹏在其著作《现代新儒学研究》（福建人民出版社）中，将这批学者称为现代新儒学的“第三代第五群”。此处采用其观点，将这批学者看成是现代新儒学第三代在大陆的发展和延续。

复兴，一种是儒学的复兴，但是这两种复兴都是以单线形式发展的。以德性伦理学模式研读儒学并与西方德性伦理学进行对话是在90年代初才开始兴盛的。就笔者所见，在近20年里，中西德性伦理学的比较研究取得了一定的成果，主要著作有赵汀阳的《论可能生活——一种关于幸福和公正的理论》。该书从无立场方法论的角度重新分析了幸福和公正问题，试图重建一种综合中西理论优势的当代美德伦理学，是西方德性伦理学与儒家德性伦理学进行对话的有力成果。

此外，还出现了大量的关于古希腊与先秦儒家德性伦理比较研究的成果，主要有美国学者余纪元（Jiyuan Yu）先生的《德性之镜——孔子与亚里士多德的伦理学》（*The Ethics of Confucius and Aristotle*：*Mirrors of Virtue*）。该著作虽然题为"孔子与亚里士多德的伦理学"，但是其研究内容以孔子为轴心，涉及整个先秦儒学，对亚里士多德与先秦儒家伦理学的性质、人性、道德情感、实践理性、礼仪习俗、最高善和外在善等方面进行了全面的剖析比较。美国斯坦福大学教授李野里（Lee H. Yearley）的Mencius and Aquinas：Theories of Virtue and Conceptions of Courage（《孟子和阿奎那：美德理论和勇气概念》）主要比较了孟子与托马斯·阿奎那的德性论与"勇气"概念。晁乐红的博士学位论文《中庸与中道——先秦儒家与亚里士多德之比较》主要阐释了先秦诸儒与亚里士多德的中庸与中道思想的内涵，并以中庸与中道为主线分析了双方的主要德性及其思想特征。硕士学位论文有陶雅娟的《试论孔子与亚里士多德的中庸思想及现代意义》、陈淑珍的《亚里士多德与孔子中庸思想比较》。这两篇文章主要讨论亚里士多德与先秦的中庸思想。钟英战的《人性与德性：孟子与亚里士多德伦理思想比较》主要聚焦孟子与亚里士多德的人性论与德性思想；马晓颖的《先秦与古希腊美德伦理思想比较研究》主要概述了先秦与古希腊德性伦理思想的特征。学术论文有戴兆国的《孟子与亚里士多德德性理论之比较》、吴先伍的《理性与情感：亚里士多德与孟子伦理思想的差异》、闫周秦的《古希腊与中国古代的美德比较》等。上述比较研究主要聚焦于三点：一是亚里士多德与先秦儒家，特别是孔孟荀的伦理思想比较；二是中西中庸或中道思想比较研究；三是先秦与古希腊整体伦理思想的概括比较研究。

此外，还出现了关于某类德性，如公正与义、仁与友爱、智德与明智等中西德性专题比较研究。如黄克剑的《"正"、"义"与"正义"——

中西人文价值趣求之一辨》，何元国的《孔子的“仁”与亚里士多德“友爱”之比较》，杨适的《“友谊”观念的中西差异》，朱海林的《先秦儒家与古希腊智德观的四大差异》等。此类学术论文聚焦于德性伦理的微观研究，注重通过具体的个案分析来探索中西思想文化的异同，也是中西德性伦理比较研究的成果之一。

此外，不同思想体系的相互交流和对话伴随着思想体系本身的成熟与发展，从这种意义上说，哲学是比较研究的结果。但是，比较哲学作为一种独立的学科被研究是从20世纪开始的。在国内，黄建中先生的《比较伦理学》可谓比较伦理学领域的首起之作。该著作以中西伦理学的比较作为研究基点，阐释了中西伦理学在动机与效果、乐利与幸福、进化与伦理等重要范畴上的异同，并突破了西方伦理学的理论框架，将中国的伦理学放置在与西方伦理学同等的地位上，探究中国伦理学对一般伦理学的普遍意义，反映了黄建中先生明确的比较哲学研究理路。在国外，中村元先生的《比较思想论》梳理了20世纪60年代前比较思想论的成果，并对将来比较思想的发展作了探讨，是比较哲学领域较早和较为系统的研究论著，并具有一定的指导意义。

80年代之后，比较哲学研究蓬勃发展，出现了一批著名的汉学家和国内比较哲学研究的成果，如美国学者列文森（Levenson）的《儒教中国及其现代命运》（*Confucian China and Its Modern Fate*），狄白瑞（Wm. Theodore de Bary）的《儒家的困境》（*The Trouble with Confucianism*），倪德卫（David Shepherd Nivison）的《儒家之道：中国哲学之探讨》（*The Way of Confucianism*：*Investigations in Chinese Philosphy*），史华慈（Ben jamin I. Schwarts）的《古代中国的思想世界》（*The World of Thought in Ancient China*），赫伯特·芬格莱特（Herbert Fingarette）的《孔子：即凡而圣》（*Confucius*：*The Secular an Sacred*），德国学者鲍吾刚（Wolfgang Bauer）的《中国人的幸福观》（*China and the Search for Happiness*），日本学者沟口雄三、小岛毅主编的《中国的思维世界》等。这些著作涵盖面很广，主要是从外部即异域文化的角度解读中国思想史上的重要著作、重要人物、哲学思维、思想现象等，取得了新的、突破性的成果。也有运用中国思想反观西方思想文化的著作，如法国学者弗朗索瓦·于连、狄艾里·马尔塞斯的《（经由中国）从外部反思欧洲——远西对话》。总体来说，这些著作都包含着内在的比较思维，即自觉（或不自觉）地将不同的文化传统进行相互对比和反思，探索对于自身而言新的领域或用新的方法反观旧的传统。

此外，国内的比较哲学研究也取得了一定的成果，上述两种复兴对话的成果就属于比较哲学这一大的研究门类下的具体成果，这些成果基本上都是在比较思想的指导下运用比较方法对相关的思想、现象或人物进行具体的比较研究，属于微观研究的领域。而学术界对比较思想、比较原理和比较方法本身也有宏观的研究，并取得了一定的成果，如郁振华的《创造——比较哲学的新概念》、谢阳举的《论比较原理与比较思想史》、解青的《什么是比较哲学》、李明辉的《中西比较哲学的方法论省思》、余卫国的《哲学的比较与比较的哲学——关于当前中西哲学比较研究中的几个问题》等学术论文集中探讨了比较哲学的概念、原理、方法、目标等理论性问题，对当前的比较哲学研究有很强的指导意义。

（三）思孟学派研究

另一个与本课题相关的领域是思孟学派研究。思孟学派是学术界一直存在争议的论题之一，马王堆帛书、郭店楚简、上博楚简出土以前，由于相关资料的缺乏及疑古思潮的影响，思孟学派作为一个学派的研究时时处于搁浅的困境之中，但学派内部重要思想家及其思想的研究成果却蔚为大观，主要集中在子思与《中庸》、孟子与《孟子》的研究上，20 世纪以来，国内外关于子思与《中庸》、孟子与《孟子》的研究专著已有几百部，相关论文多达几千篇。这些研究成果虽然不是以思孟学派为基点，却也为思孟学派的整体研究奠定了基础。

马王堆帛书，特别是郭店楚简的出土为思孟学派的研究带来了新的养料，也使这一论题成了近十几年来的一大热点课题，并取得了丰硕的成果，大量与其相关的大型学术研讨会成功举行，如 1999 年 10 月由武汉大学中国文化研究院、哈佛燕京学社、国际儒学联合会、中国哲学史学会、湖北哲学史学会共同主办的“郭店楚简学术研讨会”，在这次国际性研讨会上，许多学者都针对新出资料的学派归属问题重新思考思孟学派的核心思想，如性与天道、性善论等；提交的相关论文有杨儒宾的《子思学派试探》，程一凡的《性善说的酝酿》，陈来的《儒家系谱之重建与史料困境之突破——郭店楚简儒书与先秦儒学研究》，李景林的《从郭店楚简看思孟学派的性与天道论——兼谈郭店楚简儒家类著作的学派归属问题》等。

以“思孟学派”为主题的学术研讨会和学术作坊也成功举办，如2005年10月在北京大学召开的“郭店楚简与思孟学派研究”座谈会，2007年8月在山东师范大学和山东邹城市举办的“儒家思孟学派国际学术研讨会”及哈佛燕京学社2006—2007年度的“思孟学派工作坊”等。2005年的学术座谈会进一步细化和深化了郭店楚简和思孟学派的研究，针对“仁内义外”的内涵、思孟学派成立的时间、儒家简中哪些是思孟学派的作品等问题进行了讨论。参加这次会议的有庞朴、杜维明、陈来、丁四新等学者。“思孟学派工作坊”和2007年的学术研讨会也取得了丰硕的成果，先后出版了相关的论文集《思想·文献·历史——思孟学派新探》（杜维明主编）和《儒家思孟学派论集》（美国哈佛大学燕京学社、山东师范大学齐鲁文化研究中心编辑）。这两部论文集涵盖了国内外许多著名学者在这一领域的研究成果，如李学勤的《谈〈圣贤群辅录〉八墨三儒之说》，陈来的《〈五行〉经说分别为子思、孟子所作论——兼论郭店楚简〈五行〉篇出土的历史意义》，陈静的《思孟学派的历史建构》，张丰乾的《论子思学派之〈诗〉学》，钟肇鹏的《思孟学派简论》，蒙培元的《〈性自命出〉的思想特征及其与思孟学派的关系》等。此外，《郭店楚简研究》（《中国哲学》第20辑）、《郭店简与儒学研究》（《中国哲学》第21辑）中也含有与思孟学派研究相关的比较有代表性的、学术水平较高的论文，而没有被收录的许多学术期刊论文也丰富了这一领域的研究成果。

另外也出现了思孟学派的研究专著和硕博士论文，如尚建飞的硕士论文《思孟五行学说的根源及其演变》。该论文结合新出土的文献，探讨了思孟五行学说的内容、思维方式及形成过程，认为思孟五行学说运用的是内省式的个人精神体验的神秘主义思维方式，根源于原始五行，经历了制度五行、道德化转向、天命五行与先验五行的演变过程加深了我们对思孟学派的思维方式和五行思想的认识。梁涛的《郭店楚简与思孟学派》通过对郭店楚简的深入辨析，结合传世文献，勾勒出思孟学派从酝酿到形成再到完成的整个过程，并得出了若干新颖、独到的见解。在前人研究的基础上，将20世纪兴起的两大复兴运动与两大研究热潮统合起来研究是本课题的一个基本立脚点。

二 理论创新及研究方法

（一）研究思路与方法

以德性伦理学的模式研究儒学并将其与亚里士多德的德性伦理学进行比较是20世纪90年代后期学术界关注的一个焦点，也出现了一批研究成果，但是这一领域还有继续开拓的空间。余纪元先生的著作虽然兼及先秦儒家，但是以孔子为轴心，其研究成果不能涵盖整个先秦儒家，有需要继续完善的地方；李野里的文章主要聚焦于孟子与阿奎那的比较；王国银的文章虽然论述中西德性历史，但是旨在阐发德性伦理的本质、价值取向及其发生、发展的机理和当代生存的可能性；赵汀阳的著作虽然试图建立当代新的美德伦理学，但是其主要落脚点是幸福和公正理论，体系性不够完备。其他相关的学位论文和学术论文往往有新的见解和突破，丰富了这一领域的研究成果。但是，总体来说，中西德性伦理的比较正处于研究热潮之中，研究成果还不成系统，其中，中西中庸和中道思想的比较研究成果较为丰富，其他方面则还有许多空白有待填充。

本课题旨在加入这一研究热潮之中，使这一领域的研究成果更加丰富。本书研究主要聚焦于思孟学派与亚里士多德德性伦理的比较研究，吸纳郭店楚简出土之后思孟学派研究的新成果，将孔孟之间包括孟子在内的这一历史时期的德性伦理学进行梳理，并与亚里士多德的伦理学进行比较，希望在中西对话的语境下，进一步完善上接孔子下至孟子之间的中国德性伦理学的阐释工作，在比较研究中探寻伦理学的发展前景，并使德性伦理学的比较研究更加系统化，开拓比较哲学的研究领域。

首先，特定的思想和人物都是存在于特定的社会历史条件之下的，特别是典型的人、事与物，思孟学派与亚里士多德是中西方思想史上的重要派别和重要人物，他们思想的差异是中西方文化差异的重要表现，其背后也隐藏着中西方不同的社会环境和文化环境。如果我们将他们的思想从其所生活的社会环境和文化环境中抽离出来，就会使其有关思想获得一种虚假的独立性，也就会使得我们的认识片面化和肤浅化，使比较无法深入。因此，本书试图尽量做到把思孟学派置于中国伦理思想发展史中去考察，把亚里士多德置于西方伦理思想史中去论述，尽量做到历史与逻辑的统一。

其次，儒家孔孟之学与亚里士多德的思想是中西两座思想宝库，挖之不尽、竭之不穷，究其原因，除其本身的丰富性之外，还在于具有不同的生存背景、观察视域、知识结构、人生体验的特殊性存在。当以不同的角度解读与诠释他们的学说时，就产生了不同的孔孟与亚里士多德。因此，本书的研究方法之一是，以德性伦理的视域解读和诠释思孟学派与亚里士多德的伦理学。

此外，比较法也是本书的重要研究方法。本书以德性伦理的中西横向比较为线索，中间交叉着思孟学派内部的纵向比较。首先，在比较过程中，力图从同与异、同中之异、异中之同等角度进行全面的比较和分析；其次，尽力探索中西德性伦理的共同特征与不同特质，并重点分析不同特质所产生的自然地理环境及社会文化环境的差异；最后，论古为今，比较的最终目的在于，通过中西互镜，确立德性伦理的地位，探索伦理学的发展方向，拓展哲学的研究领域。

（二）文章特色与创新

本书的特色及创新点主要表现在三个方面：一是立足比较。关于早期儒家伦理学和亚里士多德伦理学，学界的研究成果已很丰富，本书的特色是将两种在中西历史上影响深远的伦理学进行比较分析，找出双方的相似相异点、优劣互补性，使各自的特色更为清楚，使我们对中西文化的认识更加深刻。二是置身于学术研究潮流。近代伦理学研究出现了两种复兴：其一是西方近代德性伦理学的复兴；其二是当代儒学的复兴。两种复兴都共同享有一种伦理学的德性论进路，而它们又分别指向孔子和亚里士多德。思孟学派是近期学术界研究的热点之一，也是孔子伦理学的延续和发展。因此，将思孟学派与亚里士多德的伦理学进行比较研究，将有助于使这一研究系统化和丰富化。三是彰显中西方德性伦理学的特色。本书通过对思孟学派与亚里士多德德性伦理学进行比较详细的梳理，发现这两种伦理学有以下几方面的整体特色：首先，双方的思维基础不同，思孟学派以天人合一的辩证思维为基础，亚里士多德以认知的形式思维为基础，而且这两种思维方式也导致了思孟学派各学科合一的特色与亚里士多德在各学科分离基础上的统一特色。其次，在德性的起源上，思孟学派认为，德性是先天本有的，而亚里士多德认为，德性是后天通过习惯养成的。再次，在情感和理性的关系上，思孟学派更为注重情感，以情感为基础和旨归，而亚里士多德则更为注重理性，以理性为指导和凭借。在德性的实现方式上，思孟学派注重由内而外的实现方式，而亚里士多德注重由外而内的实现方式。最后，在伦理学与形而上学和政治学的关系上，思孟学派的伦理学与形而上学是统一的，而且伦理学是政治学的基础，但亚里士多德的伦理学与政治学是统一的，而形而上学是其伦理学的基础。此外，双方的伦理学也有其结构特色，这主要表现在两个方面：首先，双方伦理学的人性结构和德性结构自身是统一的，思孟学派的人性结构和德性结构类似于混合球体结构，而亚里士多德的人性结构和德性结构类似于级层锥体结构；其次，思孟学派的伦理学具有明显的学派结构，而亚里士多德的伦理学则具有明显的张力结构。

除此之外，本书也对传统的仁内义外思想提出了自己的见解。笔者认为，不仅孟子主张仁义内在说，子思也主张仁义内在说，其《五行》中的“形于内”与“不形于内”针对的是德性的实现方式而不是德性的起源。换言之，我们认为，子思主张仁与义等德性都是人先天本有的特性，即仁义内在，但是，在具体的德性的完全实现方式上，子思坚持由内而外和由外而内两种实现方式，这也是“形于内”与“不形于内”的具体所指。

三　主要内容及结构框架

本书共有 11 章。

第一章为“思孟学派与亚里士多德”，本章主要解决两个方面的问题：一是思孟学派及其思想特征、学术源流的认识和分析；二是亚里士多德的学术概要和相关论著说明。

第二章是“德性与德性伦理”，主要分析思孟学派与亚里士多德德性的含义以及思孟学派的伦理学是不是德性伦理学的论证。

第三章是“人性与德性”，主要论述思孟学派与亚里士多德人性论的具体内容及其人性与德性的关系。笔者认为，思孟学派与亚里士多德的人性论与其本身的德性是统一的，换言之，思孟学派的仁义礼智等德性就是其人性的具体内容；对于亚里士多德来说，人的第一本性是认识（分析）理性，第二本性是道德德性，而理性和道德德性都属于德性的范围，因此，德性也是其人性的具体内容。

第四章是“具体德目和德性实现”，对于具体德目集中比较了仁与友爱、义与公正等主要德性的异同，并且例举了思孟学派与亚里士多德的特有德性，分析了其形成特有德性的社会原因和文化原因。对于德性的实现，旨在分析思孟学派的仁内义外问题及思孟学派与亚里士多德不同的德性实现方式，认为思孟学派更为注重由内而外的实现方式，而亚里士多德更为注重由外而内的实现方式。

第五章是“中庸与中道”，集中分析了儒家的中庸思想与亚里士多德中道思想的异同，并探究了孔子、子思与孟子各自的中庸思想，细化了先秦儒家中庸思想的发展脉络。

第六章是“情感与理性”，旨在分析情感与理性在思孟学派与亚里士多德德性伦理学中的不同定位及两者的关系，得出情感与理性都是其德性的重要组成部分，而前者以情感为基础，后者以理性为凭借的结论。

第七章是第六章的延续，论述的是情感之一——快乐与德性的关系，旨在分析思孟学派与亚里士多德不同的快乐观念及快乐与德性的关系，认为对于双方来说，真正的德性本身都包含着快乐，而且真正的快乐也是德性之乐。

第八章是“外在善与德性”，旨在分析思孟学派与亚里士多德对外在善的不同态度及外在善与德性的关系，认为亚里士多德更为重视外在善对德性的手段性作用，而思孟学派则更加强调德性对于外在善的缺失自足性，对于礼与习俗这类特殊的外在善，思孟学派与亚里士多德的观点是相似的，都注意到礼与习俗的内外双重性及对德性形成所起的重要外在性作用。

第九章是“最高目的与特色”，主要集中概括了思孟学派与亚里士多德伦理学的最高目的与各自的理论特色。思孟学派的最高目的是至善、诚、天道、人道、君子之道和圣人之道，其主旨是天人合一，实现人自身；亚里士多德的最高目的是幸福，分为最高的幸福即沉思、整体的幸福，即以德性为主要内容的所有善的组合、和谐（辩证）的幸福，即所有善的完美组合。此外，思孟学派与亚里士多德还在思维方式、德性的起源、德性的实现方式、情感与理性的关系及伦理学与其他学科的关系上具有各自的特色，而且双方在结构上也存在着很大的差异。这种特色和差异主要源于双方在社会体制、文化传统和地理环境上的差异，也和其思想主体的学术气质相关。

第十章是“伦理与政治”，旨在探讨思孟学派与亚里士多德在伦理与政治关系上的异同，认为思孟学派坚持伦理本位主义，倾向于将政治问题和一切社会问题伦理化，而亚里士多德倾向于将伦理政治化，即通过建立良好的政体和良好的法律来培养好公民，以期实现社会的整体善和个人善。

第十一章是德性伦理学与儒家伦理学的未来走向，概括了双方德性伦理学的总体特性，在当代复兴的价值和意义及其未来的发展方向。认为西方传统的德性伦理学与儒家德性伦理学都具有以“德”为本的价值定位、利人与利己完美统一的意识形态、理想社会的政治诉求三大特性，这些特性使其对当代规范伦理所造成的困境与问题有所解决和缓和，对社会的和谐稳定发展具有很大的基础性作用，因此可以说，当代德性伦理和儒学的复兴是社会与伦理思想发展的必然结果。此外，西方的伦理学可能会继续以规范伦理学为主导，形成规范伦理学与德性伦理学两者兼容的西方前景，而儒学应该借鉴规范伦理学与西方德性伦理学的优势，走制度儒学和生活儒学的道路。

此外，需要特别说明的是，书中虽然将思孟学派的伦理学放置在德性伦理学的视域下进行分析比对，但是，笔者的目的只是试图将双方放置在同一平台上进行平行比较，并不是用亚里士多德的德性概念解析思孟学派及儒家的伦理学。所以，在本书的结构安排上，并没有采取同一体例，如统一将亚里士多德的理论放在前面，而将思孟学派的理论放在后面，或者将亚里士多德的理论隐含在思孟学派的理论分析中，而是根据双方思想的特性及内在逻辑关系来安排其前后次序。如在人性问题上，思孟学派注重的是人性的善恶，而亚里士多德注重的是人的功能和活动，所以，本书在论述人性善恶问题时以思孟学派为主，对亚里士多德只进行比对性分析，故而在形式上思孟学派在前，亚里士多德在后。再如“实现”是亚里士多德提出的范畴，所以在论述人性的实现问题时，先论及亚里士多德后论及思孟学派。又如“中庸”在中国思想史上的影响和地位远远超过“中道”在西方思想史上的影响和地位，故将“中庸”放置在“中道”之前。也就是说，在对思孟学派与亚里士多德的思想进行比较时，我们根据某一思想或范畴在双方思想中的地位和重要性以及某一范畴由哪一方提出以确定其前后次序，如在对仁与友爱进行具体的德性比较时，我们将仁放置在前，将友爱放置在后，其原因就在于仁在思孟学派中的地位重于友爱在亚里士多德思想中的地位。此外，在同等条件下或没有明显的区分时，我们一般将思孟学派放置在前，将亚里士多德放置在后进行论述。

第一章　思孟学派与亚里士多德

要比较思孟学派与亚里士多德的德性伦理学，首先要弄清楚思孟学派与亚里士多德本身的学术状况和学术成果。因此，本章主要从思孟学派的存在形态、主要人物、主要著作、思想特征、学术源流及亚里士多德的学术成果概要及相关论著说明七个方面进行论述和阐释。

一　思孟学派

思孟学派是先秦儒家的重要学派，它继承和发展了孔子学说内在化的一面，以“性与天道”或“天人关系”为焦点问题，以心性论为其发展脉络，并形成了以内在化的道德修养论和德性论为主要内容、以德治和仁政为主要应用和延伸的学术特征，对宋明理学乃至整个思想史产生了重大影响。但它本身也是一个颇有争议的问题，下面将针对学术界争论的焦点来谈谈我们对思孟学派的认识和界定。

（一）存在形态

思孟学派是否存在是我们讨论其一切问题的起点，如果它本身是不存在的，那么我们的立论就像建立在沙丘上一样不堪一击。在学术史上，有部分学者认为，思孟学派是不存在的，如任继愈先生主编的《中国哲学发展史》就不同意先秦有思孟学派，他虽然承认“从孟子对曾子和子思的推崇看，孟子和曾子、子思有师承关系，是可能的”，但是认为“孟子的思想体系是在继承孔子思想的基础上加以创新的，这种继承关系在《孟子》中是有确凿证据的。从《孟子》中却看不出孟子和子思有思想继承的关系。因此，说先秦有思孟学派的主张，就缺少证据了"[①]。郭店楚简出土之后，思孟学派的存在已得到学术界的普遍承认，但是仍有少数学者认为它是不存在的，如张丰乾、苏瑞隆、王其俊等。

根据李锐先生的观点[②]，判断一个学派是否成立的关键在于两点：一是师承关系；二是学术宗旨。在先秦典籍中，首先将思孟联系起来的是荀子，《荀子·非十二子》在谈到思孟的时候说："略法先王而不知其统，犹然而材剧志大，闻见杂博。案往旧造说，谓之五行，甚僻违而无类，幽隐而无说，闭约而无解。案饰其辞而祗敬之曰：此真先君子之言也。子思唱之，孟轲和之，世俗之沟犹瞀儒，嚾嚾然不知其所非也，遂受而传之，以为仲尼、子游为兹厚于后世。是则子思、孟轲之罪也。"荀子位于孟子之后，是战国后期儒家的代表人物，他将思孟联系起来论说的主要依据是子思和孟子对"五行"的唱和，也就是说，两人的学术宗旨相近，这也是后世学者论述思孟学派的主要依据和理路，这一理路也被韩愈和宋明理学家认可和倡导。

韩愈为了抵制佛老，力图构建儒家道统："斯吾所谓道也，非向所谓老与佛之道也。尧以是传之舜，舜以是传之禹，禹以是传之汤，汤以是传之文武、周公，文武、周公传之孔子，孔子传之孟轲。轲死，不得其传焉。"[③]"孟轲师子思，子思之学盖出曾子。自孔子没，群弟子莫不有书，独孟轲氏之传得其宗，故吾少而乐观焉。"[④]韩愈虽着眼于道统，但是他认为曾子、子思、孟子的学术一脉相承，其学术宗旨相近却也是事实。韩愈的道统说得到了宋明理学家的普遍认可：

> 孔子没，曾子之道日益光大。孔子没，传孔子之道者，曾子而已。曾子传之子思，子思传之孟子，孟子死，不得其传，至孟子而圣人之道益尊。[⑤]
>
> 人言今人只见曾子唯一贯之旨，遂得道统之传。此虽固然，但曾

---

① 任继愈主编：《中国哲学发展史（先秦）》，人民出版社1983年版，第293页。

② 李锐：《古代中西方的"学派"观念比较——兼论"思孟学派"的问题》，《中国哲学史》2007年第4期。

③ （唐）韩愈：《韩愈全集·原道》，上海古籍出版社1997年版，第120页。

④ （唐）韩愈：《韩愈全集·送王秀才序》，上海古籍出版社1997年版，第212页。

⑤ （宋）程颢、程颐：《二程集》第1册，中华书局1981年版，第327页。

子平日是个刚毅有力量、壁立千仞底人，观其所谓“士不可以不弘毅”；“可以托六尺之孤，可以寄百里之命，临大节而不可夺”；“晋楚之富不可及也，彼以其富，我以吾仁；彼以其爵，我以吾义，吾何慊乎哉”底言语可见。虽是做功夫处比颜子觉粗，然缘他资质刚毅，先自把捉得定，故得卒传夫子之道。后来有子思、孟子，其传亦永远。①

当代学者郭沫若、侯外庐、牟宗三、李学勤、庞朴等也注重从学术宗旨的角度理解和诠释思孟学派，特别是郭店楚简的发掘，“五行”学说的确定，都为思孟学派的成立提供了有力的证据。此外，历史上也有子思和孟子师承渊源的记载，如《史记·孟子荀卿列传》：“孟柯，邹人也。受业于子思之门人。”司马迁的说法应该是可信的，据学者考证，子思约生于前 483 年，卒于前 402 年，而孟子一般认为约生于周烈王四年，即前 372 年左右，② 所以孟子一生实际上并没有见到过子思。孟子虽然不及见子思，却受业于子思弟子，仍然间接地受到子思的影响，二者在思想上具有一致性，后人所谓的思孟学派也应该主要是对此而言的。

此外，还有孟子直接师事子思的说法，如刘向《列女传》“孟柯旦夕勤学不息，师事子思，遂成天下名儒”；班固《汉书·艺文志》“名柯，邹人，子思弟子”；赵岐《孟子题辞》“孟子生有淑质，夙丧其父，幼被慈母三迁之教。长，师孔子之孙子思，治儒术之道，通五经，尤长于《诗》《书》”；应韵《风俗通义·穷通》“孟子受业于子思”等。《孔丛子》甚至杜撰出孟子拜见子思的一幕：“孟子车尚幼，请见子思。子思见之，甚悦其志，命子上侍坐焉，礼敬子车甚崇。”（《杂训第六》）我们认为，孟子直接师事子思只是后人因其思想的一致性而作的推测，孟子受业于子思门人可能更符合历史事实。但是，即使孟子并没有直接师承子思，也有间接的师承关系。所以，孟子与子思之间既有师承渊源，又有相近的学术宗旨，根据李锐先生界定学派的原则，笔者认为，思孟学派是存在的。

思孟学派如何存在，学术界的观点并不统一。李锐认为：“按照先秦

---

① （宋）朱熹：《朱子语类》第 13 卷，中华书局 2004 年版。

② 钱穆：《先秦诸子系年·子思生卒考》，以及《先秦诸子系年·孟子生年考》，中华书局 1995 年版，第 173—175、188 页。

的‘学派’义例来看，子思学派与孟子学派是并列的。如果一定要称呼“思孟学派”，那很可能只宜于在一种意义上来说，才不致产生矛盾。那就是着重于子思的思想，以及孟子因袭其说的部分。这之中很大一部分，当主要就是荀子所说的关于仁义礼智圣五行的理论。而孟子与之不同的思想，发展五行之说的思想内容，就属于‘更张义例别有发明者，即自名为一家之学’了。”① 李景林认为：“荀子批评思孟‘五行’，乃从天人、天道与人道或性与天道的角度立言。此按之孔子以后《庸》、《孟》思想的发展，若合符节，确然有据。这说明荀子的批评是有针对性而非偶然随便的议论，思孟学派的存在是于史有征的。”② 陈静在《〈荀子·非十二子〉与思孟学派的成立》一文中认为，就思孟学派的名称而言，这是一个现代名号，这个名号表达了一个渊源有自的理解传统。如果认为思孟学派只指先秦某一时段的思想事实，而忽略这一名称蕴涵的历史建构过程，是不准确的。故认为思孟学派是观念的存在而不是历史的存在。

梁涛在其著作《郭店楚简与思孟学派》中，吸收了以上学者的研究成果，对思孟学派的存在状态提出了新的见解。认为在先秦时，子思学派和孟子学派是并列存在的；到了汉代，思孟一系的说法得到了当时学者的进一步确认，子思后学为了提高自己的地位，将孟子学派纳入子思的体系中，并影响到后世学者对思孟学派的判断；唐宋时期，思孟学派的正统地位得到确立。因此认为：“思孟学派本身就是后人的一种概括，除了具备必要的历史事实和条件——如师承关系、思想联系——外，它还反映了概括者的价值诉求和目标意向，后者同样是十分重要的。我们采用思孟学派的说法，是着眼于孔子之后儒学的发展演变，认为在这一发展演变过程中，思孟可看做与其他派别虽有联系但又有明显区别的相对独立的一派。”③ 笔者认为，梁涛的见解更为公允，更接近历史实际。

（二）主要人物

思孟学派的主要代表人物是子思和孟子，这一点是没有争议的。学术

---

① 李锐：《古代中西方的“学派”观念比较——兼论“思孟学派”的问题》，《中国哲学史》2007 年第 4 期。

② 李景林：《中西文化研究系列之三——思孟五行说与思孟学派》，《吉林大学社会科学学报》1997 年第 1 期。

③ 梁涛：《郭店楚简与思孟学派》，中国人民大学出版社 2008 年版，第 58 页。

界争论的焦点是子思的师承渊源，在这一点上，学术界有三种观点：一是传统的看法，也是学界大多数人的看法，认为子思受到曾子的影响，曾子—子思—孟子是思孟学派的传承系统。这种看法的依据主要有两点：其一是先秦典籍中子思与曾子就有关问题的讨论及孟子的言论，如在《礼记》中，子思常与曾子讨论孝亲执丧的问题，而孟子也常将曾子、子思并举，如《孟子·离娄下》针对同样情况曾子和子思的不同反映所作的评论："曾子居武城，有越寇。或曰：'寇至，盍去诸?'曰：'无寓人于我室，毁伤其薪木。'寇退，则曰：'修我墙屋，我将反。'寇退，曾子反。……子思居于卫，有齐寇。或曰：'寇至，盍去诸?'子思曰：'如伋去，君谁与守?'孟子曰：'曾子、子思同道。曾子，师也，父兄也；子思，臣也，微也。曾子、子思易地则皆然。'"这里的"同道"是说曾子、子思具有相同的思想方法，并不是说在传授"道统"，但也说明在孟子眼里，二人确实具有某种联系。此外，孟子与曾子在思想上也存在着一致性，孟子曰："万物皆备于我矣。反身而诚，乐莫大焉。强恕而行，求仁莫近焉。"《孟子·尽心上》与曾子以"忠恕"释"一以贯之"旨意相同。正因为此，后人往往认为思、孟实出于曾子一派。其二是受到宋明理学家的影响。宋明理学家为了构建儒家的道统，认为孔子、曾子、子思、孟子是道统的承担者，道统由他们一以贯之。由于宋明理学家的影响巨大，也因为曾子、子思和孟子的学说确有相通性，又加上当代新儒家的大力倡导，近世学者大部分都受其影响，认为曾子是子思的师承渊源。

二是认为子思、孟子之学实出于子游，持这种看法的人主要有康有为、梁启超、郭沫若、姜广辉、廖明春等，其依据主要是《荀子·非十二子》中的一段话："子思唱之，孟轲和之，世俗之沟犹瞀儒，嚾嚾然不知其所非也，遂受而传之，以为仲尼、子游为兹厚于后世。是则子思、孟轲之罪也。"荀子的这段话暗示出子思、孟子之学来源于孔子、子游，应该有一定的可信度。而康有为、梁启超、郭沫若主要从"大同"思想的角度来看待思孟学派的传承，如康有为说："著《礼运》者，子游。子思出于子游，非出于曾子。颜子之外，子游第一。"[①]"子游受孔子大同之道，传之子思，而孟子受业于子思之门。"[②]姜广辉则认为，儒家的道统

---

① 康有为：《康有为全集·万木堂口说·礼运》，上海古籍出版社1990年版，第316页。

② 康有为：《孟子微·序》，中华书局1987年版。

不是韩愈和宋明理学家认为的“十六字心传”，而是由“大同”说的社会理想、“禅让”说的政治思想和贵“情”说的人生哲学所构成的思想体系，这一思想体系的传承者不是孔子、曾子、子思、孟子的系谱，而是孔子、子游、子思、孟子的系谱[①]，他从道统内涵的角度否定了曾子而提出了子游。廖明春则是从郭店楚简儒家著作考辨的角度提出，郭店楚简从主流上看当出于子游、子思学派。[②]

三是认为曾子和子游同为思孟学派的上承者，持这种看法的有林乐昌、梁涛、戚福康、施建平等。林乐昌认为：“子思之学远源于孔子，近源为曾子和子游，分为前后两期，分别以《中庸》和郭店楚简的《五行》为代表，是从天道向心性化方向发生转变。孟子直接承袭子思，成为心性论的集大成者。”[③] 梁涛在其著作《郭店楚简与思孟学派》中，将曾子、子游学派作为思孟学派的酝酿期，也就是将曾子和子游看作子思学术的主要上承者，并且认为，思孟学派在形成过程中可能受到很多人物的影响，曾子和子游是其中比较重要的两个，这种观点也为戚福康和施建平所认同。[④]

荀子是先秦的大儒，他在《荀子·非十二子》中提到子游是思孟学派的上承者，这一点我们不能忽视，而且子游的思想主旨是重情、重乐、重心性，偏于内在化的一面，因此断定他是思孟学术上的渊源有其合理性。曾子学术具有守约、内省的一面，他的“忠恕”之道与子思、孟子的学术相一致，所以，认为曾子是思孟学派的主要人物也是有道理的。至此，笔者认为，思孟学派是孔子之后的主要学派，其主要代表人物除了子思和孟子之外，还有曾子和子游。曾子和子游是孔子到子思、孟子的重要环节。

（三）主要著作

思孟学派最为重要的是子思和孟子两人，传统上认为《中庸》是子

---

① 姜广辉：《郭店楚简与道统攸系——儒学传统重新诠释论纲》，《郭店楚简与儒学研究》（《中国哲学》第21辑），辽宁教育出版社2000年版，第13页。

② 廖明春：《郭店楚简儒家著作考》，《孔子研究》1998年第3期。

③ 韩旭辉：《“郭店楚简与历史文化”学术座谈会论点综述》，《西安联合大学学报》2000年第7期。

④ 戚福康、施建平：《子思学源辨正》，《湖南科技学院学报》第31卷第1期。

思所作，《孟子》是孟子的代表作，所以《中庸》和《孟子》是思孟学派的主要著作，对此基本上没有异议。此外，《隋书·音乐志》引梁朝沈约之言曰"《中庸》、《表记》、《坊记》、《缁衣》皆取《子思子》"，说明在梁朝时有《子思子》一书，而《礼记》中的《中庸》《表记》《坊记》《缁衣》篇都是子思的作品。"不过至迟到南宋时，七卷本的《子思子》可能也已不传，而出现了汪晫根据《礼记》、《孔丛子》等书的辑本"[①]，故虽然据记载有《子思子》一书，但是除了能确定上述四篇是子思的作品外，《子思子》的全貌已不可窥。郭店楚简的出土在一定程度上改变了这种状况，但是郭店楚简中哪些属于《子思子》这一问题，学界的认识并不统一：有的学者认为，郭店楚简的多数应归于《子思子》，持这种观点的有李学勤、庞朴、姜广辉、杨儒宾、叶国良等；有的学者认为，郭店儒家简诸篇并不属于一家一派，将其全部或大部视作《子思子》，似难以令人信服，持这种观点的有郭齐勇、陈来、李存山等。

随着研究的深入，越来越多的学者认为，在郭店儒简的归属上应采取谨慎的态度，应注重直接的证据，笔者也持这种观点。在这种趋势下，将郭店楚简中的《缁衣》《五行》[②]《鲁穆公问子思》三篇归入《子思子》，基本上得到了学术界的认可。此外，据学术界的考证[③]，《穷达以时》与《淮南子·缪称训》多有一致之处，而《缪称训》有可能就是《子思子》中的《累德篇》，故将《穷达以时》归入《子思子》。另外，《忠信之道》《成之闻之》的学术主旨与子思、孟子一致，但是由于没有直接的证据，故存疑，而《唐虞之道》《尊德义》《六德》和《语丛》诸篇因无法明确断定其所属，学术界的认识也不统一，故作为从孔子到孟子之间的背景材料。因此，我们能确定的子思的著作除了《中庸》之外，还有《表记》《坊记》《缁衣》《五行》《鲁穆公问子思》《穷达以时》6篇。

传统上认为《大学》是曾子所作，笔者也持这种观点。此外，《大戴礼记·曾子十篇》应是曾子弟子记载曾子言行的著作，而《孝经》应是

---

① 梁涛：《郭店楚简与思孟学派》，中国人民大学出版社2008年版，第11页。

② 竹简《五行》有经无说，一般认为是子思所作，帛书《五行》有经有说，经部与竹简《五行》大致相同，说部是对经的解说，学界一般认为是孟子或其后学所作，笔者也持这种观点。

③ 梁涛：《郭店楚简与思孟学派》，中国人民大学出版社2008年版，第23—26页。

曾子弟子或再传弟子的著作[①]，是对曾子“孝”思想的继承和发展。《礼记·礼运》开篇提到言偃（子游），因此，传统上认为《礼运》当为子游所作，朱熹据此推断《仲尼燕居》一篇也为子游所撰，而“《檀弓》恐是子游门人作，其间多推尊子游”[②]。此外，王夫之《礼记章句》指出，《礼运》与《礼器》相为体用表里，而《郊特性》应为《礼器》之下篇，三篇盖一家之言，即3篇都为子游所撰。另外，郭沫若认为，《礼记·月令》应为子游一系的著作。[③] 郭店楚简出土之后，有的学者认为，《性自命出》当为子游所作。[④] 至此，子游一系的作品有7篇之多，笔者认为，前贤的考定不宜轻易否定，而在这7篇之中，《礼运》《仲尼燕居》和《性自命出》最有可能是子游的著作，其他4篇作为参考。

（四）思想特征

思孟学派的思想特征主要表现在四个方面：一是以性与天道即天人问题作为焦点问题；二是以心性论为其发展线索；三是以内在化的道德修养论即德性论为其主要内容；四是以德治的政治思想为其主要应用。这四个方面是相联系的，在思孟学派那里，性与天道的解决方式是性与天道通而为一，即天人合一，而天人合一的落脚点是心性本体论。子思通过“诚”、“性”以期达到天人合一；孟子以心论性、以心合天，心、性、天通而为一，而心性修养的过程本身就是德性修养的过程，二者是一体的，同时，人性、德性的先天性和本体性又为德治的实现提供了可能，而德治本身也是修身的延续和途径。

---

① 传统上认为，《孝经》是曾子的著作，这种观点的主要依据是《史记·仲尼弟子列传》，但据学者的考证，《孝经》应为曾子弟子或再传弟子的著作，这种观点已被学术界广泛接受。此外，汪受宽先生也认为，《孝经》应为曾子的弟子或孔子的弟子所作，且认为曾子的弟子子思应为其作者。虽然汪先生的论述有其逻辑性，但我们还是采用比较宽泛的看法，认为《孝经》应是曾子的弟子或再传弟子的著作。

② 朱熹：《朱子语类》第87卷，中华书局2004年版。

③ 郭沫若：《十批判书》，中国华侨出版社2007年版，第96页。

④ 持这种观点的有梁涛、廖明春等，详情请见其著作《郭店楚简和思孟学派》及《郭店楚简儒家作品考》。另外，有部分学者认为，《性自命出》为子思所作，持这种观点的有姜广辉、李天虹、蒙培元、丁四新等，而陈来在其《郭店楚简之〈性自命出〉篇初探》中认为是公孙尼子所作。笔者认为，《性自命出》虽与《中庸》有一致之处，但其人性论似位于孔子和子思之间，且其思想与子游重情、重乐的学术宗旨相通，故认为应为子游所作。

1. 性与天道

孔子注重实践问题，较少探讨天人关系，所以子贡说："夫子之文章，可得而闻也；父子之言性与天道，不可得而闻也。"（《论语·公冶长》）但是孔子的言论中也有"下学而上达，知我者其天乎"（《论语·宪问》），"天丧予，天丧予"（《论语·先进》），"天生德于予"（《论语·述而》），"不知命，无以为君子也"（《论语·尧曰》）等天是圣人的知音，天是人间祸福的主宰，天是人类德性的制造者及天是人类学习和效仿的对象等天人关系的论断，只是在孔子那里，天还是比较高远的存在，君子的任务就是体认天道（天命），效法天道，只有圣人才能做到与天地合其德。

子游在人性论上上承孔子下启子思，《性自命出》开篇即曰："凡人虽有性，心无定志，待物而后作，待悦而后行，待习而后定。"[①] 其旨同于孔子的"性相近也，习相远也"（《论语·阳货》），但是其后又说："性自命出，命自天降"，直接开启了《中庸》的"天命之谓性"，为儒家和思孟学派的性与天道通而为一奠定了基调。但是，子游的人性论是比较复杂的、有过渡的痕迹，《性自命出》上篇的人性更多的是自然人性，并以情论性，而下篇注重从仁义忠信等道德德性的角度论人性，更多的是道德人性。此点在《中庸》之中也有表现。

《中庸》首章曰"喜怒哀乐之未发，谓之中；发而皆中节，谓之和"，有以情论性的痕迹。但是《中庸》论性主要有两个特点：一是注重"天命之谓性"，注重性的宇宙本体性，在这个角度上，性与天道通而为一；二是注重"择善而固执之"（《中庸·二十章》），注重通过人的内外道德修养、通过"诚"而到达天人合一。也就是说，《中庸》既注重从上而下，又注重从下而上，"性"既是宇宙本体之性，即性本体、"诚"本体，又是心体本然之性，即"自诚明，谓之性"（《中庸·二十一章》）之性。这两种性是统一的，心体本然之性来源于宇宙本体之性，从这个角度也可以理解性与天道通而为一。但是，在子思这里，虽然追求性与天道的通而为一，天是人的内在超越，但是，天道毕竟高于人道，"德之行五和谓之德，四行和谓之善。善，人道也。德，天道也""君子之为善也，有与

---

① 以后若无注明，本书中出现的郭店楚简中的材料都引自李零《郭店楚简校读记》（增订本）。

始，有与终也。君子之为德也，有与始，无与终也”（《五行》）。[①] 认为德、天道是没有界限的无限的超越。性来源于天，所以性与天道通而为一是可能的；而天高于人，所以人的内在超越是无限的，道德修养也是无限的。这种状况在孟子那里有所改变。

孟子沿着子思的思路进一步内在化，以心论性、本心即性，强调了性的本有性，使天进一步接近人，以至于尽心、知性、知天，存心、养性、事天，天和人内在统一，注重从下而上的推演、从内而外的扩充。子思虽注重由内而外的发散，注重“自诚明”、注重天道之德，但是还为由外而内、自明诚和人道之善留有一席之地，而孟子由于过分强调内在的扩充，使得外进一途有所缺失。但是，在孟子这里性与天道真正地通而为一，他虽然没有明说心即性，心即天，心即宇宙，但这种思想已经非常明显了，再经过陆九渊、王阳明的阐释，性与天道通而为一就达到了通透、圆润的境界。

2. 心性论

孔子仁礼并举、内外并重，具有综合的倾向，但是仁在其整个思想中具有重要地位，在某种意义上，德性修养的过程就是成仁的过程。因此，在孔子这里已有内修心性的意蕴，只是没有明确表示出来而已。曾子《大学》的八条目中以修身为本，但是修身的途径是正心、诚意，是慎独，“心”正式成为道德修养的关键。同时子游的《性自命出》篇认为：“凡人虽有性，心无定志，待物而后作，待悦而后行，待习而后定”“人之虽有性心，弗取不出”“四海之内，其性一也，其用心各异，教使之然也”，将心性联合起来论述，认为性的状态和善恶取决于心的状态，所以主张修心术，用礼乐来动情、定心、取性，将心、性、情统一起来，对孟子具有很大的影响。此外，该篇又提出“求心”这一命题：“凡学者求其心为难，从其所为，近得之矣，不如以乐之速也。虽能其事，不能其心，不贵。求其心有伪也，弗得之矣。”这里虽讲通过乐教求心，求心要诚不能伪等，但其论断与孟子的“求其放心”已非常接近了。另外，该篇还提出“君子身以为主心”，探讨心身关系，提倡从人的仪容举止处看其心性，此点也被子思和孟子继承和发展了。

---

① 竹简“君子之为德也”之后有缺字，李零的《郭店楚简校读记》将其补为［有与始，又与］终也，但帛书本相对应的是“有与始，无与终也”，此处采用帛书本。

子思认为："耳目鼻口手足六者，心之役也。心曰唯，莫敢不唯；诺，莫敢不诺；进，莫敢不进；后，莫敢不后；深，莫敢不深；浅，莫敢不浅。和则同，同则善"（《五行·二十五章》），心是主宰，身体是奴役，身要以心唯命是从。但是，身心又是相和的，和则统一，统一则内为德外为善。而孟子认为："体有贵贱，有大小。"又曰："从其大体为大人，从其小体为小人。"（《孟子·告子上》）对孟子来说，大体就是"心之官"，小体就是"耳目之官"，故曰："耳目之官不思，而蔽于物。物交物，则引之而已矣。心之官则思，思则得之，不思则不得也。此天之与我者。先立乎其大者，则其小者不能夺也。"（《孟子·告子上》）也就是说，"心官之思"是人之先天本具，是立大人、成大道之本，而仅通过耳目感官对外物的接触所获得的认识则会引向迷途，因此"心"为本、为大，处于主体的地位，身为末、为小，处于从属的地位，此与子思是一致的。另外，在身心关系上，孟子也注重身心一致说，如"君子所性，仁义礼智根于心，其生色也睟然，见于面，盎于背，施于四体，四体不言而喻"（《孟子·尽心上》）。这种观点与上述子游从人的仪容举止处见心性的观点一致，也与曾子的"诚于中，形于外"（《大学·六章》）的观点一致。因此，心主身辅，心身一致是思孟学派心性论的主要内容之一。

此外，《五行》篇还提出了"中心"和"外心"两概念，如"君子无中心之忧则无中心之智，无中心之智则无中心［之悦，无中心之悦则不］安，不安则不乐，不乐则无德"（《五行·二章》）。认为德虽是天道，但也内在于人的内心，无中心之忧则无德。该篇还论述了仁义礼从内而外的发生过程，直启孟子的"四端"说。如"颜色容貌温变也。以其中心与人交，悦也。中心悦旃，迁于兄弟，戚也。戚而信之，亲［也］，亲而笃之，爱也。爱父，其继爱人，仁也"（《五行·十九章》）。"以其外心与人交，远也。远而庄之，敬也。敬而不懈，严也。严而畏之，尊也。尊而不骄，恭也。恭而博交，礼也。"（《五行·二十一章》）此处，仁有爱亲和爱人的相继过程，但是仁来源于人的心中之爱却与孟子的"恻隐之心，仁也"（《孟子·告子上》）相同，而外心在此处不是与中心、内心相对立的概念，而是中心作用于外的意思，此与孟子的"恭敬之心，礼也"（《孟子·告子上》）也是相同的。因此，孟子的心性论远宗子游、曾子，近自子思，以心论性、本心即性、心统性情，是子游心性情学说的延伸，而以心善论性善的"四端"学说，主要是受子思《五行》

篇的影响。孟子将先贤的心性论综合起来，形成了自己圆润的心性本体论和心性修养论。

另外，在心性修养论中，还有一个非常重要的概念“慎独”。这个概念在《大学》《中庸》和《五行》中都有提及，如：

> 所谓诚其意者：毋自欺也。如恶恶臭，如好好色，此之谓自谦，故君子必慎其独也！小人闲居为不善，无所不至，见君子而后厌然，掩其不善，而著其善。人之视己，如见其肺肝然，则何益矣。此谓诚于中，形于外，故君子必慎其独也。（《大学·六章》）
>
> 道也者，不可须臾离也，可离非道也。是故君子戒慎乎其所不睹，恐惧乎其所不闻。莫见乎隐，莫显乎微，故君子慎其独也。（《中庸·一章》）
>
> “淑人君子，其仪一也。”能为一，然后能为君子，[君子]慎其独也。（《五行·八章》）
>
> “瞻望弗及，泣涕如雨”，能“差池其羽”，然后能至哀。君子慎其[独也]（《五行·九章》）
>
> 慎其独也者，言舍夫五而慎其心之谓。（《五行说》）

但是在理解何谓“慎独”时，众家的解释并不一致，郑玄在注解《中庸》时，将“慎独”注为：“慎其闲居之所为。”[①] 朱熹在注《大学》的“慎独”时认为：“闲居，独处也。”[②] “慎独”就是“必谨其独也”[③]。陈来认为：“慎独就是‘能为一’，‘能为一’是指心不受五官的干扰和影响。这实际是要求心对感官的主宰。所以，这里的心即是理性，慎独就是坚持理性对身体和感官的独立的主宰作用。[④] 魏启鹏认为：“‘独’是指在人体耳、目、鼻、口、手、足、心数者之间，只有心之性好仁义，故‘心贵’，必为人体之‘君’，所以要‘舍其体而独其心’。‘慎’通‘顺’，‘慎独’即‘顺独’。”[⑤] 丁四新也认为：“‘慎独’谓慎心，‘独’

---

① 孔颖达：《十三经注疏·礼记正义》，北京大学出版社 1999 年版，第 1422 页。

② （宋）朱熹：《四书章句集注》，中华书局 1983 年版，第 7 页。

③ 同上。

④ 陈来：《竹简〈五行〉篇与子思思想研究》，《北京大学学报》2007 年第 2 期。

⑤ 魏启鹏：《简帛〈五行〉笺释》，台湾万卷楼图书有限公司 2000 年版，第 87 页。

指心君，与耳、目、鼻、口、四肢相对，心君是身体诸器官的绝对主宰者，具有至尊无上的独贵地位。"① 梁涛认为："慎独即是诚其意。"②

从《五行》经说对慎独的表述可知，郑玄和朱熹的解释已被大多数学者否弃，大家都倾向于从心性的角度解释慎独。虽然梁涛将慎独解释为诚其意，但是，诚意本身与正心就是一致的，而陈来虽然注重心的理性作用，但是在心"能为一"、慎独即是慎心上与魏启鹏和丁四新是一致的。也就是说，思孟学派的经典著作中出现的"慎独"概念，从心性修养、心身关系的角度来理解可能更符合思孟学派的学术主旨，也更接近著作者的本意。换言之，慎独就是慎心，注重人的本心、本性之善，注重通过善德来控制身体五官本有的欲望，以达到以心主身、身心合一的目的。

3. 德性与德治

德性论是本书的主要内容，在此不作详细论述，只是想强调思孟学派的德性修养和心性修养及性与天道是一致的。也就是说，思孟学派的形而上学是道德形而上学，而伦理学是形而上伦理学，道德和形而上是不分的，德性有其天道依据和根源，具有先验性和先天性。这是思孟学派伦理学的主要特色，也是思孟学派与亚里士多德伦理学的主要区别。亚里士多德的伦理学虽然也是建立在其生物学、心理学及形而上学基础之上的，但是，亚里士多德的伦理学是一个独立学科，与其他学科是分离的。而且，亚里士多德伦理学中虽然也存在着"神"的范畴，但是，神并不是德性的来源，其道德德性不具有先验性和先天性。

同时，思孟学派的德治是道德修养即修身、齐家、治国、平天下的必然结果，由内圣而外王，内圣是根本，外王是内圣的延伸和条件。此外，德性的先天依据也是德治的依据和基础，德性和德治是不能分离的。而亚里士多德将其伦理学命名为政治学的初级阶段，认为德性养成和良好的政治体制和政治环境是分不开的，在这一点上，思孟学派和亚里士多德是相同的。但是，对于亚里士多德来说，伦理学追求的是个人的善，而政治学追求的是整体的、国家的善，好人和好的公民并不是完全一致的。因此，对于亚里士多德来说，伦理学和政治学虽然关系密切，但毕竟各有其主要内容，是分离的，在这一点上，亚里士多德与思孟学派是不同的。总体来

① 丁四新：《郭店楚墓竹简思想研究》，东方出版社2000年版，第142页。

② 梁涛：《郭店楚简与思孟学派》，中国人民大学出版社2008年版，第294页。

说，思孟学派注重天人合一、本体与功夫合一、德性与德治合一，而亚里士多德的伦理学虽然与其体系的其他学科有关，但却是一个相对独立的学科，这也是中西思想文化的根本性区别之一。

（五）学术源流

思孟学派是儒家的重要学派，其学承孔子而来是毋庸置疑的，但是，思孟学派处于战国百家争鸣时期，各家各派思想的交流碰撞、相互渗透也是不争的事实。而且思孟学派之所以能够经久不衰、再三复兴和发展，原因就在于其有一定的内在体系性，这种体系比照于西方哲学，就是具有形而上的思维，并且注重形上与形下的合一和统一。也就是说，它既具有世界性、普遍性的哲学思维，又具有中国特色的天人合一的思维。中国最早的形而上哲学思维产生于道家老子，而且儒家的创始人孔子比较注重社会实际问题的探讨，特别是伦理学的建构，因而其形而上的思维比较薄弱。所以，可以推断说，思孟学派的思想，特别是其本体论思想受到道家特别是老子的影响。

白奚先生认为，道家的哲学思维主要表现在两个方面：一是思维方式，即道家的“推天理以明人事”及“天地人一体”的天人合一式思维；二是思维内容，即道家的本体论和宇宙论（道论）。[①] 天人合一的思维方式并不是道家的独创，在上古的宗教时代就已经建立了天与人之间的感应和联系，西周“德”范畴的强化在某种程度上加强了天人之间的关系，而道家从哲学的角度，即“人法地，地法天，天法道，道法自然”（《老子·二十五章》）和“道生一，一生二，二生三，三生万物”（《老子·四十二章》）的本体论和宇宙论角度将这种“天地人一体”的思维方式自然化、哲学化了，思孟学派正是在这个方面受到了老子的影响。《中庸》明确将“中”定义为天下之大本，将“诚”解释为万物的本原和本质，认为“诚者物之始终，不诚无物”，而且“诚”具有生生不息的生化功能，通过“诚”将天地人一体化了，这种哲学思维应该受益于老子，而孟子的“尽心知性以事天”则是将天人合一的思维方式内在化了，是思孟学派思想发展的必然趋势，也可以看作是对老子思维方式的继承和发展。

---

① 白奚：《先秦哲学沉思录》，中国社会科学出版社2007年版，第105页。

此外，孙以楷先生认为，孔子的“中庸”源于老子的“中和”，我们将在第五章“中庸与中和”一节中加以详细论述，在此要讨论的是老子对儒家“内圣外王”[①] 思想的影响。《大学》明确表述了儒家“内圣外王”思想，即“格物、致知、诚意、正心、修身、齐家、治国、平天下”八条目，“修身”为本，格物、致知、诚意、正心是修身的内容和途径，是内圣，而齐家、治国、平天下是外王，由内圣而外王是思孟学派“内圣外王”思想的核心，这应该是对孔子“修己以安人”、“修己以安百姓”的继承与发展，体现了儒家伦理与政治之间的关系。但是，《老子》第五十四章明确提出了身、家、乡、邦、天下的逻辑顺序：“修之于身，其德乃真；修之于家，其德乃余；修之于乡，其德乃长；修之于邦，其德乃丰；修之于天下，其德乃普。”希望通过对道之德的修持和维护，实现其无为而治的政治理想。也就是说，儒家和道家所修持的“道”不同，因而道之德的具体内容也是不同的，其治国方略当然也会不同，即儒家的内圣奉行的是中道，外王施行的是仁政，而道家的内圣奉行的是自然之道，外王施行的是无为之政，但是通过道德修养来治理天下，由伦理而政治、由内圣而外王的逻辑思路是一致的。《大学》“八目”的逻辑思路和具体路径有可能受到老子的影响。当然，思孟学派在形成的过程中除了受到道家的影响外，可能还受到其他诸子的影响，如墨家的宗教思想对子思的影响，墨子的类概念对孟子逻辑思想的影响等，只是道家对思孟学派形而上的构建影响很大，故以专节论述之。

此外，思孟学派作为一个学派存在本身就是一个历史的建构过程。在这个过程中，宋明理学起到了非常大的作用，或者说，宋明理学在学术上承袭了思孟学派并进一步发展之。理学家提高了“四书”的位置，并且将其列于“五经”之前，而“四书”中除了《论语》之外，其他“三书”（《大学》《中庸》《孟子》）都是思孟学派的著作，理学家对“四书”的诠释，就是对思孟学派观点的继承和发展，而实际上理学家的确发展了思孟学派的本体论、人性论、心性论、致知论等思想，使儒学的思想体系更加完善。此外，理学家还建立了儒家的“道统”论，将思孟学术思想提到了“正统”的位置上，也提高了思孟学派的历史地位。近代

① “内圣外王”一词最早见于《庄子·天下篇》，由于和儒家的“八目”相合，故被儒家借用。

以来，儒学的复兴、儒学第三期的提出在很大程度上就是对思孟学术和宋明理学的回归和重新建构。

二 亚里士多德

（一）学术成果概要

亚里士多德是与孟子同时代的古希腊著名哲学家，是古典时期古希腊思想的集大成者，也是中世纪及近现代许多专门学科的开创者，在许多领域都有其崇高的历史地位。首先，他开创了后来被称为"逻辑学"的学科。在他之前，思维方法和认识方法已经被许多哲学家研究和探讨过，但是，他们都将其混杂在其哲学体系中进行研究，还没有将其作为一门专门的学科，亚里士多德首先将其作为一个专门的领域进行研究，提出了著名的三段论。存世的逻辑学著作就是后人编撰的《工具论》，其中包括《范畴篇》《前分析篇》《后分析篇》等，这些著作提供了科学的知识论和方法论，为哲学和科学的发展提供了重要的思想工具，也是亚里士多德形而上学、自然哲学和实践哲学的重要基础。

其次，他概括、分析了早期自然哲学家的研究成果，将其研究对象划分为物理学、心理学、天象学、生物学各个学科并进行专门研究。存世的著作主要有《物理学》[①]《论生成和消灭》《论灵魂》《天象学》《论天》《动物志》《论植物》《论颜色》等。这类著作占亚里士多德总体著作的

① 对于亚里士多德的"physica"，学术界有不同的翻译，如张竹明先生的"物理学"，杨适先生的"自然学"，陈村富先生的"自然哲学"。首先，从"physica"主要围绕"自然"探究自然物（可分离但不是不运动的，并且运动和变化的本原位于自身内部的事物）运动和变化的本原来说，将其翻译为"自然学"或"自然哲学"是合理的，但是"physica"主要偏重于自然哲学的本原研究和原理研究，应属于自然哲学的一个分支，如将其翻译为"自然学"则不能涵盖目前学术界关于自然哲学的整个研究范围，如自然哲学中还包括动物学、植物学等具体学科。所以，笔者认为，"物理学"即"自然物"原理的学说可能更符合"physica"，但是也要注意亚里士多德的"物理学"与现代"物理学"的不同。其次，亚里士多德认为，"物理学"也属于思辨哲学，而且，如果在自然组成的物体之外没有别的实体，即不存在可分离又永恒的不动者，那么，"物理学"也可称得上是"第一哲学"，也就是说，"物理学"与亚里士多德的"形而上学"研究主题更为接近。正是在这一点上，陈康先生将其《形而上学》翻译为《物理学之后诸篇》。但是，物理学研究的只是一个种（自然物），而不是普遍，因此，"物理学"只能是"形而上学"之下的一个具体学科，即"物理学"研究自然物的自然和本原，而"形而上学"研究普遍的本体和本原。因此，虽然亚里士多德的《物理学》包含了丰富的形而上学思想，但其应该依然归属于自然哲学。

2/5 以上。在这些著作中，亚里士多德不仅观测和呈现了各门学科的征兆和现象，而且分析和研究了自然哲学的基本范畴和基本原理，如自然、本原、时间、空间、运动、生成和消灭等，既为后世专门学科的研究提供了借鉴，又体现了亚里士多德本体哲学的旨趣。

最后，是亚里士多德的本体论哲学。亚里士多德关于本体、形而上学的研究贯穿于他的整个哲学体系之中，他不仅有关于本体论的专门著作《形而上学》，而且在《物理学》《范畴篇》《论灵魂》等著作中也有关于本体、本原、目的、形式等范畴的讨论。亚里士多德的本体论主要讨论“存在的存在”，即存在的实体和本原是什么，以及相互关系是怎样的等问题，这就转化为“是什么”和“为什么”两个主要问题，以及与之相关的定义和性质、潜能和实现等问题的探讨。[①] 对于前一个问题，他认为，事物是由质料和形式构成的，而对于事物本身来说，形式是其第一本体；对于第二个问题，亚里士多德认为，存在着四个本原，即形式因、质料因、动力因、目的因，其中目的因也就是动力因，而这两种原因又根源于形式因，因此，形式因是事物的根本原因，所以，这两个问题的答案其实是一致的，即“形式”是事物的第一本体和第一本原。但是，亚里士多德又认为，存在着不动的推动者，也就是神，那么神在逻辑上就是更高的本体和本原。因而亚里士多德的形而上学又被称为神学，这就使得其形而上学中存在着本体论与神学的矛盾。但是，这并不影响这种分析理性和思维方式成为其实践哲学的理论基础。

（二）相关论著说明

本书所研究的亚里士多德德性伦理学就是其学术成果的第四个方

---

① 亚里士多德的形而上学理论可以从静态和动态两个角度进行理解。从静态的角度，亚里士多德认为，第一实体应该是个别事物（见其范畴篇），但是他又观察到事物都是运动变化的，个别事物的“是其所是”应该是逐渐显现和形成的。因此，亚里士多德认为，分析事物的本体存在，定义的方法是不可避免的方法，种的属差就是其实体和形式，而同时要探讨运动和变化事物的本体，对其运动和变化的原因和本原的探讨也是不可避免的，在这个角度上，亚里士多德引入了潜能和实现这一对范畴。潜能是他物中的自身，是潜在的形式自然，实现是他物中潜在形式自然的完全呈现，是目的的自然，潜能和实现从动态的角度解释了事物的所是和所为。也就是说，亚里士多德的形式本体论的核心问题是“是其所是”，是“存在的存在”。为了解析这个问题，定义法和范畴论就是其必然要涉及的论题，而事物为什么、怎么样会“是其所是”，也是这个问题的合理延伸，潜能和实现这一范畴正好解决了这个延伸的问题。也就是说，亚里士多德的理论有很强的系统性和变动性特征，只有联系起来才能获得更好的理解。

面——实践哲学的一部分。亚里士多德的实践哲学主要包括伦理学、政治学、理财学、美学等属于实践领域的哲学，主要学术著作有《尼各马可伦理学》[①]《政治学》《家政学》《修辞术》《诗学》等。他的伦理学是西方德性伦理学的典范，而且他认为国家是自然的产物，制定和维护符合国家内部全体人民利益的政体是一个好人和好公民应该具有的德性。此外，他还对修辞和美学理论提出了精辟的见解。这些著作和思想对西方文化传统也有很大的影响。

亚里士多德的伦理学著作除了《尼各马可伦理学》之外，还有《优台谟伦理学》《大伦理学》和《论善与恶》。目前学术界普遍认为，《论善与恶》是伪作，因此，本书没有引用和接受《论善与恶》的文字和观点；而《尼各马可伦理学》内容完整、结构严谨、学术水平最高，学术界普遍认为是亚里士多德伦理学的代表作，而且《优台谟伦理学》《大伦理学》与《尼各马可伦理学》大同小异，并且不少地方是对《尼各马可伦理学》的重抄和编写。因此，本书写作以《尼各马可伦理学》为基础，参照《优台谟伦理学》和《大伦理学》的部分内容。此外，为了更好地论述和解析亚里士多德的伦理学，本书还引用和参照了亚里士多德其他研究领域的部分著作，如《政治学》《形而上学》《物理学》《范畴篇》《论灵魂》《动物志》《论生成和消灭》等。

---

① 《尼各马可伦理学》是廖申白翻译本的书名，也是本书主要采用的版本，除此之外，本书还采用了苗力田的版本，苗力田将其翻译为《尼各马科伦理学》。在行文中，我们一般都采用“尼各马可伦理学”这种说法。

第二章 德性与德性伦理

上文对思孟学派与亚里士多德的学术状况和学术成果进行了比较详细的梳理和探究，但是，要对双方的德性伦理学进行比较研究，还有一些基础的理论问题需要明晰，那就是什么是德性？德性伦理学的基本特征是什么？中西方德性的内涵有哪些差异？等等。下面将围绕这些问题逐一展开论述。

一 德性的界定

（一）思孟学派论德性

1. 释德

在中国思想史上，“德”字有很深的渊源，虽然对于“德”字最早出现的时间，学术界的看法并不一致[①]，但是基本上认为在周代，“德”成为一个重要的道德范畴。郑玄《周礼注》认为：“在心为德，施之为行。”《说文》心部：“悳，外得于人，内得于己也，从直、从心。”《广韵·德韵》：“德，德行，悳，古文。”都从内外两方面界定“德”，认为“德”本身包含着内在德性与外在德行两方面的含义。但是，在西周和春秋时期，“德”既有道德意义上的用法，如“克明俊德”（《尚书·尧典》），也有非道德意义上的用法，如“夏德若兹”（《尚书·汤诰》）。也就是说，“德”在原初时期，也许并不具有道德上的含义，而是宗教意义上的君王得自于天的权力和法能，而这种权力和法能在西周时期，主要表现为统治者的德行与仁政，即不是通过暴力对人民进行强制统治，而是通过惠

① 郭沫若在其著作《青铜时代》中认为，“德”字最早出现在周代，其后学者多不同意此观点，认为甲骨文中已有“德”字，应在商代就有了。

民、保民的政策达到与天为一，得到天的护佑。因此，就有了“皇天无亲，惟德是辅。民心无常，惟惠之怀”（《尚书·蔡仲之命》）及“敬德保民”的思想。

也就是说，“德”字的出现可能与政治和宗教有关。“考察德的意思时，可以发现，早期文献中肯定的德及具体德目，大都体现于政治领域，或者说，早期的‘德’大都与政治道德有关。”① 同时，张岂之主编的《中国思想史》认为：“周人提出的‘德’是处世得宜的意思，也包括敬天、孝祖、保民三项内容，运用在政治上即是要求明察和宽厚。”② 因此，早期的“德”很可能是宗教观念下君王从天获得的权能，不具有道德的含义，随着社会的发展和人们力量的展示，统治者意识到只有通过德政、惠民、保民的政策，才能获得长久的统治。所以，更加关注自身的德行和德性，希望通过敬德保民，达到“天命有常”，这样，“德”的道德含义就被凸显和强调了。而“德”在西周时期，主要表现为道德行为，即“处世得宜”的外在之“行”，这是由西周时期的文化特色决定的。

西周时期人文色彩和理性色彩进一步加强，由殷商时期的祭祀文明发展到了礼乐文明，具有理性规范体系的周礼对整个社会产生了很大的影响，与礼乐相一致的就是美好的行为。因此，外在之“行”就成了西周时期“德”的主要表现形式。而到了春秋时期，随着礼崩乐坏，礼仪规范已无法控制人们的言行，所以，就转而注重内在德性的挖掘，同时，“德”的范围也从统治者扩展到贵族、士人。也就是说，在孔子之前的春秋时期，“德”在道德方面的含义得到了强化，其使用范围也从统治者的“惟德是辅”扩大到贵族、士人、官员及有德之士的美好行为和品性上，同时，内在之德性的比重也开始加大，人们的关注点不仅在于外在之“行”，还在于内在之“德”。但是，德行依然是“德”的主要意思，只有到了孔子之时，内在德性才以绝对的优势成为“德”的主要内涵。

在孔子之时，“德”也指称道德行为，但是，其“德”主要指人的道德品性。孔子创造了“仁”范畴，认为“仁”的基础是人的自然情感，是每个人都拥有的东西，只要将内在之“爱亲”的情感进行扩充就可以达到爱人之“仁”的最低境界。虽然，孔子也注重礼，但是他认为“人

---

① 陈来：《古代宗教与伦理——儒家思想的根源》，三联书店1996年版，第296页。

② 张岂之主编：《中国思想史》，西北大学出版社2001年版，第8页。

而不仁，如礼何？”（《论语·八佾》）外在的礼表现的是人的内在情感、内在品性，如果失去内在的真实情感和品性，外在的礼是没有价值和意义的。因此，孔子表现了人的内在自觉，将“德”普遍化为人人之“德”，并认为内在道德修养是外在行为的基础，也是为政的基础，如“修己以敬”“修己以安人”“修己以安百姓”（《论语·宪问》）。所以，孔子所开创的儒家伦理学是以内在德性为基础的，德性是孔子之德的主要含义。思孟学派继孔子而来，并进一步内在化，将德性与心性及天道联系了起来，构建了以德性修养为主要内容的德性伦理学。

2. 主要德目

孔子继承了前人的道德德目，形成了自己的德目群。其中属于理智德性的有知（智）、思、明等；属于道德德性（伦理德性）的有仁、义、礼、忠、孝、悌、恭敬、忠恕及恭、宽、信、敏、惠、勇、刚、毅、木、讷、直、温、良、俭、让、慎、慈、友、约、施、恒、诚等。其中仁具有总德的意义，而其余的德目，有的偏重于人的情感，是基于情感基础上的品性，如孝、悌、友、诚等，有的偏重于人的社会交往和行为，是人在社会行为中展现出来的内在品性，如义、礼、忠、信、惠、施等。但无论是基于情感还是关于行为，孔子的德目都强调人的内在品性，外在的道德行为是内在品性的表现。思孟学派的德性目录基本上与孔子同，除了将圣、辩、廉等个别德目纳入其体系中外[①]，最大的不同就在于对个别德目的理解和关注，如曾子强调孝，强调忠恕之道以及明、诚、正等德目；子游重情，重仁义忠信四德；子思重诚，将诚提升到本体的高度，而且将圣与仁义礼智四德并列，使圣成为德目之一，并且注重思和勇，即理性的作用和勇敢的德性；孟子继子思而来，除了继续关注诚、思、明、勇等德性外，还提出了四端学说，注重仁义，特别是仁。也就是说，思孟学派基本上继承了孔子所提出的所有的德目，并且特别强调仁、义、礼、智、圣、诚、明、正、思、勇、忠、信等德性。

3. 德与天

思孟学派的德性论是与天联系在一起的，德性修养的最高境界就是成

---

① 孔子有圣人的提法，但是并没有将“圣”看成一个具体的德目，子思《五行》篇将“圣”作为五行之一，始成为思孟学派的德目之一。此外，孔子并不认为“辩”是一德性，“廉”在孔子那里也没有道德意义上的用法，但是孟子在道德义上使用了“廉”字，并且不排斥“辩”。故认为“辩”和“廉”是属于孟子的德性目录。

为圣人和君子，而圣人之道和君子之道就是天道。[①] 所以，要解析德性，就有必要弄清楚德与天的关系。思孟学派主要在两个意思上使用“天”字：一是天命，二是天道。而天命也表现为两途：一是宗教之天的延续，主要表现为命运、使命之意，如“君子创业垂统，为可继也。若夫成功，则天也”（《孟子·梁惠王下》）。二是借用天命的形式表现天道的内含，如“天命之谓性”（《中庸·一章》），此处虽然采用天命、天之赋予的形式，其实质是探讨天运行的法则和规律，具有宇宙创生本体的含义，此处之天即为本体之天，是天道的内含之一。此外，思孟学派的天道主要表现为“中”、“圣人”、“君子”、“德”、“心”等范畴，天道的主要内容就是人道之善、天道之德，天即为道德之天（义理之天）。思孟学派德与天的关系，主要是德与天道及天命形式下天道的关系。

西周时期就有“皇天无亲，惟德是辅”（《尚书·蔡仲之命》）的观念，认为只有为德、敬德、明德，才能得到天的庇佑，统治者通过德与天沟通，但此时的天是指宗教之天，德主要是指美好的德行。孔子曰：“天生德于予，桓魋其如予何？”（《论语·述而》）此时的天虽然仍是宗教之天，但德却指人的内在品性。子思曰：“诚者，天之道也；诚之者，人之道也。诚者不勉而中，不思而得，从容中道，圣人也。诚之者，择善而固执之者也。”（《中庸·二十章》）将天与“中”、“诚”、“圣人”“善”等道德范畴联系了起来，此处之天已成为道德之天，而《中庸》将本体之天和道德之天相统一，创造了道德本体“诚”，使思孟学派的伦理学具有了形而上伦理学的意蕴。此外，《五行》曰：“善，人道也。德，天道也。”此处的“德”指仁义礼智圣五行之和，直接将人的德性与天联系了起来。孟子认为：“尽其心者，知其性也。知其性，则知天矣。”（《孟子·尽心上》）将心、性与天联系起来，孟子之心是道德本心，性是心之本性，其主要内容即是仁义礼智四善端。因此，思孟学派的“天”主要

---

① 君子和圣人在儒家那里是有区别的，一般认为，圣人是理想中的人格形象，而君子是现实中的理想人格，君子在品性和级别上要低于圣人，君子之道多指人道，而圣人之道多指天道，笔者也赞同这种看法。但是在《中庸》中子思认为，君子之道察乎天地，虽圣人亦有所不能，在《五行》中子思认为，“五行皆形于内而时行之，为之君子”，又说“德之五行合为之德”“德，天道也”，即认为君子是合内外之道之人，君子道等同于天道。因此可以说，在思孟学派这里，君子之道和圣人之道都含有天道之意，因而，君子的内涵和品性也被拔高了，在某种程度上可以说是德性修养的最高境界，此处行文以及此后相关的论述就是基于这种思考。但是，在一般情况下，我们依然延用传统的做法，将君子之道与人道并列，而将圣人之道与天道并列。

指天道，而天道的主要内容是德（善），人们通过成德而与天为一，德与天是统一的。

4. 德与善

《大学》首章曰："大学之道，在明明德，在亲民，在止于至善。"大学就是大人之学，也就是说，士人、君子的学问之道以"至善"为目标。如上所述，思孟学派认为，道德修养的最高目标是成德、成圣、与天为一，而此处又提出"大学之道，在止于至善"，那么，至善与成德、德与善的关系就是我们必须探讨的问题之一。《大学·四章》解释了何谓"至善"："诗云：'穆穆文王，于缉熙敬至！'为人君，止于仁；为人臣，止于敬；为人子，止于孝；为人父，止于慈；与国人交，止于信。"认为文王是"止于至善"的典范，而至善的内含就是仁敬孝慈信等德性的完善。也就是说，至善的典范和成德的典范是一致的，都是圣人，而善的内容也与德的内容一致，都是仁义礼智信等德性。《中庸》提出"诚之者，择善而固执之者也"，就是选择好的行为和善的品性而不断地涵咏其中，就可以达到"诚"的境界。此外，在《五行》篇中，也有关于德与善的论述，"德之行五和谓之德，四行和谓之善。善，人道也。德，天道也"。五行是指仁义礼智圣五德，四行是指仁义礼智四德，为善是人通过外部道德行为实现内在德性的途径，故称为人道，而"德"指的是内在五种德性的和谐状态，故称为天道。德与善在内容上是一致的，都指仁义礼智等具体德性，但善偏重于外在德行，而德偏重于内在德性，而且德在境界上要高于善。孟子消除了内外之隔阂，提出了仁义礼智四善端，即四德，善与德在孟子这里是一致的，是可以互换的范畴。因此，在思孟学派内部，至善就是成德，其目标是一致的，都是圣人、天道，善的内容也与德的内容一致，都是仁义礼智等德性①，德与善，除了特殊的界定与强调外，在一般意义上是可以互换的范畴。

5. 德与性

思孟学派在两种意义上使用"德"字：一是形而上的"德"，"德，天道也"（《五行·二章》）；二是具体的德性、德行，如仁义礼智四德。

---

① 善在道德意义上指善人、善事、善行，因此，就有内外两种含义，而德也是既指德性又指德行，也有内外两途。但是，对于思孟学派来说，内主外辅，以内统外，以德性修养为基调，故认为德与善的内容都是具体德性。

在三种意义上使用“性”字：一是宇宙本体之性，如“天命之谓性”（《中庸·一章》）；二是心体本然之性，如“自诚明，谓之性”（《中庸·二十一章》）；三是人物之殊性，如“唯天下至诚，为能尽其性；能尽其性，则能尽人之性；能尽人之性，则能尽物之性；能尽物之性，则可以赞天地之化育；可以赞天地之化育，则可以与天地参矣”（《中庸·二十二章》）中的第三、四、五、六个“性”字。宇宙本体之性与心体本然之性是一体的，因为对于思孟学派来说，天人一体，人的本性来源于天，所不同的是，心体本然之性只关注人，而宇宙本体之性关注世间的万事万物。因此，在形而上的意义上，德与性是一致的，都指的是天道，前者关注天的运行法则，后者关注天的本根特性。

对于人性的具体所指，思孟学派内部有些微的不一致之处，但是都将“善”与“德”作为人的本性。曾子虽然没有明确提出性善论，但是，他认为：“好人之所恶，恶人之所好，是谓拂人之性，菑必逮夫身。是故君子有大道，必忠信以得之，骄泰以失之。”（《大学·十一章》）好人所厌恶的和恶人所喜欢的是对人性的违反，所以，灾难必将降临其身，虽然没有明确说明人性是善的，但隐含了人性善的意义。《性自命出》的上半篇所说的人性属于自然人性，而下半篇主要从德性的角度论述人性，并且认为“未教而民恒，性善者也”，没有经过教导而能恒其善行，是因为其本性是善的缘故，直接提出了“性善”一词，对孟子的性善论有很大的影响。子思的性虽然有三个方面的含义，但是在具体论述人性时，也是从善、德、道等角度论述的，他没有明确提出人性善，但认为“诚之者，择善而固执之者也”（《中庸·二十章》），“诚之者”即为人道，人道为善，也就意味着人性善。孟子承先贤之理路，提出了性善论，其主要内含是仁义礼智四德。因此，形而下的具体之“德”与人性的具体内容也是一致的，人性即为德性，德性的实现过程也就是人性的实现过程，即成人的过程。

6. 德与礼

与德相关的另一个重要范畴就是礼，要弄清楚思孟学派及儒家德与礼的关系，首先，我们得清楚先秦时期礼的起源、发展历程及内涵。关于礼的起源，学术界的看法并不统一，影响比较大的是礼起源于祭祀的说法，持这种看法的依据主要是东汉许慎的《说文解字》——“礼，履也。所以事神致富也”——以及甲骨卜辞的考释，王国维、郭沫若、钱穆等学者是这种看法的代表。[①] 此外，刘师培、吕思勉、柳诒征等学者坚持风俗说，认为礼起源于上古的风俗。[②] 还有的学者根据《礼记》记载，坚持礼起源于冠婚、饮食和圣人制礼说。[③] 可以说，这些观点从不同的角度探讨了礼的起源，祭祀说从发生学的角度认为，礼最原始的形态应该和祭祀的行为及原始宗教有关；风俗说从社会学的角度阐释了礼的社会起源，认为礼制和礼仪应该起源于人们的风俗习惯；而冠婚说、饮食说和圣人制礼说则本于人自身来解释礼的起源，认为礼起源于人的内在需求，是圣人根据天道自然的运行法则来规范人类秩序的结晶。笔者认为，这些看法都有一定的价值，不应简单的否弃，但若从最初源起来说，祭祀说和风俗说应该更合理一些[④]，而圣人制礼说，所谓的礼应该指的是成熟的礼，和起源意义上的礼相差甚远。

孔子曰："夏礼，吾能言之，杞不足证也；殷礼，吾能言之，宋不足证也；文献不足故也。足，则吾能证之矣。"（《论语·八佾》）又曰："周监于二代，郁郁乎文哉！吾从周。"（《论语·八佾》）也就是说，孔子认为，夏商两代已存在礼制和礼教，但因年代久远和资料不足，故不能引证，而且周代的礼制来源于前二代，是对夏商之礼的继承和发展。也就是说，礼的发展或者礼制的发展有一个漫长的过程，从夏到商再到周，直到周公作礼制乐，礼进一步完善化、制度化、法律化，形成了中国独具特色的礼乐文化。周代的礼包含非常广泛，大到国家的典章制度（包括宗法制、分封制、井田制），小到社会的礼仪风俗，都在礼的范围之内，可以说，礼是国家的大经大法，也是社会的道德规范、风俗仪式。西周是典型的礼制时期，法律规范和道德规范都包含在礼制之内，出礼则入刑，合礼则合德，礼与法（其表现形式主要是刑罚）是统一的，礼是刑的依据，

---

① 见《王国维遗书》第1册，《观堂集林》卷6《释礼》；郭沫若《十批判书》（东方出版社1996年版）第96页及钱穆《中国文化史导论》（商务印书馆2003年版）第72页。

② 见刘师培《刘师培全集》（中共中央党校出版社1997年版）第54页；吕思勉《先秦学术概论》（东方出版中心2008年版）第138页及柳诒征《柳诒征说文化》（上海古籍出版社1999年版）第261页。

③ 《礼记·婚义》有"夫礼始于冠，本于婚"的说法；《礼记·礼运》有"夫礼之初，始诸饮食"的说法；《礼记·檀弓上》有"先王制礼"的说法，在《礼记·礼运》中有关于孔子对礼的起源的看法，如"孔子曰：'夫礼，先王以承天之道，以治人之情'"。《礼记》的记载和《礼记》作者关于礼起源的看法成为后世学者探讨礼的起源时的重要依据。

④ 笔者认为，风俗说在一定程度上涵盖了冠婚说和饮食说，也就是说，风俗含有冠婚风俗和饮食风俗，继而成为冠婚礼仪和饮食礼仪。

刑通过反面的惩罚手段来使人们服从礼制，此时礼的表现形式主要是正面的礼乐教化，但是，如果违反礼就得接受法的制裁，礼法一体，礼具有国家政治强制性的意蕴。

春秋战国时期，传统的礼制受到严重的破坏。西周宗室日趋衰微，宗法等级和分封制受到破坏，同时井田制也无法适应经济发展的需要，礼制基础的坍塌意味着西周时期的礼制已没有办法继续维护社会秩序，应时而起的是法家的繁荣和法律体系的发展，首先是成文法的颁布，其次是各诸侯国的政治改革，法律从礼制中独立出来，大有代替礼的气势，与此同时还有儒家的兴起。儒家的创始人孔子从另一个角度改造了礼，即将人的自觉的德性设置为礼的前提，使礼从一个无所不包的礼制体系缩小到道德教化的范围之内①，礼与法从西周时期的统一逐渐形成一种分离甚至对立的局面。这种局面在战国后期的荀子那里得到了改观，他隆礼重法，将道德教化和法律规范统一起来，这种统一为后世封建专制政体下礼法的融合提供了理论基础。

通过以上对礼的发展历程及内涵变动的分析，我们可以看出，德与礼一直是统一的。学术界一般认为，礼在静态上有三层含义：一是礼仪；二是礼义；三是礼器。礼器与本书关系不大，本书主要从前两个角度探讨礼。西周是礼制社会，礼既是一套严格的政治体系、法律体系和道德体系，也就是礼有一套完整的外在礼仪形式，同时又具有很明确的内在精神，即礼义，这种礼义就是“尊尊、亲亲”的宗法等级内涵。而此时的德如前所述主要表现为德行，即美好的道德行为，这种道德行为是由礼规定的，即德礼一致，以礼定德，符合礼的就是美好的德行，同时这种美好的德行也是内在德性即礼义的外在表现。

孔子也追求德与礼的统一。对孔子来说，成德就是成仁，仁具有德性总目的意思，孔子说“克己复礼为仁”，就是认为，仁必须包含礼，仁人必须是践行礼的人，而且成仁的过程也是复礼的过程，强调礼在道德修养中的作用；同时，孔子认为“人而不仁，如礼何?”即认为仁是礼的前提，如果人没有内在的道德品质，外在的礼义形式即便完美也没有任何意义，而且也谈不上真正的懂礼。也就是说，孔子主张德与礼的统一，但是

① 孔子从主观上还是希望恢复西周的礼制社会，但是，他对礼的改造，对主体德性自觉的强调，客观上缩小了礼的范围，使礼趋向于道德范畴之内。

孔子突出了内在德性的作用，用德性来界定礼，同时，也用礼来规范德，德与礼在孔子这里表现出德礼互定的特色。思孟学派沿着孔子的理路进一步内在化，虽然他们并没有否定礼的外在规范作用，即礼仪，但是，他们倾向于将礼解释为“恭敬之心（辞让之心）”，即注重礼义，弱化礼仪。也就是说，在思孟学派这里，德与礼同样是统一的，但是却表现出以德定礼的特色，不注重礼的外在表现形式，强化了礼的内在等级精神。与思孟学派观点相对的是荀子，他注重外在道德规范，认为只有通过礼才能驱除人本性的邪恶，才能实现礼制和人的德性，他以礼释德，强化礼即外在礼仪的作用，认为外在规范是实现内在德性即礼义的必然途径，因此，希望通过礼法的融合来维护社会秩序。虽然荀子的观点与思孟学派相对，但在德礼统一上，双方的观点是一致的。

此外，对于思孟学派来说，德与礼的关系除了统一之外，还表现为：其一，德是礼的内容和目的，礼是德的实现手段和表现形式；其二，礼是全德的组成部分。对于思孟学派来说，内在之礼——恭敬之心（辞让之心）即是四德之一，是全德仁的重要组成部分，同时，外在礼是内在德性的外在表现形式，同时也是实现德性，成为君子和圣人的外在手段。孔子说，自己十五志于学，学的就是礼，通过礼仪的学习，逐渐使外在礼仪内化为内在德性，使人成为一个自觉的道德主体，是德性实现的重要方式之一，虽然思孟学派注重内在扩充，但是，他们并没有否定礼的外在手段作用。当然，外在之礼，即道德规范是内在之礼和整体德性的外在表现形式，同时也是以内在之礼和整个德性为目的的，遵守道德规范的目的是成仁、成人，使人成为德性完满的人，即君子和圣人。

7. 德与法（刑）

中国古代法是礼法同构的法律体系，在三代的主要形式是刑，如《禹刑》《汤刑》《吕刑》和《九刑》。在春秋时期，成文法产生，如子产铸刑书，范宣子铸刑鼎，但主要表现形式依然是刑，直到战国时期，法家李悝总结了各诸侯国的刑典而作《法经》六篇，法作为古代法的主要形式开始流行，而商鞅改法为律[①]，进一步强调法律的普遍性和适用性，此后律成为封建社会的主要法律形式，如汉律、魏律、唐律、明律等。在西

① 《唐律疏议·名例律·疏》云：“魏文侯师于李悝，集诸国刑典，造《法经》六篇……商鞅传授，改法为律。”

周时期，礼法一体，礼主刑辅，而德礼统一，以礼定德，德主要表现为礼制体系下的美好道德行为，而刑是实现这种道德行为的法律保证，礼从制度和教化的角度规范人们的道德行为，而刑则从反面规范人们的道德行为，刑之于德是必不可少的法律手段。

春秋战国时期，礼法分离，礼制衰弱，法制强盛，法制大有代替礼制之势，孔子主张礼主刑辅，礼乐是刑罚的依据和基础，主张恢复西周的礼乐制度；而孟子主张仁政王道，认为仁义应该成为法律实施的依据和基础，应该师法先王，加强统治者自身的道德修养，并且认为“徒善不足以为政，徒法不足以自行”（《孟子·离娄上》）。认识到好的国家治理必须德法配合，双管齐下。所以，从客观上来说，孔子和思孟学派都认为刑法在维护社会秩序上是不可或缺的，如孟子曰：“善战者服上刑，连诸侯者次之，辟草莱、任土地者次之。”（《孟子·离娄上》）社会上存在着需要刑法来惩罚的人和事。但是，他们反对法家以法治代替礼治，以霸道代替王道的思想，他们运用刑法是为了达到无法而治的目的，而且强调刑法的消极作用。因此，从总体上说，思孟学派强调内在德性的修养而弱化外在刑法规范的地位和作用，在德与法的关系上，强调两者的对立而弱化两者的统一。

（二）亚里士多德论德性

1. 德性的界定

希腊传统的德性意指各种类型的优秀，除了内在品质，如正义、勇敢等外，还包括身体的善，如健康、强壮、健美等，以及外在的善，如财富、朋友、运气等。在希腊七贤时期，人们开始更加关注内在善，特别是智慧、正义、勇敢等德性。苏格拉底将灵魂、美德和幸福联系起来加以论述，如“因为我把自己所有的时间都花在试探和劝导你们上，不论老少，使你们首要的、第一位的关注不是你们的身体或职业，而是你们灵魂的最高幸福。我每到一处便告诉人们，财富不会带来美德（善），但是美德（善）会带来财富和其他各种幸福，既有个人的幸福，又有国家的幸福”[①]。苏格拉底要求人们关注灵魂，关注灵魂的最高幸福，同时认为，美德可以带来幸福，换言之，就是认为德性是灵魂的美好状态，即灵魂的

---

① ［古希腊］柏拉图：《申辩篇》，王晓朝译，人民出版社 2002 年版，第 30a5—30b4 页。

幸福。柏拉图继苏格拉底之后进一步关注灵魂，关注人的内在善，并且引入功能论证，认为灵魂的功能即是灵魂的特长或德性，而灵魂的功能或德性就是正义，灵魂的缺陷是不正义。[①]

亚里士多德继承和发展了苏格拉底和柏拉图的德性理论，将幸福、德性、灵魂和功能联系起来。他认为，“幸福是灵魂的一种合于完满德性的实现活动”[②]，德性“就是既使得一个人好又使得他出色地完成他的活动的品质”[③]，“灵魂的善是最恰当意义上的、最真实的善”[④]，是其追求的目标，而人特有的功能“是灵魂的遵循或包含着逻各斯的实现活动”[⑤]。也就是说，人特有的功能是理性活动和受理性指导的德性活动，而人特有的功能就是人的德性，所以，德性就包含着理智德性与道德德性两部分，理智德性又分为纯粹理性和实践理性（明智）。其伦理学以善为目的，而最高善就是幸福，就是德性的完满状态，但是，因为人的特有功能表现为理性活动，所以，最高幸福就是纯粹理性活动，即沉思。

至此，我们对亚里士多德的德性就有了大致的了解，虽然，他也提到了外在善和身体的善，并且认为，这两种善是实现幸福的必要条件，但是，他的关注点是内在德性，即灵魂的善。而且，道德德性是其伦理学论述的重点，在没有特别注明的情况下，其德性指的是道德德性，明智和道德德性基本上对应于思孟学派的德性。但是，因为亚里士多德将理性活动视为人特有的功能，即本质属性，所以，理性在整个德性论中起着非常重要的作用，是道德德性的基础和导向，这是亚里士多德与思孟学派德性论的重大区别之一。

2. 具体德目

亚里士多德的德性分为理智德性与道德德性，理智德性又分为纯粹理性与实践理性两种，前者指科学、技艺、智慧和努斯，后者指明智，以及与明智相关的好的考虑、理解和体谅。道德德性有公正、慷慨、节制、勇敢、温和、友善、大方、大度、羞耻、义愤、诚实、坚强、机智及对待小

---

① ［古希腊］柏拉图：《申辩篇》，王晓朝译，人民出版社 2002 年版，第 353d—e 页。

② ［古希腊］亚里士多德：《尼各马可伦理学》，廖申白译，商务印书馆 2003 年版，第 1102a5 页。

③ 同上书，第 1106a21—22 页。

④ 同上书，第 1098b15 页。

⑤ 同上书，第 1098a7—8 页。

的荣誉方面的德性，亚里士多德没有为其命名，为了方便起见，我们称之为“荣”。此外，还有友爱，道德德性中最富有情感的一种品质。另外，在《大伦理学》中，还出现了自傲与顺从之间的德性“庄重”；在《优台谟伦理学》中还有刁顽与卑屈之间的德性“高尚”。亚里士多德的德性条目比较清晰和集中，以上列举的基本上是其伦理学中提到的全部德性。

3. 德性与神

西塞罗在《论诸神本性》中说：“亚里士多德在《论哲学》的第三卷中与其老师柏拉图意见相左，把许多东西搅得一塌糊涂。这就是说，时而他把每一种神性都归于理智，时而又说世界就是神，时而又让某个神凌驾于世界之上，给神以借助某种回返以引导和维持世界运动的职责。”① 也就是说，“神”在亚里士多德的著作中是一个蕴含丰富、意义多层的范畴，在不同的地方以不同的面目出现，使得研究者往往拿捏不定、迷惑不解。因此，我们很难对“神”范畴做一全面的解析，此处的“神”特指其伦理学中出现的“神”。

在亚里士多德伦理学中，“神”主要在两种意义上使用：一是理性或理智；二是神圣。前一种意思主要表现在亚里士多德对神的活动或神的功能的界定上，亚里士多德认为，神的特有活动是沉思，是纯粹理性活动；也是在这个意义上，他认为，沉思是最高的福祉。

> 神最被我们看作是享得福祉的和幸福的。但是，我们可以把哪种行为归于它们呢？公正的行为？但是，说众神也互相交易、还钱等等岂不荒唐？勇敢的——为高尚［高贵］而经受恐惧与危险的行为？慷慨的行为？那么是对谁慷慨呢？而且，设想它们真的有货币等等东西就太可笑了。它们的节制的行为又是什么样呢？称赞神没有坏的欲望岂不是多此一举？如果我们一条一条地看，就可以看到用哪一种行为来说神都失之琐细、不值一提。可是我们一般都觉得它们活着并积极地活动着。我们不认为它们像恩底弥翁那样一直睡觉。而如果一种存在活着，这些行为又都不属于它，而它的创造力又最大，那么它的活动除了沉思还能是什么呢？所以，神的实现活动，那最为优越的福

---

①［古希腊］亚里士多德：《亚里士多德全集》（第10卷），苗力田主编，中国人民大学出版社1996年版，第126页。

祉，就是沉思。因此，人的与神的沉思最为近似的那种活动，也就是最幸福的。[①]

首先，亚里士多德通过分析和推测，认为公正、勇敢、慷慨、节制等道德德性都不属于神，因而道德德性的实现活动也不是神的活动，而且他认为神的活动只能是沉思，只能是人的活动中最优越的活动，其实，就是将“神”理解为理性或理智。其次，他认为德性即使不是神赐予的，也是神圣的。对于德性的来源，亚里士多德有明确的论述，认为德性不是天生的，而是通过教导和习惯养成的，因此，神不具有生成德性的功用，不是德性的来源，但是，德性和幸福是最为神圣的事物，是值得我们崇敬的。如：

从这里产生了一个问题，幸福是通过学习、某种习惯或训练而获得的，还是神或运气的恩赐。如果有某种神赐的礼物，那么就有理由说幸福是神赐的，尤其是因为它是人所拥有的最好的东西。不过这个问题也许更适合由另一项研究来讨论。不过，即使幸福不是来自神，而是通过德性或某种学习或训练而获得的，它也仍然是最为神圣的事物。因为德性的报偿或结局必定是最好的，必定是某种神圣的福祉。[②]

幸福是受崇敬的、完善的事物。从幸福是一个始点这个事实也可以看出这一点。因为我们做所有其他事情都是为了幸福。而属于始点的和善事物的原因的东西，我们认为，也就是值得崇敬的和神圣的东西。[③]

亚里士多德认为，神对人的赐福不是伦理学研究的课题，伦理学研究的是与人的事物相关的、能为人的能力所把握的课题，实质上就是通过理性驾驭欲望并成就德性。因为幸福是我们追求的目标，是始点和原因，所以，它应该是神圣的和受人崇敬的（因为神在某种意义上也是始点和原因）。亚里士多德的神与幸福有关，但并不是幸福的来源，而是为了说明幸福的高远和神圣而借用的概念。因此，亚里士多德伦理学中德性与神的

---

① ［古希腊］亚里士多德：《尼各马可伦理学》，廖申白译，商务印书馆 2003 年版，第 1178b7—24 页。

② 同上。

③ 同上书，第 1102a1—4 页。

关系就与思孟学派伦理学中德与天的关系有很大的不同。对于思孟学派来说，德与天是一致的，德即为天道，成德就是成人，也就是达道，人之德来源于天，人通过修德而达到与天为一，其伦理学的最高目标是成为圣人、君子。而亚里士多德的神并不是德性的来源，所以，德性修养的最终目标并不是成神，并不是与神合一。但是，由于神的功能是理性活动——沉思，而人的最高德性也是纯粹理性，最高的幸福就是沉思，沉思既是属于人的，也是属于神的，神与人在本性上是一致的，所以，从这个意义上讲，也可以说亚里士多德伦理学的最高目标是与神合一。不过，沉思虽然是属于人的，但是，道德德性却是完全属于人的，或者说，是只属于人的，而幸福是完满德性的实现，既包含理智德性的实现也包含道德德性的实现，而道德德性不属于神。所以，从这个角度来说，虽然最高的幸福是与神合一，但完整的幸福、完满的生活却不属于神，只属于人。因此，将亚里士多德伦理学的目标确定为成神，或者与神合一是不合理的。

正是因为亚里士多德伦理学中的神不是创生意义上或本源意义上的神，而是理智之神，所以，神既不是理智德性的来源，又不是道德德性的来源，只是其本性正好和人的第一本性，即理性重合而已。这种重合意味着亚里士多德对理性的重视。但就是因为这种重合，造成了亚里士多德伦理学本身的矛盾，因为对神的崇敬、对理性的强调，所以最高幸福和理智德性是属神的，也是神的幸福。但是，亚里士多德立论的重点是道德德性，其基点是人，而人在逻辑上又不是神的创造物，因此就导致了人的德性与神的德性的矛盾，这种矛盾同时也表明了亚里士多德伦理学与其形而上学和神学的分离。而思孟学派不存在这种矛盾，其根源就在于思孟学派的伦理学与其形而上学和宗教是一体的。

4. 德性与善

《尼各马可伦理学》一开篇就说明其伦理学以善为目的，而最高善是幸福，幸福是灵魂合于完满德性的实现活动。从这个意义上说，德性与善是一致的，或者，德性是善的主要内容。“善的事物已被分为三类：一些被称为外在善，另外的被称为灵魂的善和身体的善。在这三类善事物中，我们说，灵魂的善是最恰当意义上的、最真实的善。”[①] 因此对于亚里士

---

① ［古希腊］亚里士多德：《尼各马可伦理学》，廖申白译，商务印书馆 2003 年版，第 1098b12—15 页。

多德来说，灵魂的善，即德性和幸福是其伦理学追求的目标，也是其善的主要含义。但是，除了灵魂的善之外，还有身体的善和外在善，虽然这两种善不是我们的目的，却是达到目的必不可少的条件，因此，也属于善的范畴。也就是说，亚里士多德既在道德意义上又在非道德意义上使用了“善”这一范畴，这就与思孟学派有所不同。思孟学派的德与善虽然有天道与人道、德性与德行的区别，但天道与人道、德性与德行是统一的，并且只限于道德意义上使用，故在一般意义上是可以互换的。而亚里士多德善的含义要比德性的含义广泛，德性只是内在善、灵魂善，而善本身既包含内在善，又包含达到内在善所需的外在事物。所以在道德意义上，善与德性是统一的、内涵相同的概念，但是，善有非道德意义上的用法，要比德性含义广泛。

5. 德性与人性

思孟学派的德性主要指道德德性，同时包含着实践理性，如智、思等，而亚里士多德的德性范围比较广，除了道德德性与明智之外，还有纯粹理性。思孟学派主张人性善，德性是人性的内容，亚里士多德认为，理性或理性活动是人的本性，而自然情感的理性表达，即混合性道德德性只能属于人的第二本性。双方在德性与人性的内涵上有所不同，这一点非常明显，但是，在德性与人性的关系上，双方却是相同的。对于思孟学派来说，德性与人性是统一的，对于亚里士多德来说，这一点同样适用。亚里士多德认为，人的特有功能即人的本性就是德性（理智德性与道德德性），所以，要实现人的本性就要达到德性的完满实现，而德性的完满实现就是人的实现，就是幸福。幸福就是使人成为人自身，而人成为人自身就是最幸福的事，幸福就是成人。也就是说，成人问题是思孟学派与亚里士多德伦理学的主要问题，而双方都认为成德就是成人，正是这个意义上，我们将双方的伦理学称为德性伦理学，进而进行对等比较。

6. 德性与习俗

亚里士多德有一句很知名的话，即“习惯成自然”，这句话集中体现了德性与习俗之间的关系。人的自然即是人的形式，也就是人的理性活动，道德德性是人的第二本性，也就是人的第二自然，而道德德性不是人天生本有的，而是人通过习惯养成的。因此，德性（道德德性）与习俗的关系就表现在以下两个方面：其一，习俗、习惯是道德德性形成的外在手段，人们通过习惯和习俗逐渐形成内在德性；其二，习俗是道德德性的组成部分，因为人的第二自然是通过习俗而形成的，习俗在形成第二自然的时候自身也发生了变化，已经不再是习俗而转变成自然了；又因为亚里士多德认为，道德德性是关于情感和行为的正确的品质，所以，道德德性必然包含着情感和理性。正是在这个意义上，余纪元先生认为，道德德性是由习俗或价值、情感和实践理性三方面组成的。[①] 因此，笔者认为，习俗既是道德德性的实现手段和方法，也是道德德性的组成部分。

对于思孟学派来说，德与礼是一致的，礼不仅是全德的组成部分，也是德性的外在表现形式和实现手段，但是，对于亚里士多德来说，习俗只是道德德性的实现方法和组成部分，却不是道德德性的表现方式。这是因为礼是观念化、体制化的习俗，是一种道德规范，而且本身也是四主德之一，而习俗却是人们比较稳定的习惯行为，通过好的习俗的内在化、规范化，习俗转变成了道德德性，但是习俗本身不是道德德性的表现方式。所以，习俗和礼既有相通的一面，也有不同的一面，礼是习俗的高级化形态。

7. 德性与法律

德性与法律的关系也表现在两个方面：其一，法律是德性实现的必要保证和外在手段，亚里士多德认为，没有好的法律，就没法保证城邦的良好秩序，而德性也就没有办法得到完满的实现，同时，青年只有通过法律的强制性措施，才能逐渐养成良好的道德德性，才能从习惯转变为人的自然、人的品性，法律对于德性是必不可少的条件和手段；其二，总德正义的一般含义是守法，即法律本身与德性内涵具有一致性，或者说，好人必然是守法的人，但是，守法的人不一定是好人，也就是说，法律必然是合道德的，但是，不道德不一定就是违反法律的，道德的内涵要比法律的内涵广泛。

由此，我们可以看出，思孟学派和亚里士多德在德与法（刑）、德性与法律的关系上存在着明显的差异：思孟学派当然也承认法与刑在维护社会秩序方面的不可或缺性，但是，他们强调仁义，强调仁政和王道，强调修身为本、强调内圣外王，这就必然导致他们反对严刑峻法，反对刑和法成为人们道德修养的必要手段和方法。此外，也因为礼范畴的存在，礼不同于西方的法律，思孟学派的礼主要是道德规范，主要通过道德教化的方式规范人们的行为，而法律是政治的强制性规范，通过国家机器的强制惩

---

① 见余纪元《德性之镜：孔子与亚里士多德的伦理学》（中国人民大学出版社 2009 年版）第三章第五节“德性的构成”，即此书第 148—153 页。

罚规范人们的行为，中国的礼制非常强大和完善，这就在某种程度上使礼代替法主导人们的生活成为可能，而西周的礼乐文明也为此提供了现实依据，这也在一定程度上导致了儒家和思孟学派对法律作用的轻忽。相比较而言，希腊有民主制传统，而法律是正义的化身，是人们自由、平等权利的保证，所以，西方一直都有重视法律的传统。虽然，亚里士多德也认为习俗和习惯很重要，但是相对于中国传统的礼制，习俗和习惯只是低级化的形态，根本无法和西方的法律相抗衡。也就是说，亚里士多德注重法律的积极作用和必不可少性，通过将法律纳入德性的领域来关注德性与法律的关系，而思孟学派在承认法律的不可或缺性的同时，注重内在德性的扩充和礼的规范作用，在一定程度上弱化了法律对德性实现的积极作用。

二　德性伦理[①]

如上所述，我们认为，思孟学派的伦理学是德性伦理学，德性是我们论述其伦理学的基点，但是，对于其伦理学到底是一种怎样的伦理学，是德性伦理学还是角色伦理学[②]或者其他，学术界还存在着争论。传统上，大部分学者都认为，儒家的伦理学是德性伦理学，但是有部分学者，如海外汉学家安乐哲（Roger T. Ames）、郝大伟（David L. Hall），大陆学者潘文岚、黄裕生等认为，儒家伦理学是角色伦理学。[③] 要确定儒家的伦理学是德性伦理学还是角色伦理学，我们要弄明白伦理学的基本问题，以及各个派别的伦理学对这一问题的解答情况。

伦理学的基本问题是“我们应该怎样生活”，规范伦理学从“我们应做什么样的行为”的角度回答这个问题，德性伦理学从“我们应该

---

① 本节是笔者对《德性伦理还是角色伦理——以〈孟子〉为中心进行的考察》[《西北大学学报》（社会科学版）2011 年第 4 期] 修改后的成果。

② 有的学者将儒家的伦理学命名为身份伦理学，如青海师范大学的郭洪纪先生，其内涵与角色伦理学相通。

③ 安乐哲和郝大维的思想下文有进一步的论述。潘文岚先生在《角色定位及其社会控制机制——对中国传统伦理的反思》（《上海师范大学学报》1997 年第 1 期）中从社会控制机构的角度论述了儒家的角色伦理对社会稳定和谐的作用，黄裕生先生在《普遍伦理学的出发点：自由个体还是关系角色》（《中国哲学史》2003 年第 3 期）中从本相论、自由个体缺乏的角度批判了传统的儒家角色伦理，并求助于西方的普遍伦理学。虽然两者的角度不同，但都认为角色伦理是中国传统文化的核心。

做怎样的人”的角度回答这个问题，角色伦理学从“我们担当了什么样的角色”的角度来回答这个问题。也就是说，规范伦理学的特征是行为在先性，德性伦理学的特征是品质在先性，角色伦理学的特征是角色在先性。虽然彼此的关注点有所不同，但是规范伦理学和德性伦理学都以普遍的人为基点回答伦理学上的问题，而角色伦理学则是以特殊的人为基点的。

此外，当代德性伦理学家赫斯特豪斯（Hursthouse）在其《论德性伦理学》中将德性伦理学的特征概括为五点：它是一种以“行为者（主体）为中心”的伦理学，而不是以“行为为中心”的伦理学；它关注的是人存在的整体状态和道德的自我完善，而不是行动的各种规条及其合理性；其伦理学的中心问题是“我应当成为什么样的人”而不是“我应当遵守什么样的规则”；其伦理学的基本概念是诸如好、善和品格等德性的概念，而不是诸如正当、义务和责任等规范的概念；其伦理学的目标不是制定一系列行为的规则，而是培养和提升人们内在的德性和卓越的品格。[①] 这五个特征与思孟学派的思想特征基本上是吻合的，思孟学派的伦理学也是以人为中心，以人的道德修养为主要内容，以人的完善和品格提升为主要目标，以善和德性为主要概念的。也就是说，根据赫斯特豪斯对德性伦理学特征的判定和我们对思孟学派思想特征的理解，我们可以说，思孟学派的伦理学是德性伦理学。下面我们通过对安乐哲等持儒家伦理学是角色伦理学之观点和论证的分析，从目的论的角度进一步阐述思孟学派伦理学的德性论特色。

（一）德性伦理

1. 角色伦理思想所关注的焦点

安乐哲、郝大伟将儒家的伦理学界定为角色伦理学主要基于以下几个方面的断定：第一，中国没有明确的二元论思想，没有严格意义上的超越观念。也就是说，传统西方的思想是二元对立论而中国的思想是两极相关论。第二，中国的哲学是过程哲学，不是封闭式的预设哲学。第三，中国人的思维是关联性思维，中国的语言是修辞性、审美性的语言。第四，中国的自我是焦点—场域式自我、关系自我、角色自我，是无我的自我，是

---

① Rosalind Hursthouse, *On Virtue Ethics*（NewYork ：Oxford University Press，1999），p. 25.

无心、无身、无目的、非意志的自我。[①] 基于此，安乐哲认为，中国哲学有其自己独特的体系和特色，如果用西方严格的二元论思想解构中国哲学，可能会歪曲中国哲学，使中国思想的独特贡献不能得到名实相副的彰显。因此，他反对用西方的伦理学范畴（尤其是亚里士多德的）——德性伦理学命名中国的伦理学，认为中国的伦理学命名为角色伦理学更为恰当。无论安乐哲的命名是否恰当，他对中国思想的认识和分析无疑是深刻的。

但是，安乐哲、郝大维等人对中国思想特征的认识是否就恰如其分呢？中国的确没有明确的二元论思想，没有西方二元对立基础上的超越观念，但是，中国有天人合一的内在性超越，有最高的目标和前提——“天”，这个“天”不同于西方的“神”，也不同于西方的“绝对理念”，但是它的存在依然标示着中国思想的超越性特点。中国哲学注重过程，这是毋庸置疑的，但是，是否可以断定中国的哲学没有封闭式的预设呢？既然中国思想中存在着“天”这一最高范畴，存在着天人合一的最高理想，那么，在价值上，就存在着预设和目的，也就是说，中国的哲学是动态的哲学，强调生生之易，强调生成，但是它同时是有目的的生成，是有前提预设的，它的预设就是“天”。所以，笔者认为，安乐哲、郝大维等人对中国思想特征的认识是深刻的，但同时也不是非常全面和恰当的。中国思想的特征到底是怎样的？这是一个古老的话题，也是一个艰难的话题。就笔者之资，很难对其做一个全面的总结，但就其伦理学而言，笔者认为，中国儒家的伦理学是在天人合一的内在超越范式下构建的，有其超越性、预设性、目的性和普遍性，这些特性决定了儒家的伦理学是一种以“先验”的天命为根据的、有预期目标的、强调普遍的人的实现和完善的德性伦理学；但同时，因为中国思想的变动性、现实性和辩证性特点，儒家的伦理学又表现出一种超越与现实、普遍与特殊、目的与过程相统一的特色。

所以，如果只认识到中国思想的独特性或者只认识到中国思想的一部分特性，并以此为基础就断定中国哲学没有预设的目的，没有目的自我和意志自我，只是关系自我和角色自我，则是一种片面的认识。因此，笔者

① 以上结论主要是对安乐哲的《自我的圆成：中西互镜下的古典儒学与道家》（彭国翔编译，河北人民出版社 2006 年版）及郝大维与安乐哲的《通过孔子而思》（*Thingking Through Confucius*，NY：SUNY Press，1987）等著作中安乐哲和郝大维思想的总结。

认为，儒家的伦理学具有很强的角色伦理特色，但是，在逻辑上，普遍的人、有目的的人、超越的人具有在先性，关系自我和角色自我不能脱离目的自我和普遍自我，而且，角色和关系只有放在大的统一的背景下才能得到更好的说明。所以，笔者倾向于认为，儒家的伦理学是一种建立在天人合一的目的论基础上的，以人性即普遍的人的完全实现为目标的德性伦理学，而这种德性伦理学同时又是以角色自我和关系自我为主要内容的，即含有很强的角色因素的德性伦理学。下面，我们将从目的论角度进一步阐释思孟学派的伦理学。

2. 目的论视角下的德性伦理

目的论的思维和方法是中西德性论的基础性思维和方法，因为目的论本身就标示着一种普遍性、本体性、先验性和一定的超越性[①]，而德性论研究的就是普遍的人的内在品格的不断提升和超越以期实现其本身，即本体存在。因此，通过对亚里士多德和思孟学派目的论的研究能够进一步呈现双方伦理学的德性论特色。

(1) 亚里士多德的目的论

对于亚里士多德的目的论，我们可以将其看作是一种目的论的思维和方法，同时也是具有丰富内涵的目的论思想，贯穿于其整个思想体系之中，形成了形而上学目的论、自然目的论和人事目的论三个部分，而且这三个部分是相互关联的。金建伟博士认为："对于以上三个部分，如果从逻辑上加以静态的分析，不难发现其中的形而上学目的论是根本，它是自然目的论和人事目的论的形而上学基础，而其中的人事目的论则是自然目的论的一种'观念化'发展；如果从思想形成的动态过程来看，那么亚里士多德自然目的论的形成却是亚里士多德形而上学目的论的先导，而人

① 康德在《判断力批判》中集中论述了反思性判断力的特征和作用。他认为，一般性判断力是一种知性的、在普遍被给予的基础上所形成的判断力，而反思性判断力是在特殊被给予的前提下，通过特殊主体来寻求普遍统一的判断力，因此，目的论反思性判断是一种主观的调节性原则而不是客观的构成性原则，但是目的性原则却是连接自然与自由、理论和实践、事实和价值的主要原则，它虽是主观调节性原则，但也是一般原则和规律，具有先验性和普遍性，而形式的自然的合目的性是对客观自然界的主观性认识，虽然它不能提供知识，但却提供了一种自然解释，透露了主体对自然本体的理解，因而也具有本体性和一定的超越性。亚里士多德目的论的内容和思想与康德并不完全相同，但是康德对目的论的理解和批判却是建立在亚里士多德的形式的、自然的、内在的目的论基础之上的，而且笔者认为，不管是亚里士多德的目的论还是思孟学派的目的论本身也具有普遍性、先验性、本体性和超越性。

事目的论则是亚里士多德形而上学目的论的深入展开。”[1] 笔者认为，金建伟的阐述是恰当的，对于亚里士多德来说，形式是第一本体，也是事物发展变化的目的，这种目的是一种形而上的目的，是一种本体目的论；同时，亚里士多德认为，自然界的万事万物，从无机物到有机物到人和宇宙天体都是有其自身形式和目的的，自然界是一个有秩序、有等级、有目的的和谐整体，其中每种自然物都有其自身的目的，无机物的目的是存在，植物的目的是生存，动物的目的是生活，而且高一级的自然物必然包含着底一级自然物的目的，而底一级自然物是高一级自然物实现自身目的的手段，自然界的和谐秩序（理智、神和上帝）就是其最高目的。

因此，使自然物成为其自身就是自然物的内在目的，而成为其自身的自然物，为了高一级自然物成为其自身也必须扮演手段的作用，如果一自然物既实现了其内在目的也发挥了其外在手段的作用，那么，这一自然物就实现了其内在的善。人也是一自然物，所以，人也是有目的的，人的目的就是实现其内在的自然和形式，实现其灵魂的完满的善。所以，亚里士多德的《尼各马可伦理学》一开篇就点明：其伦理学是以“善”作为目的的，其最高善就是幸福。因此，什么是其所谓的幸福，怎样达到其所谓的幸福就是亚里士多德伦理学的主线。幸福就是“因其自身而不是因某种其他事物而值得欲求的实现活动”[2]，他是完善的和自足的，是所有活动的目的。但是在现实生活中，为了达到幸福这一目的，有许多其他东西也是值得欲求的，如财富、健康和德性。对亚里士多德来说，财富、权利、美貌等外在善是幸福的必要条件，但他们只是达到幸福的手段，也只有以幸福为目的的外在善才能称得上“善”，而德性既是手段又是目的，德性本身是值得欲求的善的事物，同时又是实现最高善的手段和最高善即幸福的组成部分。

因此，我们可以说，亚里士多德的人事目的论、德性目的论是以形而上学目的论为基础的，人的目的就是实现人的自然和形式，就是实现人的本体存在，同时，德性目的论也是亚里士多德自然目的论的延伸和发展，人是自然物，人的自然就是人的理性活动，这是亚里士多德幸福

---

① 参见金建伟的博士学位论文《亚里士多德自然目的论思想研究》前言。

② ［古希腊］亚里士多德：《尼各马可伦理学》，廖申白译，商务印书馆 2003 年版，第 1174b4 页。

目的论的理论基础。人是自然物，所以实现人的内在的自然目的就是人的客观必需，但是，人同时是有理性、有意识的理性自然物，所以，幸福的目的也是人的主观的价值选择。亚里士多德的伦理学和政治学企图通过将习俗和城邦纳入自然的视野而将事实判断和价值判断联系起来。也就是说，亚里士多德认识到人既是自然物又是社会物，所以倾向于将这两个命题通过“自然”概念联系起来，由此论述幸福和善的必然性和目的性。[①]

基于此，亚里士多德的伦理学被称为幸福论伦理学、德性伦理学、目的论伦理学，可以说，这三种称呼都是正确的，是从不同的角度对其伦理学进行的界定。但这三者不是截然相分的，幸福的目的是亚里士多德对其伦理学的预设，体现了本体论的特色，德性是其伦理学的主要内容，是伦理学的目的，又是达到其本体目的论的手段。这也从一个角度证实了亚里士多德哲学的体系特色。

（2）思孟学派伦理学的目的论特色

亚里士多德的伦理学是目的论的，是建立在自然目的论和形而上体系之上的。首先，他确定了人之所以为人的原因，即人特有的功能，那么实现人特有的功能就必然是也应该是人生活的目的，是人追求的目标，也是人的幸福所在，当然也是其伦理学的目的所在。从这个意义上说，思孟学派的伦理学也有目的论的特色，他确定人之所以为人是因为人有德性、人性善，然后将实现人的全德、人的至善作为我们追求的目标。但较之亚里士多德，思孟学派的目的论体现出两点不同的特色：一是自然目的论的缺乏；二是外在目的论的表征。

康德认为，目的论是反思性判断力的一先验原则，而反思性判断力是从特殊到普遍的主体原则，如果康德对判断力的批判是成功的，那么，我们可以说，亚里士多德的自然目的论是建立在其自然哲学基础之上的，是对自然现象的合目的性的概括和总结，其形而上目的论是建立在其自然目

① 在自然目的论的性质上，康德和亚里士多德的理解是不同的。康德认为，自然目的论虽然是内在目的论，但目的论原则本身就是一个主观的调节性原则，所以，目的论都是有意的。但是亚里士多德认为，自然目的性是自然物的无意的合目的性，是自然物的内在的客观必然原则；同时，亚里士多德认为，人虽是自然物，但人的幸福目的是人的有意的选择，这是亚里士多德自然目的论与人事目的论、德性目的论的重要区别。对于康德来说，自然目的论与道德目的论的区别不是有意也不是无意而是自然和自由。

的论基础之上的，是对其自然目的论的进一步普遍化的产物，而人事目的论，则是形而上目的论的实践应用和扩展。但是，相对而言，思孟学派只有形而上目的论和人事目的论却没有自然目的论，当然，从某种意义上说，思孟学派也认为，人的本性（就如同亚里士多德所说的人的形式和自然一样）是人的目的，从这种意义上说，思孟学派的目的论也具有自然目的论的内涵，但是，亚里士多德的自然目的论有着深厚的自然哲学基础，他是在对自然哲学的研究和探讨中演化出自然目的论的（按照康德的观点），或者从反面理解，他的自然哲学为其自然目的论提供了经验依据抑或自然目的论在自然哲学中得到了广泛的应用，而思孟学派和整个儒家对自然哲学的缺乏，本身就意味着自然目的论的缺乏。

其次，亚里士多德的目的论主要是内在目的论①，在人事目的论中，他虽然提及健康、财富是实现人的幸福目的的外在手段，包含着外在目的论的因素，但是，他的幸福目的是以人的特有功能，即人的理性活动或者人的形式和自然的完满实现为主要内容的，是一种德性目的论和内在目的论。因为思孟学派的形而上学和伦理学是不分的，所以，其形而上目的论和人事目的论也不能截然分开。对于思孟学派来说，人本有的善就是人的本性，是人的本体，所以，人的目的就是人本身善的实现。从这个角度说，思孟学派的目的论是一种内在目的论。但是，思孟学派有一经典命题，即“天命之谓性”，也就是说，思孟学派虽然认为善是人所本有的，但同时也认为善是天所赋予的，人的本性善来源于道德之天，因此，人的目的和其伦理学的最高目的就是实现“天人合一”，或者实现天赋之性，“天”是外在于人并高于人的存在的，它对人有规定性和主导性。从这个意义上讲，思孟学派的目的论就具有很强的外在目的论特色，具有外在目的论的外在表征。但是，对于思孟学派来说，“天”是完全外在于人的吗？下面我们将从超越与现实的统一、普遍人性与特殊人性的统一、目的与手段的统一三个方面进一步论述思孟学派的目的论特色。

---

① 一般认为，内在目的论是以事物本身为目的的，或者目的在一事物的内部，而外在目的论认为，目的在事物之外，此事物是实现此目的的外在手段。从这个意义上说，亚里士多德的目的论也具有外在目的论的因素，但是，亚里士多德更为强调事物自身的内在目的，即成为事物自身，所以，我们可以说，亚里士多德的目的论是以内在自然为统摄的，包含外在目的因素的内在目的论。

①超越与现实的统一

其实，对于思孟学派来说，“天”只有外在于人，高于人时，天对人才具有威严和崇高性，而人也只有将其内在的天性完全实现和展现时，人才能是自身和具有价值的存在，天和人的关系既不是完全的外在和高于，也不是完全的内在和平等，天在层次上、级别上高于人，但在本性上和内容上同于人、等于人。也就是说，天对于人来说不是异质的存在，而是同质的高级存在，是人的理想状态。[①] 在这个意义上说，天是人的内在超越，而不是外在的目的，天具有的是外在目的论的表征而不是内涵。天是一种超越，但同时是一种现实，天人合一其实也是一种超越和现实的统一。天道为德，天在人之内；同时，天赋人性，天在人之外，思孟学派的天因保留了天命的形式而具备了天道的内涵，是德性之天和宗教之天的统一。天的这种性质，使得思孟学派的目的论既具有了内在目的论的内涵，又具有了外在目的论的表征。

此外，在亚里士多德的哲学体系中，和天相对应的是神，对于亚里士多德来说，神是纯粹的精神和形式，是最神圣的实体和本体，是理性之神，而理性是人的本性，人的实现就是人的理性活动的完满实现，但是人和神却是异质的存在，因为人有质料而神没有。人具有质料本身所含有的肉体欲望和情感，而神没有。人只能向往神，过理智的神圣的生活，而永远不可能成为神，与神合一，所以，亚里士多德的神不是其伦理学的目标，也不是人的最终目的，人的目的是人自己，是人的自然[②]和幸福。亚里士多德的自然哲学和伦理学中都存在着神的概念，但是，神是外在于自然界和人的神圣存在，自然物和人实现了自身的目的就实现了神圣的秩序，但神不是自然物和人的直接目的，自然物和人的目的是成为自身。从这种意义上说，亚里士多德的哲学体系中虽然存在着“神”范畴，但其目的论仍然是内在目的论。

②普遍人性与特殊人性的统一

人性论是思孟学派伦理学的基础，也是其目的论的基础。目的论下的

---

① 从人具有肉体和灵魂二分的角度来说，人和天不可能是同质的存在，但是，因为思孟学派的人性是德性，而天是道德之天，所以，笔者从这个角度认为，思孟学派的人和天是同质的存在。

② 康德认为是人的自由，这是康德与亚里士多德的区别。亚里士多德时期是人的理性自觉的时期，而康德时期是人的理性批判的时期，即更为自觉的时期。

人性皆为普遍人性，或者皆有普遍人性的特征。亚里士多德如此，思孟学派亦然。孔子认为，“性相近也，习相远也”（《论语·阳货》），其所谓“性”，虽然没有明确说明是善，但所指的却是所有人的性，是普遍人性。子思认为，“天命之谓性”（《中庸·一章》），天所赋予的是人性，而“德，天道也”（《五行·二章》），又将“天”理解为道德之天，所以，其“性”就蕴含着性善论。孟子在解释性何以为“善”时，提供了两个方面的论证：其一是继承“天命之谓性”的传统，将性善溯源于形而上、超越的层面，认为善是天的赋予，“仁义礼智，非由外铄我也，我固有之也”（《孟子·告子上》），本来即有，实际上也就是上天赋予的；其二是孟子举出“孺子将入于井”，人皆有“怵惕恻隐之心”（《孟子·公孙丑上》），从经验的层面说明，“善”实际上存在于每个人的心中。无论是天赋的善性，还是人心所固有，性善是每个人的本性，天不会在赋予人性时有所偏袒，而人也没有办法否认自己固有的恻隐之心。

虽然对于思孟学派来说，仁、义、礼、智是每个人固有的，是人之为人的原因，也是每个人应该努力实现的，人性或者说性善是建立在普遍人性之上的，有本体论的特征。但是性善的内涵，无论是仁义还是礼智本身却具有特殊性，是特殊的人与人之间关系的普遍化。从这个意义上说，思孟学派的人性论也有着特殊性色彩。但是，虽然亚里士多德将理性确定为人的本性，不承认人性本善，然而他将德性确定为人的第二本性，也就变相地承认了人性的特殊性，其根源也许是伦理学题材本身。只是思孟学派人性的普遍性与特殊性统二为一，而亚里士多德则有明显的区分。

③目的与手段的统一①

思孟学派伦理学的目的就是成德、成人、成圣、成为君子，从而达到与天为一，而达到其目的的手段就是修德、存心、养性，通过内外道德修养以实现本体之善、本体之德，目的和过程、目的和手段是统一的。这一点在孟子的思想中最为明显，善是人的本性，是人之所以为人的原因，至善是人追求的目标，人心固有善端的扩充是实现至善的方式和手段，孟子

① 《孟子·离娄下》所言的“大人者，言不必信，行不必果，惟义所在”，具有很强的义务论思想，即对言行等手段和过程的忽略，强调义即目的和动机的重要性。从这个角度说，思孟学派的目的和手段不能说是统一的，但是，本书此处所论的目的和手段的统一，是指善的目的和扩充善的方式与方法的统一。在思孟学派那里，善是人的本性，对本有善端的扩充和涵养是实现善的重要方式，因此，从这个角度看，笔者认为，思孟学派的目的和手段具有统一性。

的目的论体现了目的与手段的统一。《孟子·公孙丑上》曰：

> 所以谓人皆有不忍人之心者，今人乍见孺子将入于井，皆有怵惕恻隐之心——非所以内交于孺子之父母也，非所以要誉于乡党朋友也，非恶其声而然也。由此观之，无恻隐之心，非人也；无羞恶之心，非人也；无辞让之心，非人也；无是非之心，非人也。恻隐之心，仁之端也；羞恶之心，义之端也；辞让之心，礼之端也；是非之心，智之端也。人之有是四端也，犹其有四体也……凡有四端于我者，知皆扩而充之矣，若火之始然，泉之始达。苟能充之，足以保四海；苟不充之，不足以事父母。

善是人心固有，至善是人的目的，但是自然状态下人所表现出来的更多的是“善端”，即“四心”，此心只有“扩而充之”才能“保四海”，才能达到至善。但是，“四心”虽然在未扩充的状态下表现为“善端”，却有发展为仁、义、礼、智的全部可能，正如树木的幼苗蕴涵着树之理、具有成长为参天大树的可能一样。因此，孟子的伦理学中没有纯粹的目的，也没有纯粹的手段，至善是目的，善的扩充是手段，“善端”中蕴含着至善，至善在“善端”的发展中实现自身。目的与手段的统一，形上与形下、理性与情感的统一是孟子目的论的另一特色，也是思孟学派伦理学的特色之一。

(3) 目的论视角下的德性伦理

虽然思孟学派的目的论与西方二元论下的目的论有所不同，它既具有内在目的论的内涵又具有外在目的论的表征，而且体现了超越与现实、普遍与特殊、目的与手段相统一的特色，但是我们不能否认思孟学派的伦理学有目的论的特征，其人性论是建立在普遍人性和本体人性基础之上的，具有一定的先验性和超越性。也就是说，性善是人之为人的原因，思孟学派所说的人是普遍的人，不是特殊的个人，其所谓的德性修养，人的实现是普遍的人的实现。思孟学派的人性善虽然是以人与人之间的关系为基础的，但却是以“天命之谓性”“人皆有不忍人之心”为前提的，在逻辑上具有品质在先性和普遍在先性。也就是说，我们所有人都是性善的，都具有仁、义、礼、智等品质，而我们也应该不断增加和扩充仁、义、礼、智等品质，使我们达到至善，充分实现我们自身。

进一步说，不管我们是什么身份，处于什么样的场合，都应该坚持人道之善、天道之德，进行道德修养。不是因为我们是儿子才要孝，不是因为我们是父亲才要慈，不是因为我们是士兵才要勇，而是所有人都应该具有慈、孝、仁、勇、恭、敏、惠等品性，所有人都应该具有仁、义、礼、智等品德修养。也就是说，目的是所有人的，德性也应该是所有人的，在目的论和普遍人性论下，人的德性先于人的角色，思孟学派的伦理学因而也应该是德性伦理学。

（二）德性与角色

首先，思孟学派的德性是建立在目的论和普遍人性基础之上的，在逻辑上具有在先性，所以应该是德性伦理。但是，德性与角色、普遍的人和特殊的人实际上是不可分的，德性是角色基础上的德性，而角色是德性涵盖下的角色。在《孟子·告子上》中，有孟季子与公都子（孟子的学生）的对话，孟季子提出了“乡人长于伯兄一岁，则谁敬?”“酌则谁先”两个问题，要公都子回答。公都子认为，乡人虽然长兄一岁，我们应该敬兄，但是在一起饮酒的时候，应该先给乡人斟酒。也就是说，当“敬兄”与“敬长”发生矛盾时，也就是一个人不同的身份、不同的角色发生矛盾时，孟子认为，应根据此人所处的特定情景来断定其应该如何行为。也就是说，角色本身蕴含着特殊人性及特殊的人与人之间的关系，但是这种关系有时候也会发生矛盾，而解决此矛盾的底线原则是人之为人的界定，是人的普遍性。如在《孟子·离娄上》中，孟子与淳于髡有一段经典对话，原文如下：

> 淳于髡曰：“男女授受不亲，礼舆?”
>
> 孟子曰：“礼也。”
>
> 曰：“嫂溺，援之以手乎?”
>
> 曰：“嫂溺不援，是豺狼也。男女授受不亲，礼也；嫂溺，援之以手者，权也。”

在现实中，我们应该坚持“男女授受不亲”之礼，但是如果我们因坚持此种礼节而“嫂溺不援”的话就与豺狼无异。如此断定，孟子关于人的定义的关注点是人禽之别，人的基点是普遍人性，性善所蕴含的德性是普遍的德性。在这种德性之下，才有了兄弟、父子、君臣之义，才有了不同角色所应当担当的责任与礼仪。人在与动物的对比之下成其为人，然后才成为不同的角色。角色是在德性涵盖下的角色。

其次，思孟学派的伦理学虽然以其目的论和普遍人性为前提，是德性伦理学，但是对角色的强调，对人与人关系的强调也是其重要特色之一。孔子认为，“孝悌也者，其为仁之本與”（《论语·学而》）。齐景公问政于孔子，孔子对曰：“君君，臣臣，父父，子子”（《论语·颜渊》）。曾子在解释何谓“至善”时说：“为人君，止于仁；为人臣，止于敬；为人子，止于孝；为人父，止于慈；与国人交，止于信。”（《大学·四章》）子思认为，天下有五达道：“君臣也，父子也，夫妇也，昆弟也，朋友之交也。”（《中庸·二十章》）孟子告诉齐宣王：“君之视臣如手足，则臣视君如腹心；……君之视臣如土芥，则臣视君如寇仇。”（《孟子·离娄下》）也就是说，仁、义、礼、智等德性是每个人所具有的，也是每个人应该追求的，但是，在具体的情况下，在特定的人与人之间，我们可能会偏重于某一德性，如父慈子孝，在父与子之间，我们讲究父亲的慈爱与儿子的孝顺。进一步说，思孟学派的伦理学虽然不是以角色为起点，但却以角色为主要内容，德性是角色基础上的德性。

因此，如果我们不讲德性修养的过程，不讲人的角色、人与人之间的关系，就会将思孟学派的“人”架空，成为端点与目的的空壳。但是如果我们只讲过程，只讲特定的人的角色与关系，将本善和目的消解的话，思孟学派的“人”将成为无源之水、无本之木、无“向”之风。也就是说，人之为人的德性与人的角色所要求的德性是统一的，普遍的人的德性是人的目的和方向，而此目的和方向是由不同角色的人实现和完成的。思孟学派伦理学的立脚点是普遍人性，主要内容是特殊德性，从其伦理学的出发点是普遍的人、普遍德性的角度，笔者认为，思孟学派的伦理学是德性伦理学。

（三）德性与规范

学术界普遍认为，儒家的伦理学不是规范伦理学，但是，这并不等于就认为儒家的伦理学不具有规范性。孔子主张恢复西周的礼制，援仁入礼，强调礼的内在自主性和德性的自觉，创立了仁—礼二元的思想体系，礼在孔子的学说中具有很重要的地位，是具有规范性的道德准则。思孟学派虽然强调德性的内在根源和内在扩充的实现方式，并倾向于将礼内在化为恭敬之心（辞让之心），但是，他们也承认礼在调解社会关系、规范社会行为、实现完满人性等方面的重要作用。而且，礼是思孟学派的四德之一。从这个角度我们可以说，儒家的伦理学和思孟学派的伦理学是美德与规范的统一，是内在和外在的统一，这是儒家伦理学的理论建构，也是儒家伦理学追求的理论目标。但是，我们是否可以据此否定儒家的伦理学是德性伦理学呢？我们应该如何认识儒家伦理学中德性与规则的关系呢？下面我们将通过对刘余莉《儒家伦理学：规则与美德的统一》的分析和回应来回答以上问题。

刘余莉教授认为，儒家的伦理学不是德性伦理学，其原因是儒家的伦理学是规则与美德的统一，德性与规范在地位上和逻辑上是平等的，德性不具有在先性，并且，将德性与规则、仁与礼都放置在天道形而上的角度加以考察，认为仁与礼都来源于天道，仁是天道之德的概称，礼是一种天道自然运行的秩序，是圣人承天之道以治人之情的产物。所以，既然仁与礼、德性与规则有共同的形而上来源，那么，德性与规则就应该是平等的，没有谁在先和谁在后、谁为主和谁为次等问题，继而，儒家的伦理学就既不是德性伦理学，也不是规范伦理学，而是具有中国特色的美德与规则统一的伦理学。以上基本上就是刘余莉教授该著作的主要思想。[①]

刘余莉教授的思想是对中国思想中天人合一、内外合一、主客合一等辩证思维的诠释和发展，可谓是抓住了中国思想最主要的特征。但是，笔者窃以为，刘教授的论述中还存在着一些疑点：其一，在仁与礼的关系论述中，刘教授坚持了传统的观点，认为仁是礼的内容和本质，礼是仁的具体体现和表达，礼既是总德仁的有机组成部分，又是达到仁境界的最重要的手段之一。[②] 如果我们承认内容和本质在逻辑上先于体现和表达，承认整体和目的在地位上高于部分和手段，我们必然会认为，仁在逻辑上具有在先性，在地位上具有重要性。如果我们的分析站得住脚，那么，刘教授既坚持以上仁与礼的关系，又坚持仁与礼具有逻辑上和地位上的平等性的观点就是自相矛盾的。

---

① 以上观点是该书的主要观点，贯穿著作的始末，著作的第三章“儒家伦理对道德的独特理解”和第四章“儒家伦理中道德原则的重要性”有集中论述。

② 刘余莉：《儒家伦理学：规则与美德的统一》，中国社会科学出版社 2011 年版，第 149—156 页。

其二，刘教授认为仁与礼、美德和规则有相同的来源，即天道，故认为仁和德性在逻辑上不具有在先性和优越性，但是，刘教授同时认为，“道”与“德”统一于圣人的心中，而“礼”是圣人制定的[①]，这就相当于承认圣人通天赋之德达到了与天为一，道的现象和功用德是圣人成为圣人的内涵，圣人因为通过德自觉了天道，所以才能达到与天合一的理想境界，而既然圣人的内涵是天道之德，圣人所制之礼必然是天道之德的外化，它是一种天道秩序的体现，但这种体现中间途经了圣人的体认和总结。因此，在道、德与礼的关系上，德与礼的确是道的延伸和体现，但是，两者并不是可以同日而语的，道与德先成就了圣人，圣人再依道和德而作礼，礼在逻辑上后于道和德。如果笔者对刘教授观点的分析是合乎逻辑的，那么，刘教授的总观点“规则与美德平行、平等”和两个子观点（道与德统一于圣人、圣人作礼）之间就无法对接，也就是说，刘教授在此同样自相矛盾了。

其实，儒家的伦理学到底是不是德性伦理学，归根结底还是要看儒家的伦理学是不是以“人”为中心、以人的“德性”为中心的伦理学，儒家的伦理学是以“人”为中心的，这一点基本上没有异议。有异议的是“德性”是不是儒家“人”的核心，儒家和思孟学派注重成人，注重人本性和本体的实现，而人的本性、本体就是天道之善、天道之德，善与德是成人的关键，这就必然注定了孔子和思孟学派对内在德性的强调。正是在这个意义上，我们认为，儒家的伦理学是德性伦理学。但是，这并不等于我们就否定儒家伦理学中角色与规则的重要性，儒家注重人伦关系，注重宗法等级，这就必然导致了角色与规则在儒家伦理学中占有很重要的位置，而且中国特色的天人合一式的辩证思维模式，也就注定了德性的优势必然要有其他的依托。从这个意义上说，不论是安乐哲、郝大伟还是刘余莉，其思想都有独到和深刻之处。而且，进一步来说，儒家的思想是一个统一的体系，很难划分出哪些是伦理学，哪些是形而上学和政治学，它从根本上来说，是以“人”为中心的关于人的理想、人的现实、人的生存的哲学探讨，而其中伦理学是其核心部分，我们正是从其核心中的核心“德性”的角度来进行研究的。

---

① 刘余莉：《儒家伦理学：规则与美德的统一》，中国社会科学出版社 2011 年版，第 132—134 页。

第三章　人性与德性

如前所述，无论是对于思孟学派还是对于亚里士多德，其人性与德性都是统一的，成人就是成德，人性的实现就是德性的实现。因此，对人的本性的界定，对人本身的探讨对于双方德性论都具有起点的意义。思孟学派的人性问题主要集中在性与天、性与善的关系上，而亚里士多德的人性问题主要集中在人的自然、人的形式、人的功能、人的实现等问题上。下面我们就从人性的界定、人的实现、人性的结构三个方面来论述思孟学派与亚里士多德的人性论异同。

一　人性的界定

（一）界定角度相同

在中国思想史上，孔子是从性与习的角度论述性的，认为“性相近也，习相远也”（《论语·阳货》），认为人的本性是相近的，人的差异源于“习”的不同，对人的本性为何，并没有加以明确说明，性为“善”其实是蕴含在他的整体思想之中的。

在思孟学派内部，子游的人性论与孔子最为接近，认为“凡人虽有性，心无定志，待物而后作，待悦而后行，待习而后定”（《性自命出·一章》），注重后天教育对人性的影响，没有直接提出人性善的观点，但是其《性自命出》下篇注重善性的培养，认为“唯性爱为近仁”，探讨性与善的关系。曾子虽没有明确提出性善论，但是他认为“好人之所恶，恶人之所好，是谓拂人之性”（《大学·十章》），从反面肯定了人性善。子思也没有明确提出人性善，但是他提出“天命之谓性”（《中庸·一章》）的命题，直接将人性与天命连接了起来，为性善论提供了先天的理论依据。

孟子明确提出了性善论，其性善论的基础是人的特性，即人作为特定的类与动物相比较所特有的本性，特指人生而具有的本性里“所以为人”的特性。他说：“人之所以异于禽兽者几希，庶民去之，君子存之”（《孟子·离娄下》），“口之于味也，目之于色也，耳之于声也，鼻之于臭也，四肢之于安佚也，性也，有命焉，君子不谓性也。仁之于父子也，义之于君臣也，礼之于宾主也，知之于贤者也，圣人之于天道也，命也，有性焉，君子不谓命也”（《孟子·尽心下》）。在他看来，耳目口鼻四体之欲当然是人的本性，但是这种本性与禽兽相同，所以君子不将这种本性看作人的本性，而只将仁、义、礼、智这种异于禽兽、体现人与兽之间差异的德性看作人的本性，道德性是人之为人的特性，如果人失掉了这种特性，也就失掉了“所以为人”，就不再是人了。也就是说，孟子继承了前贤的成果，将德性、善视为人的本性，并且明确提出，这种性善论是基于人禽之辨的人的特有之性。换言之，孟子并不否认告子和荀子所提出的“生之谓性”的传统，即将人的耳目口鼻之欲看作人的自然本性的一部分，但是他认为人的这种本能欲望与禽兽是一样的，不能体现人与禽兽的区别，所以，他选择将人的特有属性即德性视为人的本性。

亚里士多德对人的本性的界定基于其自然、形式、功能等概念的基础之上，他认为，人的本性就是人的自然，对于何谓“自然”，亚里士多德的论述主要集中在其《物理学》中。

> 所谓自然，就是一种由于自身而不是由于偶性地存在于事物之中的运动和静止的最初本原和原因。①
>
> 显然，原因就是这么多类别，也就是这么多数目。既然原因有四种，那么，自然哲学家就应该通晓所有的这些原因，并运用它们——质料、形式、动力、“何所为”来自然地回答“为什么”的问题。后面三种原因在多数情况下都可以合而为一。因为所是的那个东西和所为的那个东西是同一的，而运动的最初本原又和这两者在种上相同。②

---

① ［古希腊］亚里士多德：《物理学》，徐开来译，中国人民大学出版社 1996 年版，第 192b21—24 页。

② 同上书，第 198a22—28 页。

> 再者，既然自然一词具有两层含义，一是作为质料，另一是作为形式，而形式就是目的，其他的一起都是为了这目的，那么，形式就应该是这个“何所为”的原因。[①]

自然是事物运动和静止的最初的本原，对于亚里士多德来说，事物运动和变化的本原有四个，即质料因、形式因、动力因及目的因，而在这四个本原中，形式因、动力因、目的因在大多数情况下是合而为一的。也就是说，所是和所为是同一的，所是是所为的原因，而运动的最初本原也是事物的是其所是。换言之，形式因是事物的最根本的原因、第一原因，而形式是第一实体。此外，形式比质料更是自然，因为质料往往是潜在形式的载体，而“一事物在其现实地存在时而不是潜在地存在时被说成是这个事物更为恰当些”[②]，而且“生长事物之作为生长是从一种事物长成另一种事物。那么，它长成什么事物呢？不是长成它所由以长出的那事物，而是长成它所趋于长成的那事物。因此，形式就是自然”[③]。而“人的形式就是自然”[④]。也就是说，人的自然有质料和形式两个部分，即人的身体和灵魂两个部分，身体是作为质料的自然，而灵魂是作为形式的自然。换言之，亚里士多德认为，人的身体的自然因素及其这些因素所附带的本能属性都是人的自然、人的本性，但是，人的本质属性，即人之为人的特有本性是人的形式、人的灵魂，是人的灵魂的特有功能，即“如若属差的属差不断生成，最后一个属差将是形式和实体”[⑤]。也就是说，植物和动物都有灵魂，人的灵魂特有的形态和功能才是人的特有的自然和本性。因此，人的本性和人的自然、人的形式、人的功能是统一的。

亚里士多德进一步认为“求知是所有人的本性”[⑥]，理性活动是人特有的活动，植物和动物都有灵魂，但思维却是人类灵魂特有的功能。“人也同样有一种不同于这些特殊活动的活动？那么这种活动究竟是什么？生

---

① ［古希腊］亚里士多德：《物理学》，徐开来译，中国人民大学出版社 1996 年版，第 199a32—34 页。

② 同上书，第 193b8—9 页。

③ 同上书，第 193b17—19 页。

④ 同上书，第 193b12 页。

⑤ ［古希腊］亚里士多德：《形而上学》，苗力田译，中国人民大学出版社 2003 年版，第 1038a27—28 页。

⑥ 同上书，第 980a25 页。

命活动也为植物所有，而我们所探究的是人的特殊活动。所以我们必须把生命的营养和生长活动放在一边。下一个是感觉的生命的活动。但是这似乎也为马、牛和一般动物所有。剩下的是那个有逻各斯的部分的实践的生命。"① 因此，亚里士多德关于人的本性的论述虽然与孟子不同，但是两者界定人的本性的角度却是相同的，两者都承认人的身体及身体所附带的本能属性是人性的组成部分，但是都强调人生而具有的本性中为人所特有的部分，将人的特性确定为人的本质属性。也就是说，两者所命名的人性都是特定的狭义的人性。②

（二）具体内证不同

孟子和亚里士多德界定人性的角度是相同的，都将人异于他者的特性确定为人的本性。但是对于什么是人的本性，两者的回答却是不同的。孟子认为，人之所以为人，由于人的道德本性，人性善。如《孟子·公孙丑上》：

> 所以谓人皆有不忍人之心者，今人乍见孺子将入于井，皆有怵惕恻隐之心——非所以内交于孺子之父母也，非所以要誉于乡党朋友也，非恶其声而然也。由此观之，无恻隐之心，非人也；无羞恶之心，非人也；无辞让之心，非人也；无是非之心，非人也。恻隐之心，仁之端也；羞恶之心，义之端也；辞让之心，礼之端也；是非之心，智之端也。人之有是四端也，犹其有四体也……凡有四端于我者，知皆扩而充之矣，若火之始然，泉之始达。苟能充之，足以保四海；苟不充之，不足以事父母。

也就是说，人之所以为人是因为其有仁、义、礼、智四善端，善、德性是人的本性。另外，子思虽然没有明确提出人性善，但是他认为仁、义、礼、智圣五德是内在于人心的，是具有先天性的，其实质与性善论一致。因此，思孟学派的人性内涵就是德性，具体包括理智、德性、智和道

---

① ［古希腊］亚里士多德：《尼各马可伦理学》，廖申白译，商务印书馆 2003 年版，第 1097a32—98a4 页。

② 余纪元教授在其著作《德性之镜——孔子与亚里士多德的伦理学》第二章"人性：'性'与'功能'"中也持这种观点。

德、德性、仁义、礼等。

亚里士多德则认为，人的本性在于其理性活动以及由理性活动指导的道德活动，他认为，人的第一本性是理性，但是除此之外还有“混合本性”[①]，即第二本性，此本性是受理性指导的道德德性。“我们的德性既非出于本性而生成，也非反乎本性而生成，而是自然地接受了它们，通过习惯而达到完满。”[②]“习惯一旦成为自然也就难改了。所以埃内努斯说道，‘朋友，习惯是长期养成，它最后就成为人的自然’。”[③]也就是成为人的主体的一部分，成为他的本性了。

因此，思孟学派和亚里士多德在界定人性时，都以人的特有本性为出发点，不同的是子思和孟子都认为，德性（包括理智德性和道德德性）是人所固有的，是人的自然本性，也是其特性，并且将仁、义、礼与智并列提出，如“仁义礼智，非由外铄我也，我固有之也，弗思耳矣”（《孟子·告子上》）。而亚里士多德则认为，只有理性才是人的自然本性，即生而具有的人的特有本性，道德德性只是人的第二本性，不是生而具有的，而是通过习惯养成的。而且，在理性与道德德性的关系上，亚里士多德认为，实践理性（明智）是道德德性的确证，它与道德德性是不能分离的，而且是高于道德德性的，如他说：“德性是一种选择的品质，存在于相对于我们的适度之中。这种适度是由逻各斯规定的，就是说，是像一个明智的人会做的那样地确定的。”[④]也就是说，理性对德性起规定作用，理性与道德德性相比更为优越和自然。

（三）人性善恶与社会性

如上所述，思孟学派认为，人性本善，即道德性是人的本性，但是善恶的道德评价原本就是社会的产物，即道德是社会人伦关系的固定化模式，其核心就是社会中的人如何行为，如何处理人与人之间关系的学说，因此，道德性隶属于社会性，是社会的产物，思孟学派的仁、义、

---

① ［古希腊］亚里士多德：《尼各马可伦理学》，廖申白译，商务印书馆2003年版，第1178a19页。

② ［古希腊］亚里士多德：《尼各马科伦理学》，苗力田译，中国人民大学出版社2009年版，第1103a23—25页。

③ ［古希腊］亚里士多德：《尼各马可伦理学》，廖申白译，商务印书馆2003年版，第1152a30—33页。

④ 同上书，第1107a1—3页。

礼、智四德本身也是社会关系的内化形态。但是，思孟学派与亚里士多德不同，他们将这种社会道德性先天化[①]，即他们认为，人所具有的社会道德本性就是人生而具有的人的自然本性，将道德本性和自然本性视为一体。也就是说，思孟学派的这种道德本性从另一个角度看实际上隶属于人的社会性，但是，思孟学派通过将这种反映社会关系的道德性先天化，因而自然化，即人所本有的自然而然的天性，因而使思孟学派道德的社会性变得曲折幽暗。

此外，思孟学派认为，人人都具有成为善的可能和本原，但同时，他们也承认恶的存在，而且认为恶的存在是因为本善得不到外界的维护和存养。如孟子用牛山所作的比喻，牛山上曾经有很美的树木，但是由于树木时常被人砍又遭牛羊的啃咬，牛山最后就变得光秃秃了。牛山之所以光秃并不是牛山本身不长树木，而是因为牛山上的树木得不到外界的护养，反而一再被损害，这样，再美的树木也不能生存和成长，只能变得消亡(《孟子·告子上》)。孟子借此说明，善性如果不能被外界承认、维护和督导，就算人本身具有善的意念和本性，想为善也是不可能的，就算短时间内可以保留善意和善念，但长久的损害和欺压最终会导致本善的衰亡。因此，孟子认为，善来自于人类自身而恶来自于外界社会，而外界社会的恶最终也会导致人类自身的恶言和恶行。所以，要使善本身得以存养和完善，除了人自身的修养之外，社会也应该提供一个良好的环境。或者说，我们应该建立一个有利于个体善存养的善的社会体制和社会环境。这也体现了孟子社会政治理论的道德需求。

亚里士多德在人性善恶的问题上与思孟学派的见解存在着差异。他认为，理性是人的本性，德性是后天养成的，而且比起做一个好人，我们更应该成为一个好公民，因此，德性与善就明显地具有很强的历史性和社会

---

① 在德性的先天与后天上，亚里士多德与思孟学派是不同的。亚里士多德认为，德性是后天养成的，而思孟学派认为，德性是先天本有的。也就是说，亚里士多德认为，社会道德性是在社会中通过习俗和人的理性逐步完成的，因此，道德性具有直接的社会性特点。但是，亚里士多德同时认为，人天生是政治动物，即城邦是自然的产物，城邦中的政治生活是人天生要过的生活。或者，政治生活是人的完满实现必须要过的生活，也就是说，亚里士多德虽然认为社会道德性是后天的，是人的第二本性，但在他看来，人的社会政治性却具有先天之性。换言之，在社会性中，思孟学派将道德性确立为人的自然本性，而亚里士多德将政治性确立为人的自然本性，虽然双方的具体观点不同，但思维方式有一致之处，即通过将社会性转化为自然性的方式确定人的本性。

性。此外，对于人性的善恶，亚里士多德还有如下观点：一是他认为，人存在着自然德性，如他说："人们都认为，各种道德德性在某种意义上是自然赋予的。公正、节制、勇敢，这些品质都是与生俱来的。"[①] 但同时他认为，这些自然德性并不是严格意义上的德性，只有在自然德性上加上努斯或理性，这些类似于德性的自然德性才能成为严格意义上的德性。二是他认为，人本身具有变坏、变恶的潜质，他认为："人一旦趋于完善就是最优良的动物，而一旦脱离了法律和公正就会堕落成最恶劣的动物。不公正被武装起来就会造成更大的危险，人生而便装备有武器，这就是智能和德性，人们为达到最邪恶的目的有可能使用这些武器。所以，一旦他毫无德性，那么他就会成为最邪恶残暴的动物，就会充满无尽的淫欲和贪婪。"[②] 也就是说，人都具有本能的欲望和恶的潜质，如果这些欲望和潜质不能被理性和外在的法律所限制，就会产生邪恶的行为和真正的恶，而钳制和消灭恶的手段就是内在德性和外在的良好法律和体制。

因此，亚里士多德认为，自然状态的人既不具有严格意义上的善和德性，也不具有真正的恶，善和恶都是社会的产物，存在于一定的社会之中，但是人都具有为善和为恶两种倾向，理性和良好的社会环境产生善，理性和德性及外部强制规范的缺失会导致恶的产生。所以，在人性的善恶问题上，亚里士多德注重两点：一是理性对道德德性的指导作用，这符合他的一贯思想，没有理性就没有德性和善；二是社会、外部环境在德性养成过程中的重要作用，如果没有良好的法律和完善的社会体制，人们完满德性的养成是不可能的，在这一点上，与思孟学派是相似的。因此，虽然亚里士多德与思孟学派在人的本性、人的善恶问题上看法并不相同，但他们都认为，社会环境对善和德性的形成有重要的作用。所不同的是，亚里士多德认为，"习惯成自然"，德性中含有社会性，或者德性是社会的产物；而思孟学派认为，人性本善，并且倾向于通过内部扩充的方式实现德性，因而就使其社会性具有了间接性的特点。不过，在德性都存在于一定的社会现实之中这一点上，双方的见解是一致的。

---

① ［古希腊］亚里士多德：《尼各马可伦理学》，廖申白译，商务印书馆 2003 年版，第 1144b4—6 页。

② ［古希腊］亚里士多德：《政治学》，颜一、秦典华译，中国人民大学出版社 1996 年版，第 1253a31—37 页。

二 人的实现

（一）实现活动

“实现”是亚里士多德《形而上学》中的一个重要范畴，它是与“潜能”相对立的概念，也与形式、自然、功能等范畴相关，我们首先要弄清楚亚里士多德“潜能—实现”命题的具体所指，然后再分析人的实现。

> 凡与同一类属相关的潜能都是某种本原，它们因一个最初的意义而得名。它在他物中，或在自身中作为他物，是变化的始点或本原。[①]
>
> 自然也是和潜能同种，因为它是运动的本原，不过不在他物中，而是在作为他物的自身中。[②]
>
> 自然的原始和首要的意义是，在其自身之内有这样一种运动本原的事物的实体，质料由于能够接受这种东西而被称为自然，生成和生长由于其运动发轫于此而被称为自然。自然存在的运动的本原就是自然，它以某种方式内在于事物，或者是潜在地，或者是现实地。[③]

潜能是事物变化的始点和本原，它在种上与自然是相同的，自然强调使事物自身成为其自身的原始动力，而潜能强调使事物从非存在（潜在的存在）到（现实）的存在的原始动力。自然或者潜在的存在，或者现实的存在，潜在存在的自然指的是以质料形态存在的自然，而现实存在的自然指的是以形式形态存在的自然。因此，质料是潜能的存在载体和形态，而形式是实现的表彰和体现，简单地说，“质料是潜能，形式是现实”[④]。潜能—实现在这个意义上指的是：存在于质料中的潜在的形式的完全的实现，即事物由潜在的是其所是到现实中的是其所是。此外，潜能

---

① ［古希腊］亚里士多德：《形而上学》，苗力田译，中国人民大学出版社 2003 年版，第 1046a11—13 页。

② 同上书，第 1049b9—11 页。

③ 同上书，第 1015a14—19 页。

④ ［古希腊］亚里士多德：《论灵魂》，秦典华译，中国人民大学出版社 1996 年版，第 412a10 页。

预示着实现，如果不能实现就无所谓潜能，潜能和实现既是对立的又是统一的，因为“凡是不能够存在的东西，就不能以任何方式存在，而所有能够存在的东西却不允许不实现”[①]。所以，潜在是潜在的实现、潜在的形式，而实现是潜在形式的完全展现。

其次我们要弄清楚现实与实现的关系，对于亚里士多德来说，“活动就是目的，而现实就是活动，所以，现实这个词就是由活动而来的，并且引申出完全实现。”[②] 也就是说，现实表示在进行中、在运动中、在活动中，而实现则表示运动、活动的指向和完成。换言之，活动就是目的，实现包含着现实，现实活动就是指向一事物完全实现的活动，在这个意义上，我们通常将现实活动也称为实现活动。正是因为实现既包含目的和指向，又包含指向目的的现实活动本身，所以，潜能—实现就具有了不同的含义：一是指潜在拥有；二是指实际使用。正如亚里士多德所说：“现实性有两层意义，其一类似于知识，其二类似于思辨。”[③] 类似于知识指的是对知识的拥有而不运用，从拥有的角度来说，其本身就是一种实现，但是从不运用的角度来说，它只是一种潜在的实现，即完全实现的第一步或前提，这种实现也类似于睡眠中的人；类似于思辨指的是对知识的运用，即拥有基础上的进一步完善和提高，这种运用可以导致事物的完全实现。所以，这两种含义虽然所论述的角度不同，却是不可完全分离的，拥有是运用的基础，运用是完全拥有的必然举措。亚里士多德的潜能—实现理论实际上同时含有以上两种含义，而且在其人性、德性的实现中更为强调后一种含义，即更为强调实践活动，强调活动和运用对人性、德性完全实现的重要作用。

亚里士多德认为，人有两种本性，而人的本性就是人的功能即德性，因此就有两种德性：理智德性和道德德性。他认为：“理智德性主要通过教导而发生和发展，所以需要经验和时间。道德德性则通过习惯养成。”[④] 所以，德性的养成和实现，即人的本性的实现是通过教导、习惯和训练而

---

① ［古希腊］亚里士多德：《形而上学》，苗力田译，中国人民大学出版社 2003 年版，第 1050b10—12 页。

② 同上书，第 1050a21—22 页。

③ ［古希腊］亚里士多德：《论灵魂》，秦典华译，中国人民大学出版社 1996 年版，第 412a22—23 页。

④ ［古希腊］亚里士多德：《尼各马可伦理学》，廖申白译，商务印书馆 2003 年版，第 1103a14—16 页。

来的。亚里士多德说："我们通过做公正的事成为公正的人，通过节制成为节制的人，通过做事勇敢成为勇敢的人。"①"我们通过节制快乐而变得节制，而变得节制了就最能节制快乐。勇敢也是一样的。我们通过培养自己藐视并面对可怕的事物的习惯而变得勇敢，而变得勇敢了就最能面对可怕的事物。"② 也就是说，亚里士多德认为，在人性的实现中，我们要做符合德性的事情，即要进行德性活动，在此基础上形成一定的德性品质，然后在这种品质的基础上进一步行动，以期实现完满的德性和人性。在拥有和运用、状态和活动上，亚里士多德更加强调运用、强调活动，所以，他认为"幸福是灵魂的一种合于完满德性的实现活动"③。

（二）存养与扩充

子思在人性、德性的实现上坚持由内而外和由外而内两种方式，但是相对于亚里士多德，子思更加强调由内而外的实现方式，对这种由内而外的实现方式的强调是由思孟学派人性与德性的内在性和先天性决定的，孟子在这一点上表现得最为突出。孟子是从心善论性善，因为人人都具有四心，即四个善端，所以人性本善，无论这种论证在逻辑上是否成立，这都说明了孟子认为恻隐之心、羞恶之心、辞让之心、是非之心所蕴含的仁、义、礼、智等德性是人性善的原因，也是人性的具体内容，人之所以是人，因为人拥有仁、义、礼、智等德性，德性的充分发展和实现就是人的实现，是人的本质的完美展现。而德性的充分发展关键就在于善心的存养和扩充。如《孟子·公孙丑上》："凡有四端于我者，知皆扩而充之矣，若火之始然，泉之始达。苟能充之，足以保四海；苟不充之，不足以事父母。"

此外，在《孟子·告子上》中也反复论述存养心性的重要："耳目之官不思，而蔽于物。物交物，则引之而已矣。心之官则思，思则得之，不思则不得也。此天之所与我者。先立乎其大者，则其小不能夺也。此为大人而已矣。""苟得其养，无物不长；苟失其养，无物不消。孔子曰：'操则存，舍则亡；出入无时，莫知其乡。'惟心之谓与？""学问之道无它，

① ［古希腊］亚里士多德：《尼各马可伦理学》，廖申白译，商务印书馆 2003 年版，第 1103b1—3 页。

② 同上书，第 1104a35—1104b1 页。

③ 同上书，第 1102a5 页。

求放心而已矣。”也就是说，要存养心性就得处理好心与身之间的关系，注重心对身的主导性作用，时时反思和强化内在道德修养，勿使外物蒙蔽心志。为了要存养善心，充分实现人性，就其反面而言，则要寡欲、节制耳目口舌之欲，如《孟子·尽心下》：“养心莫善于寡欲。其为人也寡欲，虽有不存焉者，寡矣；其为人也多欲，虽有存焉者，寡矣。”而其正面就是要存养配“道与义”的“浩然之气”。即对于孟子而言，气、心、性、道是统一的，人的实现就是天道人性的实现，也是人的本心、本气的存养和扩充。

因此，孟子并非不注重学习和外在礼仪，只是他认为“万物皆备与我”，所以更注重内在的发掘和扩充。亚里士多德认为，德性不是出自自然，而是通过习惯养成的，那么他必然注重外在的训练和督导，同时他虽然认为理性是人的本性，是出于自然，但是也要通过教导才能更加成熟。也就是说，思孟学派注重由内而外的扩充，而亚里士多德注重由外而内的训导；思孟学派通过诚、尽心、知性，以达到天人合一，亚里士多德通过最完满的德性过最幸福的生活，以达到神。而且在状态和活动上，思孟学派更加注重对德性的拥有状态，而亚里士多德更加注重现实活动本身，他认为，最完美的人性体现在对德性的运用中而不是对其静态的拥有中。虽然双方有诸多不同，但他们都认为，人的实现是一个动态的过程，是从稚嫩到成熟，从低到高的不断的进程。

三 人性的结构

（一）球体混圆形①

思孟学派和亚里士多德的人性论因其人性的内涵及人性的实现方式的不同而呈现出不同的特色。除此之外，双方人性结构的差异从另外一个角度反映了中西文化的差异。思孟学派所谓的人性有表层和深层两个结构，表面上思孟学派所谓的“人”如同一个圆形，仁义礼智和其他德性构成了一个整体的圆，而广义的“仁”即“善”，就是圆心，也是整个圆形。

---

① 庞朴在其著作《浅说一分为三》（新华出版社2004年版）中认为，中国的哲学是一个动态的平衡系统，这个系统既非笔直的线也非平铺的面，而是球状的网。网上的每一点，既是独立的存在，也是相依的关系。本节就是受到庞朴先生的启发，将儒家所构建的人性结构比喻为球体混圆形结构。

但实际上，思孟学派的“人”并不是平面式的，而是立体式的。确切地说，很像一个突出球心的混合状态的球体。

思孟学派的人性论，实继孔子的传统而来。孔子思想的核心是“仁”，这一点基本上取得了学术界的认同。但是，这个“仁”到底处于什么样的状态，各个德性在人成为真正的“人”当中处于什么样的位置，也就是说，孔子所探讨的人性的结构如何，学术界的论断并不相同。笔者认为，作为“人”的仁、作为“天”的仁以及作为“圣”的仁，也即广义之仁，就如同一个球体的球心，它是目标，是统帅，其他所有的德性因它而有意义，因它而找见了自己的位置。同时，这个“仁”也是体态充盈的球体本身，它包含了达到最高“仁”的所有部分。

> 樊遲问仁。子曰：“爱人。”（《论语·颜渊》）
>
> 克己复礼为仁。（《论语·颜渊》）
>
> 子曰：“刚、毅、木、讷近仁。”（《论语·子路》）
>
> 子张问仁于孔子。孔子曰：“能行五者于天下为仁矣。”“请问之。”曰：“恭，宽，信，敏，惠。恭则不侮，宽则得众，信则人任焉，敏则有功，惠则足以使人。”（《论语·阳货》）
>
> 不知命，无以为君子也。（《论语·尧曰》）
>
> 君子之于天下也，无适也，无莫也，义之与比。（《论语·里仁》

从以上的引文可以看出，孔子广义的“仁”几乎包含了当时出现的所有的德性，它是一个整体的概念，也隐含着孔子没有提到的属人的其他德性。这些德性不是杂乱的堆积，而是以“仁”为目标和统帅的。“克己复礼为仁。一日克己复礼，天下归仁焉”（《论语·颜渊》），“不知命，无以为君子也”（《论语·尧曰》）。也就是说，礼、智以及其他的德性，如恭、宽、信、敏、惠等都有其独特的内涵，但是，如果没有弄清楚它们与“仁”的关系，就无所谓真正的礼、真正的智。复礼是为“仁”，知是知命即知“仁”。这一点在子思和孟子的思想中也被清楚地表述出来：

> 不仁不智、不仁不圣。（《五行·四章》）
>
> 仁，义礼所由生也，四行之所和也。（《五行·十八章》）
>
> 仁，人心也。（《孟子·告子上》）

> 仁也者，人也。合而言之，道也。（《孟子·尽心下》）
>
> 仁，人之安宅也；（《孟子·离娄上》）

子思认为，仁德是其他德性的基础和导向，没有仁就没有其他德性和整体德性及人本身，但是子思的“仁”往往与礼、智等德性并列提出，与这些德性有密切的关系，但并不包含这些德性，也就是不具有总德的性质。而孟子由心善论性善，仁即是人心，是道，也就是人性的完满状态、最高状态。他将仁移入人心之内，强调人本性的善，仁即人心，仁即善，仁即是总德，包含其他一切德性。孟子的善在实质上与孔子的仁相同，但他更强调内在性，将仁换为人心，换为善。他将一切化为人心所本有，再由人心所有向外扩充，以实现人性的球体似的完满状态。这个完满状态根于人心，源于本性之善，同时也是人心之善扩充的极致。

虽然子思之“仁”不具有总德的性质，但是子思认为，德性、善是人所本有，这一点与孟子是相同的。所以孔子之仁、子思之诚、孟子之善，是人性之球体的球心，也是球体的完善状态，而这个球体不是一个泾渭分明的球体，其各个部分处于混合状态，彼此相互制约、相互规定。孔子认为，“见义不为，无勇也”（《论语·为政》），真正的勇是该勇之勇，所以“义”是勇的内在规定性；“人而不仁，如礼何；人而不仁，如乐何”（《论语·八佾》），如果对人没有爱与敬，礼乐也就没有意义，礼乐的内涵是爱与敬。其他德性，如恭、宽、信、敏、惠，当然也包含着“义”“仁”“智”等含义。这种混合胶着的状态孟子论述得更为清楚：

> 仁之实，事亲是也；义之实，从兄是也；智之实，知斯二者弗去是也；礼之实，节文二者是也；乐之实，乐斯二者，乐则生矣；生则恶可已矣，恶可已，则不知足之蹈之手之舞之。（《孟子·离娄上》）
>
> 居恶在，仁是也；路恶在，义是也。居仁由义，大人之事备矣。（《孟子·尽心上》）
>
> 仁，人之安宅也；义，人之正路也。（《孟子·离娄上》）

狭义的仁就是事亲，广义的仁就是善，也就是人之居所，或者说仁的起源是亲，仁的完成就是人与善、人与天的合而为一，即居仁，而成仁、居仁必须走“义”路。同时狭义之仁、“事亲”之仁，也与义、与智、与礼不可分割。也就是说，善处于核心地位，善的极致是德性的完善状态，所有构成善的部分彼此相互关联地存在着。在这个部分当中，首先，亲情之仁占有很大的比重；其次是义，是礼和智及其他德性。因此，思孟学派所论人性的结构，就如同球心明确的混合网状的球体结构。心本为善，最后成就善，善端之心是善的发源，位于核心部位；完满状态的善是善的目标，也位于核心部位，同时成就整个善性，实现了人的本体，也使人性之球处于最完满的状态，是球体本身。这个结构成形于孔子的人性论，完善于、显著于孟子的人性论。

（二）锥体级层形

亚里士多德认为，伦理学的目的就是追求善，而最高善就是幸福。[①]对于何谓幸福生活，亚里士多德的论述如下：

> 属于一种存在自身的东西就对于它最好、最愉悦。同样，合于努斯的生活对于人是最好、最愉悦的，因为努斯最属于人。所以说，这种生活也是最幸福的。[②]
>
> 另一方面，合于其他德性的生活只是第二好的。因为，这些德性的实现活动都是人的实现活动。[③]

亚里士多德的幸福就是人的实现，是人的本质的完成。首先由于努斯最属人，合努斯的生活是最幸福的；其次是合德性的生活。因此，亚里士多德的人性是有级层的。又因为“严格意义上的德性离开了明智就不可能产生”[④]，“明智似乎离不开道德德性，道德德性也似乎离不开明智。因

① 在亚里士多德的《形而上学》中也出现了类似的观点，如在吴寿彭译本的第4—6页，亚里士多德认为，终极目的对于个别而论就是一事物的“本善”，对于一般而论就是全宇宙的“至善”。也就是说，善是目的，终极目的就是“本善”和“至善”即最高善，对于宇宙万物而言，最高善即“至善”就是“神”，而对于个别而言，如人，最高善就是其“本善”，也就是其内在“形式”，人之为人的本原，也就是其伦理学所谓的幸福，人的灵魂的合于完满德性的实现活动。只是其伦理学从动态和类别的角度论述最高善，而形而上学从静态和分析的角度论述最高善。

② ［古希腊］亚里士多德：《尼各马可伦理学》，廖申白译，商务印书馆2003年版，第1178a5—7页。

③ 同上书，第1178a9—10页。

④ 同上书，第1144b16页。

为，道德德性是明智的起点，明智则使道德德性正确”[①]。亚里士多德所谓的合于其他德性的生活从逻辑上又可分为合实践理性的生活与合其他德性的生活。

因此，亚里士多德所认为的人性也有表层和深层两个结构。表层结构像是一个锥体的三个表面，道德德性、实践理性和纯粹理性各具一面。深层结构却是一个完整的锥体，由上、中、下三个级层构成。最下层是道德德性，其中包含公正、勇敢、自制等，但是在这些道德德性之中包含着一定程度的明智，即实践智慧，这一层也是一般人都可以到达的层级；中间一层是完全的明智，一个完全明智的人，他必定具有完满的道德德性，也就是说，这一层是道德德性完满的明智级层，能到达这一层的人就比较少了；最高一层就是包含着锥顶的纯粹理性，它位于人性的最顶端，能过沉思生活的人就少之又少了。所以亚里士多德的“人”具有一个立体的结构，并且人性中的各个组成部分不是并列的，而是级层式的，纯粹理性位于人性的最顶端。

思孟学派与亚里士多德所论的人性都具有立体的结构，只是一个似球心明确的球体，一个似锥顶明显的锥体；一个具有网状混合的结构，一个是级层比较清晰的层级结构。思孟学派的人性中包含“智”、“义”，而且占有很重要的地位，但是它属于整体善，是整体善的确证；而亚里士多德的明智却统摄整个道德德性，虽然明智离不开道德德性，但在整个德性级层上却高于道德德性，其地位和所处状态如同思孟学派的“仁”。此外，亚里士多德将纯粹理性放入德性之中，并将其视为人的第一本性，而思孟学派的智与义更多关注的是实践人生，属于实践理性。从这点上说，中国人性论所确定的人的内涵没有西方的丰满，强调德性之本，缺少知性精神。

总之，思孟学派和亚里士多德界定人性的方式是相同的，他们都将人的特性当作人的本质属性，只是他们对人的特性为何有不同的理解：孟子认为，善、德性是人的本质属性，是人之所以为人的标志；而亚里士多德认为，求知或理性是人的本质属性，德性是第二性的。他们都认为，人性的实现是一个动态的渐进过程，不过在这个过程中，思孟学派更为注重由

---

① ［古希腊］亚里士多德：《尼各马可伦理学》，廖申白译，商务印书馆 2003 年版，第 1178a15—18 页。

内而外的实现方式及对德性的拥有状态，而亚里士多德则更为注重由外而内的实现方式及德性运用活动。此外，他们人性的结构特色最能显示出中西文化的差异，思孟学派的人性论继孔子而来，其人性结构恰似一个突出球心的混合网状的球体，显示出中国天人合一、强调德性的文化特色；亚里士多德的人性结构恰似一个突出锥顶、层级分明的锥体，显示出西方二元相分、注重理性的文化特色。

第四章 具体德目与德性实现

不论是亚里士多德还是思孟学派，其理论体系都是由宏观和微观两部分组成的。也就是说，德性理论本身需要具体的德性来做基础和铺垫，而具体德性本身也就成了其德性伦理的重要内容和具体内容。因此，本章旨在阐释双方的重要德目，并通过相近、相似、相异德性的比较，揭示思孟学派与亚里士多德德性伦理学的异同。此外，德性的实现也是本章的一个重要内容。

一 具体德目

（一）主要德性比较

1. 仁与友爱

（1）仁

儒家对何谓“仁”有三个经典的论述：一是孔子对学生的回答：“樊迟问仁。子曰：‘爱人。’”（《论语·颜渊》）二是子思的论述：“仁者，人也，亲亲为大。”（《中庸·二十章》）三是孟子的论述：“仁也者，人也。合而言之，道也。”（《孟子·尽心下》）孔子认为，仁的含义是爱人，孝悌是仁的根本，通过人们对自己亲人的爱的推延，人们可以达到爱所有人的理想境界，而达到这种理想境界的人就具有了仁德，也就具有了与天合一的基础。也就是说，孔子之仁的基础是等差的爱，而且仁也是孔子总体德性的统称。

子思和孟子继承了孔子的思想，从亲亲、仁德和仁道三个方面解释“仁”，而这三个方面又是不可分的，仁德和仁道的基础是自然血亲之情，即亲亲，但亲亲只是仁德和仁道的起点，只有通过亲亲而爱所有的人，才可以说实现了仁德，但此时的仁德并不仅仅包含情感之仁，而是已经包含了仁、义、礼、智等各种德性，因为能够爱所有的人，就意味着会对所有人公正，因而就会遵守礼节，在此基础上当然也就拥有了实践智慧。所以，儒家用“仁”作为总体德性的统称不是没有道理的，但这并不意味着有了亲爱之情，情感之仁就一定能实现总体的仁德，继而实现仁道，而是说，爱人之仁是仁德、仁道的起点和基础。我们此节所论之仁特指仁爱之仁，即以孝悌为本的爱人之仁、狭义之仁。

（2）友爱

①友爱的类型

亚里士多德认为，友爱是一种德性，或者包含一种德性。对他来说，有三种可爱的事物，即善的、有用的和令人愉悦的事物，所以就有三种友爱，即有用的、能带来快乐的友爱和基于德性基础上的友爱。对于亚里士多德来说，前两种友爱是偶性上的友爱，一个朋友被爱是因为他是有用的或他能够带来快乐，一旦他失去了作用或不能为对方带来快乐，那么这种友爱就会终止；而基于德性基础上的友爱是本性上的友爱，是因为朋友的自身之故才去爱的，这种友爱是完善意义上的友爱，也是自然持久的友爱。

除了以上平等关系上的友爱之外，亚里士多德还提到另一类型的友爱，即包含一方优越地位的友爱，如“父亲与子女的，以及广义地说，老年人与青年人的，男人与妇女的，治理者与被治理者的”[①]。这种类型的友爱主体在其社会地位或财富、德性、年龄等方面是不相同的，所以，亚里士多德将其称为不平等的友爱，或类似意义上的友爱。

此外，亚里士多德还提到家室的友爱，即基于血缘基础上的友爱，如父母与子女的、兄弟之间的友爱，这种友爱一部分属于平等关系上的友爱，如兄弟之间的友爱，一部分属于不平等关系上的友爱，如父母子女之间的友爱，但无论如何，这种友爱比共同体中的其他友爱都更为牢固和持久，而且其友善的程度与血缘关系的远近成比例。也就是说，关系越近，友爱的程度越高。而夫妻之间虽然没有血缘关系作为基础，但却是血缘关系得以产生的根源，其友爱似乎是出于人的自然，又因为有孩子作为纽带，所以，这种友爱也是比较持久和牢固的。

---

① ［古希腊］亚里士多德：《尼各马可伦理学》，廖申白译，商务印书馆 2003 年版，第 1158b13—15 页。

综上所述，亚里士多德友爱的覆盖面是比较广的，家庭成员之间的爱、工作同伴之间的爱、基于有用和快乐基础上的爱都可以称得上友爱。但是，亚里士多德的友爱也有一定的限制：首先，友爱具有相互性，是相互的善意，而且是被对方知晓的，单方面的爱和善意不能构成友爱。其次，友爱需要共同的生活空间，也就是说，友爱产生于有相互交往的人们之间，陌生人之间可能会有善意，但没有友爱。此外，友爱是一种实践活动，爱朋友就意味着做朋友应该做的事情，仅仅拥有友爱之情但没有付诸实际行动，不能称得上是一种友爱。再次，虽然友爱产生的范围可以很广，但是，由于个体存在时间、空间的限制，人在一生中所能够拥有的朋友是非常有限的，特别是完善意义上的以德性为基础的朋友。

②平等的友爱与不平等的友爱

首先，亚里士多德认为，爱是一种情感，而友爱是一种品质，因为友爱是有选择、有回报的，而选择就意味着品质，完善的真正意义的友爱是因对方的自身的德性的缘故。也就是说，所爱的是朋友的德性，而对德性的爱本身就是自我德性的彰显。所以，友爱的双方，每一个人都既爱着自身的善，又通过希望对方好，希望对方获得快乐而回报着对方。因此，亚里士多德认为，平等是友爱的特征，这在以德性为基础的友爱中表现得更为明显。

其次，亚里士多德认为："如果两个人在德性、恶、财富或其他方面相距太远，他们显然就不能继续做朋友，实际上也不会期望继续做朋友。"① 但是，友爱的范围并不局限于双方地位、财富等相同的人们之中，除了基于平等基础上的友爱之外，还存在着包含一方优越地位的友爱。也就是说，友爱的起点并不总是相同的。在这种友爱中，亚里士多德认为，也存在着类似意义上的平等，即成比例的平等。也就是说，地位较高的一方或更有用的一方应该得到比其付出的更多的爱。因此，无论在平等关系中的友爱，还是在不平等关系中的友爱，平等都是其特征。

此外，亚里士多德还认为，友爱上的平等与公正上的平等是不相同的，友爱上的平等首先是数量上的平等，其次才是比例上的平等。而公正上的平等正好与之相反，首先是比例上的平等，其次才是数量上的平等。

---

① ［古希腊］亚里士多德：《尼各马可伦理学》，廖申白译，商务印书馆 2003 年版，第 1158b31—34 页。

而且，他还认为，朋友关系越近，不公正就越严重；友爱越强烈，对公正的要求也就越高。例如，殴打父亲比殴打其他人更恶劣，别人对你付出的爱越多，你就应该回报更多的爱。因此，对于亚里士多德来说，不包含一方优越地位的友爱是正宗意义上的友爱，包含着一方优越地位的友爱是类比意义上的友爱，在这两种友爱中，平等和公正都应该是友爱遵循的原则。

③相似的友爱与不相似的友爱

平等的友爱与不平等的友爱是基于友爱双方在社会地位或财富、德性、年龄等各方面的相同和不同，指的是友爱主体本身所有的对等性和不对等性，而相似的友爱和不相似的友爱却是基于友爱的起因和友爱主体在友爱活动中的所得。也就是说，相似的友爱指的是原于相同或相似的需求并得到相同或相似事物的友爱。例如，友爱双方都因为德性而产生友爱，并且在友爱活动中都得到相同或相似的德性回报或者友爱双方因为快乐而产生友爱并在友爱活动中得到相同或相似的快乐。但是，在实际生活中还存在着另一种友爱，这种友爱的双方由于不同的原因而相爱，并且希望从友爱活动中得到不同的东西。例如，一个人与另一个人交往是因为他有用，而另一人却因为可以从友爱中得到快乐。亚里士多德将这种友爱称为不相似的友爱，即友爱活动的起因和所得的不一致和不相似。这种不相似的友爱往往因为友爱双方的不同需求而存在，但是，如果友爱双方不能对双方的所需达成共识和默契，即希望得到好处的一方没有得到期望中的实惠，或希望得到快乐的一方没有得到如期的快乐，就会产生抱怨，或者终止友爱活动。

相似的友爱和不相似的友爱虽然与平等的友爱和不平等的友爱的分类视角不同，但两者也是有联系的，友爱双方希望得到的东西首先应该是友爱主体已经拥有的事物和品性。也就是说，不管友爱双方产生友爱活动的起因和所得是否一致，不管这种友爱是相似的友爱还是不相似的友爱，这种友爱的基础应该是友爱主体平等的或不平等的实体所有。从这个角度上说，友爱的相似性与不相似性或者相似的友爱与不相似的友爱是基于平等的友爱和不平等的友爱基础之上的，即平等的友爱中存在着友爱相似性与不相似性，而不平等的友爱中也存在着友爱相似性和不相似性。

此外，不平等和不相似的极端就是相反。亚里士多德虽然更倾向于相似的友爱，特别是平等的相似的德性的友爱，但是他也承认现实生活中相反友爱的存在，如穷人与富人的友爱，无知的人与有知的人的友爱。亚里士多德认为，这种友爱基本上都出现在有用的友爱之中，即双方因自身所缺而又为对方所有为基础进行的不相似的友爱，如穷人和富人交朋友是为了从富人那里得到好处，而富人和穷人交朋友是想从穷人那里得到吹捧和恭维，虽然富人没有从穷人那里得到实际的好处，但是从自我虚荣得到满足的角度来说，穷人也是有用的。同时，亚里士多德认为："相反者欲求对方也许是出于偶性而不是因对方自身之故，也许它真实欲求的是那种中间的状态（因为这就是善）。"[①] 也就是说，如同干对湿的欲求是一种自然本能一样，干最终所求的也许是自身的和谐和完满，即不干不湿，湿在此所起的作用只是手段上的，而不是最终目的。因此，当相反者不再因自身的匮乏而欲求时，这种相反的友爱也将终止。

④友爱与共同体

首先，除了平等是友爱的特征外，共同生活也是友爱的一大特征，亚里士多德说："没有什么比共同生活更是友爱的特征的了。"[②] 也就是说，友爱产生于共同体，人们在何种范围内共同生活，就在何种范围内存在着友爱。而所有的共同体都是政治共同体的组成部分，在古希腊，城邦是最大的政治共同体，而友爱是把城邦联系起来的纽带，有些立法者重视友爱胜过公正，就因为友爱意味着公正；人们若都是朋友，就不需要公正，但有了公正仍然需要友爱。而且，团结就是政治的友爱，如果一个城邦的公民是团结的，这个城邦就会更为强盛而不容易被击败。所以，友爱是一个城邦繁荣昌盛的基本要素。

其次，在不同的政体中，友爱有不同的表现形式。父亲对子女的友爱如同君主制下君主对臣民的恩惠；而丈夫与妻子的友爱如同贵族制，他们以德性为基础，各付所有，各取所需；兄弟与朋友的友爱如同资产制，大家地位相同，年龄相当，共同分有财产，平等地掌握权力。在变态的政体中少有友爱和公正，僭主制中几乎没有友爱，民主制中友爱是最多的，因为平等的公民中有很多共同的东西，而"友爱就在于共同"[③]。

因此，亚里士多德的友爱论同公正理论一样是基于社会共同体，即城

---

① ［古希腊］亚里士多德：《尼各马可伦理学》，廖申白译，商务印书馆 2003 年版，第 1158b20—21 页。

② 同上书，第 1157b17—18 页。

③ 同上书，第 1159b31 页。

邦民主制之上的。完善意义上的友爱是好人之间的友爱，这种友爱又进一步促进人自身的完善；而人本身是政治动物，是生活在群体之中的，友爱是就人与人之间相互的、以共同利益为基础的、包含着情感的公正品质。因此，可以说，友爱产生于共同体，共同生活是友爱的最大特征，也是友爱存在的根本条件，而友爱又完善和维护着共同体，是一个共同体得以安然存在的有力保证，也是共同体内部个人成员完满实现的必然要素。

⑤友爱与爱智

在亚里士多德的德目中，有两种德性集中关注人与人之间的关系：一种是公正，另一种就是友爱。公正以法律作为基础，而法律是“没有情感的智慧”，所以公正虽然是一种道德德性，追求的是人与人之间的平等和正义，但是这种平等和正义同时也是人类智慧的体现，是以对情感的控制为基础的。而友爱却是基于情感之上的，是所有德性中最富于情感的德性，但最完整意义上的友爱是德性之爱，而最高的德性之爱是智慧之爱，是对智慧的不懈追求和崇高的敬意。在这一点上，友爱和公正殊途同归，体现了希腊的爱智传统，所不同的是，公正德性通过对情感的控制实现灵魂之中的完满智慧，而友爱却是通过人的情感，通过人对不朽智慧的热爱和迷恋来引导人实现灵魂之中最高的德性。

在希腊城邦中，公民之间会因为不同的交往而产生各种友爱，也会有不同的朋友，但是最受人关注和珍爱的是可以一起讨论哲学，一起进行沉思的朋友。虽然沉思是最自足的善，但是，一个德性崇高且充满智慧的朋友可以消除人的孤独，可以加强人的存在感，也可以使沉思的生活更为持久和完善。因此，不仅朋友是最大的外在善，而且友爱本身就是一种追求德性、追求智慧的实践活动。这种实践活动向着最高的善和幸福，而且其本身就是一种实现幸福的实践活动，是人的理智德性完满实现的内在推动力，也是德性论与最高幸福之间的衔接。因此，廖申白认为，友爱是“把德性同理智的完满活动即幸福联系起来的特殊德性”①，而最高的友爱就是爱智，最好的朋友就是最崇高、最具智慧的人。

（3）两者的异同

①相同性

首先，仁与友爱都是一种基于情感基础上的德性。仁的本质是爱人，

① 廖申白：《亚里士多德友爱论研究》，北京师范大学出版社 2009 年版，第 259 页。

是以自然血亲为基础的，但是爱人之仁已不完全是人的自然情感，而是建立在自然情感基础上的道德情感，其中，推而广之的泛爱思想已具有明显的道德理性，这就表示仁是一种德性而不是一种情感，友爱在这一点上也是相同的。友爱的基础是人的善意，但善意并不是友爱本身，因为友爱是双方互动的情感，意味着一种选择性。也就是说，并不是所有人之间都能形成友爱。所以，友爱虽然是以情感为基础的，但却是一种德性，其本身意味着某种公正和平等。

其次，仁与友爱的核心点是“爱”。仁就是将爱父母兄弟的情感推而广之以达到爱所有人，所以爱人是仁的核心，仁具有很强的利他性。但是，仁是人的本性，一个人在爱他人的同时，自己的道德修养也提高了，更加接近人自身的完善，所以仁本身也是一种自爱，具有很强的利己性。也就是说，仁是爱人与自爱的结合，在爱他人中成就了自己，而友爱也是如此。友爱是相互的，存在着爱与被爱两方面，大多数人都希望能够被爱，但友爱更在于去爱，爱似乎就是朋友的德性，因一个人自身之故而希望其很好地活着，就是完善意义上的友爱，而真正的朋友也是另一个自己，一个人希望朋友好也就是希望自身好；一个人去爱一个真正的朋友，其实也是在爱其自身的德性。所以，真正的友爱就包含了爱朋友和爱自己两个方面，在爱人的同时完善了自我。

此外，仁与友爱是建立在一定的社会共同体基础之上的，其本身就意味着某种正义，旨在维护人与人之间的整体和谐及社会的稳定发展。有等差的爱是思孟学派义的基础，也就是说，每一种社会体制都有其自身的正义观，而思孟学派的仁是其义的基础和凭借，也是维护社会秩序的重要力量。友爱在这一点上也是相同的，平等和共同生活是友爱的特征，政治上的友爱即团结是维护城邦稳定发展的有力保证。

②差异性

首先，虽然仁与友爱都是基于情感基础上的德性，爱是其核心点，但两者所爱的起点和关注点是不同的。仁的起点和关注点是“亲”，而友爱的起点和关注点是“友”。换言之，孝悌是仁的根本，人只有爱自己的亲人才有可能去爱别人。如果一个人没有办法做到孝悌，就很难具有真正的仁德。亲既是仁的根本，也是仁的逻辑起点，而友爱则不同。亚里士多德认为，真正意思上的友爱是不包含一方优越地位的友爱，即相同地位的朋友之间的友爱，是真正意义上的友爱，而家室中的友爱只是类比意义上的友爱。也就是说，友爱的起点是友，是双方在地位、德性、财富等相同基础上的、人与人之间的、相互的友善。因此，仁与友爱就有了不同的表现方式：仁之爱是由近及远的爱，而友爱却是由远及近的爱。

其次，在仁与友爱中存在着不同的平等观念。如前所述，仁与友爱本身就意味着某种平等和公正，但具体情况又有所不同：仁的起点是人与人之间的差别，所以仁本身就是一种等差的爱，一种成比例的爱，这种爱所蕴含的平等和公正更多的是合比例的平等和公正。或者说，合比例的爱是仁所蕴含的真正意义上的爱，而数量上平等的爱是合比例的爱的另一种表现形式。但是，友爱所蕴含的平等和公正正好与此相反，友爱中的平等首先是数量上的平等，其次才是比例上的平等。而这种不同的平等观源于双方爱的起点和关注点的不同。

最后，仁与友爱所产生的社会基础不同。仁产生于中国古代的血缘宗法等级制中，家庭是社会的基础单位，人与人之间的关系是家庭关系的推延和扩展。而亚里士多德的友爱观产生于古希腊的民主城邦制中，虽然家庭依然是城邦社会中的主要单位之一，但是血缘制已经衰落，人与人之间的关系主要是城邦中自由公民之间的关系。因此，亚里士多德更注重地位平等的公民之间的友爱，将共同生活看成是友爱的特征之一，而儒家的仁爱虽然也含有共同生活的特征，但是，它更强调普遍的仁爱之心的培养，具有“泛爱众”的特点，而友爱只能局限于共同生活的熟识的人之间。

此外，仁与友爱所追求的目标也不相同。仁爱的最高目标是通过人心的扩充和修养来容纳万物，实现与天地合其德，达到与天地参的最高境界，而友爱的最高目标是爱智慧，是对人的理性生命的不懈追求和迷恋。仁体现的是一种博大的胸怀，友爱体现的是一种智慧的精神；仁关注于品性的拥有，友爱关注于理性的活动。

2. 公正与义

(1) 公正

①古希腊公正范畴

公正（正义）是西方影响深刻、无所不入的范畴之一，它不仅是哲学、政治学、法学、伦理学、经济学的重要范畴，也是深入人们生活的重要理念；既流行于学术界，是学术界争论和研究的课题，又广布于社会生活中，是人们日常生活中追寻和遵守的基本准则；它既有一致性又有多样性，正如美国学者博登海默（E. Bodenheimer）所感叹的：“正义具有着一张普洛透斯似的脸（a Protean face），变幻无常、随时可呈不同形状，并具有极不相同的面貌。”①

“公正”（Aπλά）一词来源于女神狄刻的名字。狄刻是宙斯同法律和秩序女神忒弥斯之女，在希腊人的雕塑中，忒弥斯手执聚宝角和天平，眼上蒙布，以示不偏不倚地将善物分配给人类，所以狄刻是正义的化身。公平、不偏不倚是公正的最初的基本含义，而公正也意味着良好的社会秩序。思想家和改革家梭伦就认为，公正是公平、不偏不倚，他说：“手执坚盾我挺身遮护两者，不让任何一方不公正地取胜。”② 但是另一位著名思想家、改革家伯里克利却认为，公正是强者的利益，弱者应该屈服于强者，这是一个普遍的法则。雅典使者在一次关于公正的争论中，引用了他的观点：“经历丰富的人谈起这些问题来都知道，正义的标准是以同等的强迫力量为基础的；同时也知道，强者能够做他们有力量做的一切，弱者只能接受他们必须接受的一切。”③ 因此，公正的含义在古希腊就是一个不断被争议的话题，不但政治家对它有特定的认识，哲学家也都根据自己的思想体系对其给出独特的见解。

在前苏格拉底的自然哲学时期，哲学家阿那克西曼德曾这样道出“始基”的“命运”之谜：“万物由之产生的东西，万物又消灭而复归于它，这是命运规定了的。因为万物在时间的秩序中不公正，所以受到惩罚，并且彼此互相补足。”④ 也就是说，他认为，公正具有自然规定性，是万物的和谐互补。毕达哥拉斯学派则把公正确定为“数目的某一特性”⑤，而数在他们这里被认为是派生于万物之始基——“一元”的。这两位哲学家虽然对正义的看法不同，但都从自然的、基始的角度解释正义。此外，赫拉克利特认为，公正是相对的、变化的，“对于神，一切都是美的、善的和公正的；人们则认为一些东西公正，另一些东西不公正”“如果没有那些［非正义的］事情，人们也就不知道正义的名字”；同时

---

① ［美］E. 博登海默：《法理学——法哲学及其方法》，邓正来、姬敬武译，华夏出版社1987年版，第238页。

② ［古希腊］亚里士多德：《雅典制度》，颜一译，中国人民大学出版社1996年版，第12页。

③ 汪子嵩等主编：《希腊哲学史》（第2卷），人民出版社2004年版，第227页。

④ 北京大学哲学系、外国哲学史教研室编译：《古希腊罗马哲学》，三联书店1957年版，第7页。

⑤ 同上书，第37页。

他认为，“正义就是斗争，一切都要通过斗争和必然性而产生”，并相信“正义一定会击倒那些作谎言和假作证的人。”[①]德谟克里特则在其道德格言中强调“公正”的道德价值，他认为，“行不义的人比遭受这不义行为的人更不幸”，并指出“不作不义的事还不是善良的标志，应该甚至连不义的意向都没有”。他还认识到公正和义务的关系，认为“正义要人尽自己的义务，反之，不义则要人不尽自己的义务而背弃自己的义务”[②]。随着自然哲学向道德哲学的过渡和偏向，正义的道德内涵也逐渐被重视和阐释。

在古希腊，除了政治家和自然哲学家对公正范畴作了重要的阐释之外，智者也从不同的角度阐释了公正的含义和重要性，其中比较著名的有普罗泰戈拉和安提丰。在柏拉图的《普罗泰戈拉篇》中，普罗泰戈拉阐释了公正的来源，他认为，人在创始之初非常羸弱，为了寻求自保，开始群居，但是由于缺乏秩序，人们彼此伤害，重新陷入危机中。“宙斯担心整个人类会因此而毁灭，于是派遣赫尔墨斯来到人间，把尊敬和正义带给人类，以此建立我们城市的秩序，创造出一条友谊和团结的纽带。”[③] 因此，对于普罗泰戈拉来说，公正“并非天生的或自然而然拥有的，而是通过学习和接受教育获得的”[④]。也就是说，普罗泰戈拉认为，公正并不是人的自然（physis）初始状态，但却是人的自然“自保”本性的一种必然要求，公正在本性上是一种社会约定（nomos），是习俗规范，但这种约定是基于自然基础之上的，并不是对自然的违反，而是与自然的协调一致。他的这种理论对亚里士多德和近代契约论都有一定的影响。但是，智者安提丰却认为，法律的条文是经过协议达成的，并不是自然而然形成的，并且认为，法律所确认的利益是对自然的桎梏，其所确认的正义行为是违背自然的。所以，他认为法律不一定是正义的，不一定给城邦带来秩序和相互尊重。因此，他认为，正义应该以自然（physis）为标准，提出了自然正义的观点。同时，他提出了人天生是平等的观念。“实际上按照

---

① 北京大学哲学系、外国哲学史教研室编译：《古希腊罗马哲学》，三联书店 1957 年版，第 21、26、28 页。

② 同上书，第 1957，108、109、120 页。

③ ［古希腊］柏拉图：《普罗泰戈拉篇》，王晓朝译，人民出版社 2002 年版，第 322c—d 页。

④ 同上。

physis，不论是哪里人，是希腊人还是野蛮人，生下来都是一样的。自然给予一切人以应有的补偿，这是人人都看得到的。"[①] 与近代天赋人权的观念一致，在这个意义上也可以说，"智者是古代希腊的启蒙学者"[②]。

古典时期的哲学家进一步探讨和发展了正义的内涵。苏格拉底认为，美德即是知识，所以他说："正义和一切其他德行都是智慧。因为正义的事和一切道德的行为都是美而好的；凡认识这些事的人决不会愿意选择别的事情；凡不认识这些事的人也决不可能将它们付诸实践，即使他们试着去做，也是要失败的。"[③] 而且他还说："一切别的事物都系于灵魂，而灵魂本身的东西，如果它们要成为善，就都系于智慧。"[④] 对苏格拉底来说，智慧、知识是道德的根源，正义等德性本身就是智慧。除此之外，苏格拉底还认为，正义就代表着美德，或者，正义是使其他美德成为美德的条件。"与正义相伴的东西是美德，而无论它是什么，而没有这种性质的东西，无论它是什么，都是邪恶的。"[⑤] 在此，苏格拉底虽然没有明确说明正义（公正）是一种总德，但是已经蕴含着这种意思。

柏拉图和亚里士多德在前人的基础上对公正范畴进行了系统的探讨。柏拉图写的《国家篇》的副标题就是"论正义"。在《国家篇》中他第一次全面、系统地论述了被称作希腊四主德的智慧、勇敢、节制和正义。他认为，正义有国家的正义和个人的正义两部分，国家的正义是建立城邦的首要的、基本的原则，也是城邦实现节制、勇敢、智慧等德性的基础。他说，正义"就是每个生活在这个国家里的人都必须承担一项最适合他的天性的社会工作"[⑥]，"就是做自己分内的事和拥有属于自己的东西"[⑦]，而当"商人、辅助者和卫士在国家中都做他自己的事，发挥其特定的功能，那么这就是正义，就能使整个城邦正义"[⑧]。所以他认为，"城邦之所以被认为是正义的，乃是因为城邦里天然生成的三种人各自履行其功能，

① 转引自汪子嵩等主编《希腊哲学史》第2卷，人民出版社2004年版，第224页。

② 汪子嵩等主编：《希腊哲学史》第2卷，人民出版社2004年版，第184页。

③ ［古希腊］色诺芬：《回忆苏格拉底》，吴永泉译，商务印书馆1986年版，第117页。

④ 北京大学哲学系、外国哲学史教研室编译：《古希腊罗马哲学》，三联书店1957年版，第166页。

⑤ ［古希腊］柏拉图：《美诺篇》，王晓朝译，人民出版社2002年版，第78e—79页。

⑥ 同上书，第433页。

⑦ 同上书，第434页。

⑧ 同上书，第434c页。

还有，城邦之所以拥有节制、勇敢和智慧，也是由于这三种人拥有这些情感和习惯。”① 因此，在柏拉图看来，公正乃是一种秩序，就是人人自安其位、各守其分，“各自做本分的事”，而且这种秩序是城邦得以生存和完善的基础和关键。也是在这个意义上，正义（公正）就是城邦的首德和总德。此外，柏拉图认为，个人的正义和国家的正义在表现形式上是相同的，是人的灵魂的三个组成部分——理智、激情和欲望——的协调和谐，理智是主宰者，激情是辅助者，欲望是被主宰者。只要人的灵魂的这三个部分像国家的三种人一样各司其职、各安其分，这个人就是正义的人，他随之也会拥有节制、勇敢等其他德性。所以，对于柏拉图来说，公正是一种德性，是一种德性公正，但也是一种国家公正和制度的公正，公正最基本的含义对他来说就是一种良好的秩序。

亚里士多德继承和发展了前人的成果，明确地提出公正是德性之首以及公正是一切德性的总括的观点，并且认为，守法是总体上的公正德性，公平和平等是部分的公正德性，在分配和交换的领域应该遵守比例的平等和算术的平等。只有享有比例平等和算术平等的人才能享有政治上的公正，而且他认为，公正应以城邦的共同利益为旨归，含有自然的公正和约定的公正两部分。亚里士多德的公正思想有很强的综合性和创新性，其中以比例的平等和共同的利益为旨归是其公正思想的主要特色（下文我们将进一步探讨）。

至此可以说，古希腊思想家和哲学家已经对公正范畴有了深刻的理解，他们从秩序、法律、平等、公共利益、权利义务等方面阐释了公正的内涵，并且探讨了公正和社会地位之间的关系，公正的相对性和变化性特色，以及公正的自然性和约定性原则，不仅把公正看成是个人的德性，也把它看成是国家制度的首要原则，对后世产生了很大的影响，特别是其中的有些思想，对近代资产阶级正义观的形成和发展产生了很大的推动作用。

②亚里士多德的公正思想

第一，公正的性质及含义。

公正在性质上大体可分为两类：一类是德性的公正；另一类是制度的公正。亚里士多德的公正在本质上属于德性的公正，但是其公正理论中包

① ［古希腊］柏拉图：《美诺篇》，王晓朝译，人民出版社 2002 年版，第 434c 页。

含着制度公正的思想。罗尔斯的公正理论属于典型的制度公正。制度公正的标志是公正原则是以社会的基本结构为基础的，也就是说，公正原则主要适用于社会的基本结构，它们要支配权利与义务的分派，调节社会和经济利益的分配，而德性公正的基础是人的内在品质。亚里士多德明确指出，公正“是指一种品质，这种品质使一个人倾向于做正确的事情，使他做事公正，并愿意做公正的事”[①]。此外，亚里士多德的公正也指制度的公正，例如，他说：“城邦以正义为原则。由正义衍生的礼法，可凭以判断［人间的］是非曲直，正义恰正是树立社会秩序的基础。”[②] 而且亚里士多德认为：“政治学上的善就是‘正义’，正义以公共利益为依归。”[③] 所以，在国家体制的选择上，亚里士多德认为，不论是一人统治、少数人统治还是多数人统治，只要以公共利益为依归，其政体就是正宗的正义政体。

亚里士多德的公正有两个方面的基本含义：一是公平、平等；二是守法。公平、平等是作为德性的一部分的公正，而守法是作为德性总体的公正。也就是说，合于法律的行为都是符合德性要求的，法律是德性的强制表现形式。在平等与守法的关系上，亚里士多德认为，不平等的都是违法的，但违法的并不都是不平等的。换言之，平等的内涵要比守法的内涵狭窄，法律既是德性公正的外部保证，也是制度公正的凭借，正如亚里士多德所说：“要使事物合于正义（公平），须有毫无偏私的权衡；法律恰恰正是这样一个中道的权衡。”[④]

第二，公正的具体类别。

亚里士多德将公正分为分配的公正与矫正的公正两种类别。此外，亚里士多德还提到回报公正与政治的公正。首先，分配的公正指的是“表现于荣誉、钱财或其他可析分的共同财富的分配上（这些东西一个人可能分到同等的或不同等的一份）的公正”[⑤]。亚里士多德认为，分

---

① ［古希腊］亚里士多德：《尼各马可伦理学》，廖申白译，商务印书馆 2003 年版，第 1129a6—9 页。

② ［古希腊］亚里士多德：《政治学》，吴寿彭译，商务印书馆 2008 年版，第 1253a38—40 页。

③ 同上书，第 1282b16—17 页。

④ 同上书，第 1287b3—4 页。

⑤ ［古希腊］亚里士多德：《尼各马可伦理学》，廖申白译，商务印书馆 2003 年版，第 1130b30—32 页。

配的公正就在于成比例。换言之，民主制下人们根据自由身份进行财富、荣誉等的分配，身份相同的人应该分到相等的财富和荣誉；寡头制下的人根据财富或出身进行财富、荣誉的分配，占有财富数额多或出身高的人可以分到更多的财富和荣誉，其合适度应该追求一种几何比例，如寡头制下两个人的财富分别是 A 和 B，他们应该分到的财富分别是 a 和 b，那么，A 和 B 的比值应该与 a 和 b 的比值相同，这就是亚里士多德所谓的几何比例平等。亚里士多德认为，虽然各种体制下的分配所依据的基础各不相同，如寡头制下是财富或出身，而贵族制下是人的德性，但是，合比例的分配原则应该是最为公正的，因为这种原则符合适度的标准。

其次，矫正的公正指的是在私人交易中起矫正作用的公正，亚里士多德将矫正的公正分为两种：一种是出于意愿的，另一种是违反意愿的。而其在解释矫正的公正时主要针对的是违反意愿的矫正公正，也就是说，在双方的交易中，存在着违反一方意愿的不公正的行为，这个时候就需要通过法律的强制措施对双方所得的利益进行再一次划分，使其交易后的所得相等于交易前所具有的。例如，有 A、B 双方进行交易，A 欲购买 B 的货物，其价值是 v，如果 A 用 v 货币去购买，双方的交易就是公正的，但是 A 却用 v + n 货币购买了 B 的产品。也就是说，A 的实际所得是 v - n，而 B 的实际所得是 v + n，B 多得的就是 A 所损失的，双方的交易就是不公正的，通过法律的强制手段将 B 多得的归还给 A，双方就达到了交易前的公正状态，而其所依据的就是算术比例 $(v+n)-v=v-(v-n)$，亚里士多德将这种公正称为违反意愿的矫正的公正。

另外，还有出于意愿的矫正公正。亚里士多德认为，进行公正的行为与进行不公正的行为都出于人的意愿，接受公正的对待也出于人的意愿，但是，没有人会出于意愿而接受不公正的对待，他只有在违反自己的意愿时，才会这样做。也就是说，矫正的公正本身意味着有人违反了自己的意愿，接受了不公正的对待，所以，将矫正的公正分为出于意愿的和违反意愿的本身就是不合理的，而亚里士多德这样划分的主要目的是参照出于意愿的公正交易标准来矫正违反意愿的交易活动。所以，学术界的有些学者，如杰克森（H. Jackson）倾向于将亚里士多德的公正划分为三种类型：分配的公正、矫正的公正、商业的公正，而且认为，分配的公正与商业的公正依据的是几何比例的相等，而矫正的公正依据的是算术比例的相等，即数量相等。[①]

此外，亚里士多德还提到了回报的公正。他认为，将不折不扣的回报看成是公正的全部含义是不正确的，因为，不折不扣的算术等量回报忽略了人与人之间的地位或利益上的相对比例关系，也不适用于违反一方意愿的交易活动。但是，他认为，在商业服务交易中，合比例的回报是符合公正原则的。也就是说，亚里士多德认为，商业的公正就是合比例的回报，而此处的比例指的是几何比例。例如，农夫与鞋匠用西瓜和鞋子进行交换，一双鞋子的价值和5个西瓜的价值相等，那么，公正的交易比例就应该是1∶5。

最后，是政治的公正。亚里士多德认为："政治的公正是自足地共同生活、通过比例达到平等或在数量上平等的人们之间的公正。在不自足的以及在比例上、数量上都不平等的人们之间，不存在政治的公正，而只存在着某种类比意义上的公正。公正只存在于其相互关系可由法律来调节的人们之间。"[②] 也就是说，亚里士多德认为，政治的公正是公民之间的公正，在家室中，丈夫和妻子之间只存在半意义上或准意义上的政治公正，而父子之间、主人和奴隶之间不存在政治公正或只存在类比意义上的政治公正。换言之，亚里士多德的公正理论是以城邦公民为基础的，也是为城邦公民服务的。

总之，亚里士多德公正的主旨是公平、适度，而这种公平和适度在不同的环境中标准是不同的：在财富、荣誉的分配中，在出于意愿的商业交易活动中，亚里士多德认为，应该采取合比例的公正原则；而在违反意愿的交易活动中，亚里士多德认为，应该采取算术比例相等，即数量相等的公正原则；而只有在比例上或数量上达到平等的人们才能获得政治上的公正。

第三，自然的公正与约定的公正。

从公正的性质上，我们将公正分为德性的公正与政治的公正两种，但是从公正的来源上，亚里士多德认为，有自然的公正与约定的公正两种。自然的公正指本质的公正或与生俱来的公正，它对"任何人都有效力，

① ［美］杰克森（H. Jackson）：《亚里士多德〈尼各马可伦理学〉》第5卷，纽约阿尔诺出版社1973年版，第87—90页。

② ［古希腊］亚里士多德：《尼各马可伦理学》，廖申白译，商务印书馆2003年版，第1134a25—30页。

不论人们承认或不承认”[①]，具有普遍性和稳定性；约定的公正是指通过法律和习俗来约定什么是公正的事和什么是公正的行为，具有特殊性和变动性。亚里士多德认为，不存在纯粹的自然公正，也不存在纯粹的约定公正，而是所有的公正都具有自然和约定两部分。也就是说，亚里士多德不同意智者普罗泰戈拉将公正规定为社会习俗的观点，也不同意安提丰将公正规定为自然的观点，而是寻求两者的结合点。西方近代的公正论者，一般都将公正理论建立在人的自然法权的基础之上，认为公正的本性或秉性应该是维护人的天赋人权，这种公正理念是对自然公正思想的继承，与亚里士多德的公正理念相左。

第四，公正与公道。

亚里士多德认为，公正是一种品质，它具有公平、平等和守法两种含义，而公道一方面“优越于一种公正，本身就是公正；另一方面，公道又不是与公正根源上不同而比它优越的另一类事物”[②]。也就是说，公道和公正是一回事，两者都是善，但是公道比公正优越，其原因是，公正是由法律规定的，但法律是一般的陈述，有些事情单靠一般的陈述是没法解决的，所以，就需要由法律之外的公道品质来解决。也就是说，公道虽然是公正，但不是法律规定的公正，而是对法律局限性和缺陷的纠正，它的实施不依靠法律的强制手段，而是人内部自愿的道德品质。所以，在这个意义上，我们说公道优越于公正，因为它是人在完全自由的基础上所展现的品质。

③思想特色及影响

亚里士多德的公正思想是在吸收前人公正理论的基础上建立起来的，主要有以下几个方面的特色：

一是坚持德性公正与制度公正相结合的原则。亚里士多德的公正首先是德性的公正，他是以人的品质为基础的；其次也是制度的公正，坚持以公正的原则解决分配和贸易问题，并坚持平等基础上的政治和法律公正。以德性公正为基础并优先于制度公正的思想被社群主义所吸收，而其制度公正对近代罗尔斯等思想家也有一定的影响。

---

① ［古希腊］亚里士多德：《尼各马可伦理学》，廖申白译，商务印书馆 2003 年版，第 1134b19—20 页。

② 同上书，第 1137b7—10 页。

二是坚持整体的公正原则，公正以公共利益为依归。也就是说，亚里士多德的公正理论坚持整体的善优先于个体权利的原则。近代西方的公正理论尽管各不相同，但是都以个体的自由平等权利为基础，虽然功利主义坚持最大多数人的最大利益，在某种程度上，突破了以个体自由权利为先的原则，但是个体自由权利是西方近代社会的主流，功利主义并不否定个体的基础性作用，而亚里士多德的制度公正以公共利益为基础和旨归，有明显的集体主义特色，他的这种思想被麦金太尔等社群主义者所吸收。

三是坚持以善为目的的公正理论。罗尔斯、诺奇克等人的公正作为一个道德范畴优先于善并独立于善，是以个体的自由权利为基础和旨归的，而亚里士多德的公正是以善为目的的，作为德性的一部分的公正，它是总体德性的一部分，也是实现完满德性的手段；作为德性总体的公正，它以法律的形式得到体现，而一个城邦的目的就是促进善德，法律是实现城邦善德的有力保证，所以，亚里士多德的公正是以善为目的的，善优先于公正并指导着公正。这一点也被社群主义者所吸收。

四是坚持中道的理性精神。亚里士多德的公正追求的是算术的平等和比例的平等，其中，合比例的公正是亚里士多德的首创，也为亚里士多德所强调，也就是说，平等在更多的意义上不是绝对的数值上的相等，而是一种相对应的适度，这种适度体现了亚里士多德的中道思想和理性精神，而理性精神是西方一直以来的传统。

(2) 义

①义的基本含义

“义”一般指处事得宜，如东汉刘熙的《释名》认为：“义，宜也。裁制事物，使各宜也。”此外，“义”通“仪”，具有符合礼仪、礼制的含义，如许慎的《说文解字》曰：“义，己之威仪也。从我、羊。”臣铉等注解家认为：“义”应该“与善同意，故从羊”。也就是说，“义”指称德性和道德。这些工具书的编撰者和解释者对“义”的解释应该是源于先秦典籍中“义”的具体运用，而其中子思和孟子对“义”的论述应该是其重要的依据之一。《中庸》第十二章曰：“义者，宜也，尊贤为大”；《五行》第二十章曰：“中心辩然而正行之，直也。直而遂之，肆也。肆而不畏强御，果也。不以小道害大道，简也。有大罪而大诛之，行也。贵贵，其等尊贤，义也。”也就是说，子思认为，“义”的标准、准则是合适、合宜，其表现特征是正、直、果、简，而其最高的表现形式是贵贵、尊贤。

孟子对“义”也有多处论述，主要表现在以下五个方面：一是人们正确的行为规则，如“义，人之正路也”（《孟子·离娄上》）。二是从兄、敬长，如“义之实，从兄是也”（《孟子·离娄上》）；“敬长，义也”（《孟子·尽心上》）。三是羞耻感，如“羞恶之心，义也”（《孟子·告子上》）。四是社会正义、社会公平，如“非其义也，非其道也，禄之以天下，弗顾也；系马千驷，弗视也。非其义也，非其道也，一介不以与人，一介不以取诸人”（《孟子·万章上》）；“行一不义，杀一不辜，而得天下，皆不为也”（《孟子·公孙丑上》）。五是一般的、正确的道理，如“心之所同然者何也？谓理也，义也”（《孟子·告子上》）。也就是说，对于孟子来说，“义”最根本的含义是“正”，因为其正确、适宜，所以成为社会道义和社会公正的标志，而在其所处的时代，“义”具体表现为从兄、敬长和羞恶之心。

换言之，对于思孟学派来说，公正、正直、合宜是“义”的最为根本的含义，但是，在具体的表现形式上，子思认为，贵贵、尊贤就可以成就“义”，而孟子认为，从兄、敬长是“义”之实，羞耻之心是“义”的内在推动力，而贵、贤、兄、长一般都认为具有较高的道德修养，是人们行为的导向，不同的是贵、贤的血亲性不明显，而从兄、敬长为义之实具有明显的血缘宗法制痕迹。也就是说，当将义和公正作为一种道德品质时，思孟学派与亚里士多德是相同的，义和公正都具有公正、适宜、合适、正义、公平等基本含义，但是，当将义和公正推向具体的社会现实之中时，双方出现了明显的差异：亚里士多德公正的总体含义是守法，而思孟学派义的深层意蕴是贵贵、尊贤、从兄、敬长。前者用外在的法律来保证公正德性的实现，而后者将义的公正性、合宜性放置在人伦关系、宗法血亲之中让其展现自身的光芒。下面我们将通过义与仁、义与礼、义与智的关系分析来进一步探讨思孟学派“义”的内涵，并通过与亚里士多德公正思想的比较来阐释思孟学派“义”的具体特征和缺陷，以期寻求适合当代社会发展的科学正义观。

②义与仁

仁具有双重含义：一是仁道、全德意义上的仁；二是爱人之仁或恻隐之心之仁。对于第一种含义，义与仁的关系是很明确的：首先，义是总体德性仁的组成部分；其次，义是实现仁的具体路径，也就是说，“居仁由义”（《孟子·尽心上》），“仁，人之安宅也；义，人之正路也”（《孟子·离娄上》），我们只有通过合适的、正当的修养途径才能实现人的内部的整体和谐，才能实现人自身，仁为我们提供目的和方向，而义为我们寻找实现目的的途径。而且只有在保证大的社会正义的前提下，才能够实现仁政。

对于第二种含义的仁，义与仁的关系需要进一步探讨。首先，子思认为，义和仁具有不同的社会分工，一个人如果犯大罪，应该根据义的原则，即社会公正、公平的原则进行诛罚，如“有大罪而大诛之，简也”（《五行·二十二章》）；“简，义之方也”（《五行·二十三章》）。如果他犯了小罪，就应该根据仁的原则，即仁爱、宽容的原则为其遮掩、藏匿，然后进行道德教育，以期改过自新，如“小罪而赦之，匿也”（《五行·二十二章》）；“匿，仁之方也”（《五行·二十三章》）。其次，义被用于家族之外的治理上，而仁被用于家族之内的治理上，如《六德》：“仁，内也；义，外也；……门内之治恩掩义，门外之治义斩恩。”《六德》虽然不能确定是思孟学派的著作，但应该是孔子到孟子之间的儒家著作，反映了当时儒家学者对仁义内外关系的理解，而这种理解有可能是当时的普遍认识。

也就是说，家族内部成员之间，应该亲爱和谐地相处，根据血缘的远近不同，付出不同的情感和精力，即亲亲，而对于家族外部的人，应该根据其社会地位和德性的高低给予不同的尊敬和礼遇，即尊贤、贵贵；而对于整体的社会的人来说，犯了大罪都应该进行诛罚，而犯了小罪都应该予以宽容和教育，这应该是子思比较明确的仁义思想。但是如果家族内部的人犯了大罪，我们应该根据“大罪而大诛之”的原则对其进行诛罚，还是应该根据“门内之治恩掩义”的原则隐藏、宽恕他的罪责呢？如果子思只坚持“大罪而大诛之”的普遍原则而不承认“门内之治恩掩义，门外之治义斩恩”的原则，那么，他肯定会选择前者；如果他同时坚持这两条原则，而且根据其亲亲、尊贤的论断，他很有可能也坚持“门内之治恩掩义，门外之治义斩恩”的原则，那么，他该如何决断呢？我们毕竟不是子思，没有办法替他做出明确的回答，但是孟子却有明确的答案，《孟子·尽心上》：

桃应问曰：“舜为天子，皋陶为士，瞽瞍杀人，则如之何？”

孟子曰："执之而已矣。"

"然则舜不禁舆？"

曰："夫舜恶得而禁之？夫有所受之也。"

"然则舜如之何？"

曰："舜视弃天下犹弃弊蹝也。窃负而逃，遵海滨而处，终身欣然，乐而忘天下。"

根据这个特例，我们可以看出，当这两个原则发生矛盾时，思孟学派的选择和初衷是两相兼顾，既想维护整体的社会正义，又想照顾血缘亲情，所以，舜选择"窃负而逃"，这种选择表面上做到了两相兼顾，而实际结果是选择了仁和情感，背弃了义和法律规范。其实，无论是亚里士多德还是思孟学派，他们追求的最终目标都是整体的善，都是本身具有善性的事物，但是，整体的善是由部分的善组成的，善的目的是通过各种手段实现的。[①] 对于亚里士多德来说，幸福是整体的善，也是最高的善，这种善是各种部分善，即各种德性的有机组成；同理，对于思孟学派来说，伦理学的最高目的是成德、成人，完满实现天赋人性，而这种天赋的人性和德性也是一种整体的善，是由仁、义、礼、智、信等各种部分的善有机组成的。也就是说，整体的善具有最高的内在价值和意义，而各种部分的善具有相对的内在价值和意义，亚里士多德和思孟学派都倾向于各种部分的善的有机统一，但是，部分的善有其自身独立的价值，而且各个部分之间在针对某一道德问题时也会发生矛盾和冲突。这个时候，就存在着价值判断和价值选择问题。对于亚里士多德来说，正义是总德，友爱要服从正义的原则，所以，法律至上，而对于思孟学派来说，仁是总德，义要服从仁

---

① 摩尔在其《伦理学原理》（长河译，上海人民出版社2005年版）中论述了整体的善和部分的善以及目的的善和手段的善两组范畴。他认为，伦理学研究的就是与"善的"（及其反面"恶的"）这一性质相关的事物的断言，而这种断言仅仅有两类：一类是"善的"事物本身在多大程度上具有善，以及一事物与此类事物的因果关系，即目的善和手段的善；另一类是整体的善和部分的善。针对这一组断言，摩尔认为，整体的善大于部分善之和，但认为部分的善与手段的善是不同的，它们既具有整体的部分价值也具有相对的独立价值，并且认为，作为整体的部分价值与不构成整体的情况下的部分价值是相当的。此处就是在此基础上讨论思孟学派的仁与义的，认为思孟学派的择仁弃义是坚持了一个部分善而放弃了另一个部分善，这是在两者冲突之下的无奈选择，这种选择是对法律和正义的违背，是应该受到批判的，但也有其部分的合理性和社会历史原因。

爱的原则，所以，情重于理、仁大于义。可以说，这是中西关于德性的两种不同的向度，而这种不同的选择源于其不同的社会历史背景。

侯外庐先生认为，中国古代社会是“早熟的”文明“小孩”。“早熟”有两种含义：一是在时间上要早于希腊文明；二是如果希腊文明是发育正常的小孩，那么，相比较而言，中国古代文明就是早熟的或未成熟的小孩，侯外庐先生在以上两种含义上运用“早熟”这一概念，但是他倾向于将“早熟”理解为“维新”的方式，即中国古代的文明不是不成熟的，而是具有特色的与“古典的古代”在同一个历史阶段的两种不同路径。“古典的古代”是通过革命的方式强化城市的地位，而城市使氏族制趋于没落，代之而起的是以地域为单位的国民（市民、公民），而“亚细亚的古代”是通过维新的方式将氏族制保留下来的，形成了氏族贵族所有的生产资料和家族奴隶的劳动力二者结合的生产方式，在这种生产方式下，城市和农村以氏族（氏族贵族在城市而氏族奴隶在农村）为纽带统一起来，形成了国中君子和域外之民。[①]

也就是说，夏朝虽然进入了奴隶社会，但是原始的氏族制却被保留了下来，形成了周代独具特色的“宗子维城”“公侯干城”的血缘宗法等级制。在春秋战国时期，由于生产力的发展和新兴力量的出现，宗法制受到一定程度的破坏，但是维新方式一直是中国古代的变革方式，换言之，宗法制有不同的表现形式，而且一直存在于中国古代。孔子试图通过将礼内化为主体德性的方式恢复西周的礼制，思孟学派虽然进一步改造了礼，但是，宗法等级制依然是儒家学说的社会基础，而建立在这种制度之上的学说必然以血缘为其最深层和最底层的依托，这就为义原则服从于仁原则提供了社会历史的说明。

③义与礼

首先，孔子说：“克己复礼为仁”，克制自己，使言语行动都合于礼，就是仁，也就是说，以礼仪规范作为自己的行为标准，久而久之，这种规范就会内化为人的内在品性，这其中道出了仁与礼的关系：一方面，礼是实现仁的方法和途径；另一方面，仁是制定礼的内在依据。此处的礼主要指周代的礼乐制度，是外在的行为规范。思孟学派继承了孔子的内在理

① 见侯外庐、赵纪彬、杜国庠的《中国思想通史》（人民出版社1957年版）第1卷第1章“中国古代社会和古代思想”。

路，一方面将礼制规范作为人的外在行为规则，作为修身治国的重要凭借，如“齐明盛服，非礼不动，所以修身也”（《中庸·二十章》）；另一方面，注重从内部探讨礼存在的必然性和必要性，如“以其外心与人交，远也。远而庄之，敬也。敬而不懈，严也。严而畏之，尊也。尊而不骄，恭也。恭而博交，礼也”（《五行·二十一章》）。“恭敬之心，礼也”（《孟子·告子上》）。也就是说，外在的礼仪规范是内在恭敬、尊敬之心的固化形态，礼的内在依据是恭敬、尊敬之心，而义之实是贵贵、尊贤、从兄、敬长。换言之，义是礼的内在依据，礼之所以能够成为人们的行为准则，是因为它符合义的要求，是正义、正确的外在表现形式。也就是说，义是内在标准，礼是外在形式，义和礼都具有社会规范性，前者是深层次的、相对抽象的、具有不确定性的内在准则，而后者是浅层次的、具体的、确定的行为准则。义是礼的正确，礼是义的外在表现，我们通过行礼就可以达到义，礼的存在使义有迹可循。

其次，孟子还通过比喻形象地阐释了仁、义、礼三者的关系，他说：“仁，人之安宅也；义，人之正路也。”（《孟子·离娄上》）“夫义，路也；礼，门也。惟君子能由是路，出入是门也。”（《孟子·万章下》）他的意思是说，仁就像人们最舒适的住宅，义是到达这所住宅的最正确的道路，而礼是进入这条道路的门径。只有找到正确的入口，才不会走错路，而只有道路正确，才能到达最终的目的地；反过来，只有目的明确，我们才能知道走哪条路；只有确定了路，才会努力寻找通往此路的入口。也就是说，儒家的义是一种仁义和礼义，仁是等差的爱，礼是等级规范的体现，建立在两者基础之上的义必然是一种等级的义，这与现代建立在个体自由平等基础上的正义相差甚远，也不同于亚里士多德平等的公民权利基础之上的正义。

④义与智

儒家的“智”作为一种德性一般指实践智慧，子思曰：“见而知之，智也。”（《五行·十六章》）孟子曰：“仁之实，事亲是也；义之实，从兄是也；智之实，知斯二者弗去是也；礼之实，节文二者是也。”（《孟子·离娄上》）“是非之心，智也。”（《孟子·告子上》）也就是说，智的实质是知道什么是仁，什么是义，并知道通过怎样的方式实现它们、保持它们。换言之，智是义的前提和必要条件，我们只有“中心辩然”才能分清是非对错，也才能正而行之以实现义。此外，智强调的是什么是恰当的能力，既具有理论性又具有实践性而偏重于理论，而义强调的是行为的正当性，偏重于社会实践。换言之，智强调的是知道，知道之后的选择是其表现，而义强调的是选择，选择之前的知道是其必备条件。也就是说，智与义是两种德性、两个范畴，但是却相互包含、相互诠释，离开了义，智就缺少了实践的支撑；而离开了智，义就偏向于蒙昧和武断。

其实，就如同前文所述（见第三章第三节“人性的结构”），儒家的人性和德性是一个突出球心的混合状态的球体，各个部分是相互诠释，相互界定的：仁是球心，也是德性的核心；离开了仁，义、礼、智就失去了方向和目标；离开了礼，仁、义、智就有可能偏于空疏和极端自我化；离开了智，仁、义、礼就失去了思想化、哲学化的意蕴，成为一种社会低级的意识形态；当然，离开了义，仁就失去了正当性和合理性（仁不是没有定性的、完全处于自然状态的爱，而是一种正当的爱），礼就失去了内在规定性（礼之所以应该被人们遵守，就是因为它是正当的，是对宗法等级制和社会秩序的维护），智就失去了外在行为性和实践性（智是一种实践智慧，只有在实践和行为当中，智才能得到体现，而义正是智的实践表述）。再进一步来看，我们只有将义放置在义与仁、义与礼、义与智的关系当中，它才能得到符合其本身的说明。

总体来说，义是一种仁之义，它虽然含有合适、合宜、公平、正义等思想，但其精神实质是亲亲、尊尊，它追求的合宜和正义是建立在血亲宗法等级制之上的合宜和正义，而不是一种绝对的平均和平等。它也是一种礼义，礼是其外在表现形式，也是仁义得以实行的外在保证；同时，也是一种智义，是建立在实践智慧基础之上的义，是一种智慧和进步的体现。

⑤义的特征及缺陷

儒家和思孟学派是非常注重义德的，子思将其作为五行之一，孟子将其作为四德之一，而且往往仁义并举，突出义德在总体德性中所起的作用。所以，如果认为儒家不讲正义和公正就是对儒家的一种歪曲，但是，如果认为儒家的义是没有缺陷的，可以直接被当代社会所用就是对儒家的一种过度的偏爱。下面我们将通过对思孟学派义德特征的分析来探讨其缺陷。

首先，思孟学派的义与亚里士多德的公正一样都是一种品质和美德，其最基本的含义都是公正、适宜，都体现了一种理性精神和中道思想。但是，亚里士多德的公正具有总德的性质，并且是以理性为基础的，而思孟学派的义是总体德性仁的组成部分，并且以仁爱之情为基础。其次，亚里士多德公正德性的总体含义是守法，也就是说，法律是公正得以实现的外在保证，而思孟学派的义有内外两种实现机制：一是内在的羞恶之心，即道德情感，二是外在的礼仪规范。最后，在古希腊，城邦民主制是亚里士多德公正思想产生和得以实现的社会基础，而在古代中国，血缘宗法等级制是思孟学派仁义思想产生的社会基础，仁政、德政是社会正义得以实现的制度依托。

首先，思孟学派的义虽然也体现了一定的理性精神，但它是以情感，即有等差的爱及其推广为基础的，这样的正义观往往会导致徇私枉法，使整体的社会正义淹没在亲情之中。其次，内在的羞恶之心和礼仪规范都不具有强制性，也就是说，羞恶之心和礼仪规范只对具有较高的道德修养、愿意自觉接受道德约束的人才有效力，对邪恶之徒是没有约束力的，而其对法律等强制规范的轻忽，也往往会使正义无法得到实现。最后，仁政、德政的实现依靠的是具有仁德的统治者，也就是说，仁政、德政本身就是一种社会理想，而建立在这种理想之上的，具有普遍的大爱精神的正义和公正就显得非常渺茫和不切实际。

但是，这是否意味着我们应该完全抛弃情感而沉溺于没有情感的纯智慧法律呢？中国传统的重情观念难道就没有任何价值和意义吗？难道情感和理性、道德和法律就不能有最佳的契合点吗？我们提倡德性论在某种意义上就是提倡中西方传统的和谐精神，就是纠正理性独断下规范伦理的偏颇。所以，当代合理的正义观不应该是对情感的弃置，而是应该追求在新的形势下新的适当的情理契合点。

3. 明智与智

亚里士多德的明智与思孟学派的智指的都是实践智慧，即与实践事物相关的理智德性。明智包含三个方面的内容，即好的考虑、理解与体谅，而智德也包含三个方面的内容，即思、明与义。下面我们将通过相对应的比较分析来阐释明智与智的内涵。

(1) 好的考虑与思

好的考虑指的是“对于达到一个目的的手段的正确的考虑”[①]。也就

① ［古希腊］亚里士多德：《尼各马可伦理学》，廖申白译，商务印书馆 2003 年版，第 1142b32—33 页。

是说，好的考虑首先是一种研究，是一种理智德性；其次是一种正确的理智德性，换言之，理智德性并不都是正确的，而好的考虑是一种正确的理智德性；再次，它是关于手段的正确，换言之，好的考虑针对的是手段，是手段的正确；最后，它是有目的性的考虑。换言之，好的考虑就是为了达到善的目的而进行的针对手段的正确考虑。

思孟学派的思也是智的重要组成部分。子思认为，“智弗思不得”（《五行·三章》），智慧是通过思考而得来的，思是形成智德的重要前提，而且认为思也是成德、成仁、得道的重要途径，“思不精不察，思不长［不得，思不轻］不形。不形不安，不安不乐，不乐无德”（《五行·三章》）。孟子也认为，思是得道、成德的重要手段，如“诚者，天之道也；思诚者，人之道也”（《孟子·离娄上》）。此外，孟子还认为，思是心的特有属性，人通过心思而拥有和完善先天善的本性。如“心之官则思，思则得之，不思则不得也”（《孟子·告子上》）。也就是说，亚里士多德和思孟学派都将好的考虑或思作为实践智慧明智和智的重要元素，两者都具有明确的目的性和方向性，都是关于手段的正确。

（2）理解与明

除了好的考虑和思之外，理解与明也是明智和智的重要组成元素。理解的本质是判断，也就是说，理解“既不在于具有明智也不在于获得明智”[①]，而在于理解和判断什么是明智的人和事，而只有判定了一个人是明智的人，一件事是明智的事，我们才能进行模仿和学习，所以，理解也是学习的品质。

与理解相对应的是思孟学派的明，子思认为，“明明，智也”“见而知之，智也”（《五行·十六章》）；“未尝见贤人，谓之不明”“见贤人而不知其有德也，谓之不智”（《五行·十五章》）。也就是说，看见了贤人并且知道其谓贤人就是智，在世上没有办法找到贤人，就是不明，而找到了贤人又不知其何以称贤，就是不智。换言之，智包含两个明：前一个明是指能够断定一个人是贤人，后一个明是指能够知道德是贤者之所以谓贤的原因。所以，“明明，智也”，智慧就在于不仅能够知其然，而且能够知其所以然，并且能够按照正确的理解去学习和模仿。因此，无论是明智

---

① ［古希腊］亚里士多德：《尼各马可伦理学》，廖申白译，商务印书馆 2003 年版，第 1143a10—11 页。

还是智都需要正确的判断和理解，即需要明。

（3）体谅与义

体谅“即我们说某人善于体谅或原谅别人时所指的那种品质”[①]，因此，有些学者往往将体谅理解为儒家的宽容，当然，这种理解有一定的合理性，因为善于原谅别人就是一种宽容，但是儒家的宽容是建立在仁爱基础上的德性，而亚里士多德则更为强调体谅的正确性和公正性。因此，我们将体谅与思孟学派的义放在一起进行比较。

体谅是对公道的事做出正确的区分。也就是说，体谅所针对的是公正德性，所维护的是公正德性的正确性和合理性。换言之，对别人公道、公正就意味着能够考虑别人的利益，能够设身处地地为别人着想，那么，在何种程度上，人的行为是公道、公正的，就需要做出判断，而这种针对公道和公正的判断就是体谅德性。在思孟学派中，没有专门关于公正的理智德性，但是，义本身包含着实践智慧，体现的是一种正确和适宜，所以，在这个角度上，我们将体谅与义放在了相对应的位置上。

总之，亚里士多德和思孟学派都非常注重实践智慧，注重明智和智对于人的实现的手段性作用。但是，双方又有所不同：亚里士多德的明智虽然是关于可变动的、具体事物的智慧，但是明智本身是低于智慧的，纯粹理性是实践理性的根源和依据；而思孟学派的智基于仁爱之上，并且为仁道、天道服务，而且智是包含在整体德性中的一个重要组成部分，与道德德性是不可分离的，并不是位于道德德性之外和之上的，而明智虽然也与道德德性不可分离，但在逻辑上却位于道德德性之上。

4. 勇敢与勇（气）

亚里士多德认为，勇敢是恐惧与信心方面的适度，真正勇敢的人是“因一个高尚［高贵］的目的之故而承受着勇敢所要求承受的那些事物，而做出勇敢所要求做出的那些行动”[②]。也就是说，勇敢的人不是敢于献出生命的人，而是在适当的场合、以适当的方式为了高尚的目的无所畏惧地面对人生中重大的、可怕的事物的人。换言之，理性和高贵的目的是勇

---

① ［古希腊］亚里士多德：《尼各马可伦理学》，廖申白译，商务印书馆2003年版，第1143a19—20页。

② 同上书，第1115b23—25页。

敢的特质，而人的一生中最可怕的事是死亡，因此，最勇敢的人是敢于面对一个高尚的死亡的人，如战场上的士兵，而敢于面对耻辱、疾病、贫困的人，只是类比意义上的勇敢而不是真正意义上的勇敢。此外，亚里士多德认为，有五种品质类似于勇敢：第一是由于羞耻感而表现勇敢的人；第二是对某些特殊事物的经验；第三是怒气；第四是乐观；第五是无知。亚里士多德认为，由于羞耻而表现勇敢的人最类似于真正的勇敢，因为害怕遭受屈辱的人往往会追求高尚的事物，由于无知而表现出的勇敢只是表面上类似于勇敢而已。

孔子非常注重勇德，对“勇”的特征和内涵有一定的论述，如“知者不惑，仁者不忧，勇者不惧”（《论语·子罕》），“勇而无礼则乱”（《论语·泰伯》），“见义不为，无勇也”（《论语·为政》）。也就是说，孔子认为，勇敢的表现形式是无惧，但真正的勇者并不是不学无术、无惧于任何事物，而是遵守义与礼的规范，该勇时就勇，该仁时则仁。子思继承了孔子的思想，将“勇”作为三达德之一，并且认为“知耻近乎勇”（《中庸·二十章》），知道什么事物和行为会招来耻辱，就离勇敢不远了，注重从人的内部探讨勇的发源。而孟子则从孝和仁的角度阐释勇，他认为，“好勇斗狠，以危父母”（《孟子·离娄下》）的不孝之勇应该受到批判，而“夫抚剑疾视曰，‘彼恶敢当我哉’”（《孟子·梁惠王下》）之匹夫之勇只是小勇，不足挂齿，真正的大勇应该是像文王和武王一样以天下万民之安定为目的而挥戈战阀之勇。此外，孟子提出了“养”勇，即涵养勇气，将勇德内在化，注重从心志的角度阐释勇气，认为真正的勇就是配有道与义的浩然正气，是“富贵不能淫，贫贱不能移，威武不能屈”（《孟子·滕文公下》）的“大丈夫”人格。

因此，儒家和思孟学派从各个角度阐释了勇的内含：首先，勇敢表现为对可怕事物的不惧；其次，勇敢与耻辱和荣誉相关联；再次，勇敢与仁义礼智等其他德性相关，勇敢应遵守礼制规范，为其当为，而且最大的勇敢应该是“杀身成仁”、“舍生取义”式的、为了崇高的理想勇于牺牲生命的勇敢。换言之，思孟学派的勇德与亚里士多德的勇敢德性有很多相似的地方，都认为真正的勇敢是为其当为，有高尚的目标和正确的方式，而且都分析了近似于勇敢的德性，如羞耻。但是，双方也有不一致的地方，如亚里士多德认为，战场上的勇敢德性是真正意义上的最高的勇敢，而且倾向于将耻辱、疾病、贫困等方面的勇敢排除在勇敢之外，而思孟学派虽然也认为真正的勇者应该是勇于面对高尚死亡的人，但并不一定是在战场之上，而且思孟学派倾向于从精神、气节、意志等方面论述勇德，因而将耻辱、疾病、贫困等方面的勇敢都纳入勇德之中。

（二）其他德性比较

1. 节制与节、寡欲

亚里士多德认为，节制是与肉体欲望相关的快乐方面的适度，它的对立面是放纵和怯懦，他认为节制的人“欲求适当的事物，并且以适当的方式和在适当的时间”里。[①] 也就是说，放纵的人欲求所有的快乐和强烈的快乐，并以得不到快乐而痛苦；而节制的人追求适当的快乐，并不会以得不到快乐而感到痛苦。而且他认为，与怯懦相比，放纵更出于人的意愿并且是更大的恶，因此，应该像管教儿童一样使欲望听从理性的指导。

在思孟学派提到的德性中与节制相对应的有节和寡欲，如“喜怒哀乐之未发，谓之中；发而皆中节，谓之和”（《中庸·一章》）；“养心莫善于寡欲。其为人也寡欲，有不存焉者，寡矣；其为人也多欲，虽有存焉者，寡矣”（《孟子·尽心下》）。从适度的快乐方面来看，节制与子思的中节思想有一致之处，都认为应该对情感进行节制和控制，不应任其发展，但中节的范围要比节制广；认为不仅快乐的情感要适度，其他感情也要适度。从欲望的角度来看，节制与寡欲也有一致之处，都认为应该控制人的欲望，但节制的对象是肉体欲望，特别是触觉和味觉，而寡欲的范围是一切外在事物，包括财富、地位等；节制追求的是适度，而寡欲要求更少的外在善。

2. 慷慨与惠施、俭约

亚里士多德认为，慷慨是关于给予和索取财物的适度，是挥霍和吝啬的中间，一个慷慨的人是为了高尚的目的，即德性，在适当的地方将适当的财物给予适当的人，而且为了自身的需要索取一定的财物。也就是说，慷慨虽然是关于给予和索取两方面的适度，但其主要特征是给予方面的适度，给予是一种品质，是目的，而适当的索取是为了生活的必需，是手

① ［古希腊］亚里士多德：《尼各马可伦理学》，廖申白译，商务印书馆 2003 年版，第 1119b14—15 页。

段。所以在挥霍与吝啬两种过度中，亚里士多德认为吝啬是更大的恶。

在儒家与思孟学派的德性中，与慷慨相对应的有惠施和俭约两种，惠施对应于给予，而俭约对应于索取，与亚里士多德相同，思孟学派也认为应该适度的给予和索取，如“可以与，可以无与，与伤惠”（《孟子·离娄下》）。但是，与亚里士多德强调给予不同，在惠施与俭约中，思孟学派更为强调俭约、强调较少的索取，但是其同时也认为不应该俭其亲，而且对于符合道义的惠施应该当仁不让地予以接受，如“君子不以天下俭其亲”（《孟子·公孙丑下》），“非其道，则一箪食不可受于人；如其道，则舜受尧之天下”（《孟子·滕文公下》）。换言之，亚里士多德认为，索取是给予的手段，索取只有服务于给予时才有意义；而思孟学派认为，俭约本身就是一种德性和目的，而且是否俭约和是否应该受惠于人的最终依据是仁道。

3. 荣与耻

对于亚里士多德来说，荣誉是最大的外在善[①]，这种善是与政治生活密切相关的，或者是政治生活的关注对象，因此亚里士多德认为，喜爱荣誉、获得荣耀本身是有一定价值的，但是要保持适度和中道，过度地爱荣誉就成了虚荣，而不爱荣誉就容易趋向卑微。此外，亚里士多德坚持一种道德荣誉观，即荣誉的获得和授予应该以人的德性为标准，具有完满德性的人应该授予最高的荣誉，如亚里士多德认为，沉思是最高的德性，因此沉思的生活是最崇高、最荣耀的生活，而真正的勇敢，即在战场上为了国家的利益和荣誉而无所畏惧的人也应该被授予最高的荣誉，而且，大度德性也是与重大荣誉相关的德性，大度的人是因为德性的完善而配得上重大荣誉的人。但是，亚里士多德同时也看到，荣誉不仅是一种外在善，而且在很大程度上取决于授予者和整个社会的价值系统，因此，虽然沉思、勇敢、大度等德性被视为重大的荣誉，但是沉思、勇敢和大度本身并不取决于荣誉，或者说，真正的沉思者、勇敢者和大度者并不是因为荣誉而沉思、勇敢和大度，而且在许多时候他们会表现出超越荣誉、超越世俗的特性。

---

① 亚里士多德也说过“朋友似乎是最大的外在善”，这应该是类比意义上的说法，因为真正的友爱是德性之爱，而德性是内在善，亚里士多德说朋友是外在善，应该是基于朋友在实体上是外在于人的这个角度上说的，而荣誉是最大的外在善，应该更符合亚里士多德的思想理路。

思孟学派也是非常注重荣誉的，如孟子说："令闻广誉施于身，所以不愿人之文绣也。"（《孟子·告子上》）如果自己有好的名声，就不羡慕别人的花衣裳了。功名利禄、光耀门楣也是许多儒者梦寐以求的事情，但是，思孟学派与亚里士多德相同，也追求一种道德荣誉观，即天爵和人爵都是人想要的，但是应该追求天爵即仁、义、礼、智等德性而获取人爵即功名利禄，而不是为了人爵而邀天爵。而且，思孟学派也反对虚荣和名不副实，如"声闻过情，君子耻之"（《孟子·离娄下》），君子以名声过其实情为耻。

此外，羞耻是与荣誉相对立的范畴，获取荣誉往往会避免耻辱，只是在亚里士多德看来，羞耻是一种感情而不是一种品质，所以，从严格意义上来说，羞耻不能算是一种德性。虽然做了坏事不感到羞耻是一种恶，但并不意味着做了坏事而感到羞耻是一种德性，我们只能说，具有羞耻感的人，如若做了坏事，就会感到羞耻。而且亚里士多德认为，羞耻仅适合于年轻人，年长的人不应该去做感到羞耻的事情。也就是说，亚里士多德强调对羞耻的超越，羞耻是恶的事情引起的感情，而好人不会为恶，所以好人就不会也不应该感到羞耻。换言之，羞耻是德性修养过程中应该具备的情感，是获得德性的有效手段。

但是，不同于亚里士多德，儒家和思孟学派都非常强调羞（耻）的重要性。孔子认为，"恭近于礼，远耻辱也"（《论语·学而》），恭敬之德接近礼，可以远离耻辱，而"行己有耻，使于四方，不辱君命，可谓士矣"（《论语·子路》）。如果自己有羞耻之心，出使外国，能够不辱君命完成任务，就可以称为"士"了。也就是说，羞耻之心是为政的必备条件，而"道之以政，齐之以刑，民免而无耻；道之以德，齐之以礼，有耻且格"（《论语·为政》），是将"知耻"作为人们最基本的道德情感和为政以德的基础。思孟学派进一步强调羞耻的重要性，认为羞耻感是每个人都应该具有的，是人的本性之一，如"羞恶之心，人皆有之"（《孟子·告子上》），"无羞恶之心，非人也"（《孟子·公孙丑上》），"人不可以无耻，无耻之耻，无耻矣"（《孟子·尽心上》）；而且认为，羞恶之心是义的发源地，正义产生于对邪恶的羞耻和厌恶，如"羞恶之心，义也"（《孟子·告子上》），而义是人们行为的规范和准则，这就将羞恶（羞耻）提到了道德底线的位置上，即一个人有没有羞耻心是其是否具备德性的基础和前提。此外，他们认为，应该对有违于德性的事感到羞耻，而对于外在较差的生活境遇应该保持一种平和的心态，即“君子固穷”（《论语·卫灵公》）。

因此，在对待羞耻上，思孟学派与亚里士多德是不同的，思孟学派不仅将羞耻作为一种基础的道德情感，也认为其本身就是一种德性，而且是对整体社会具有重要作用的基础德性。而且在荣与耻上，亚里士多德更加强调荣誉的外在作用和积极的引导作用，而思孟学派则更加重视羞耻之心，即内在的反思和戒惧在德性形成过程中的作用。但是，不论是亚里士多德还是思孟学派都坚持一种道德荣辱观，即对世俗荣辱得失的开脱和超越。[①]

4. 温和与温（顺）

对于亚里士多德来说，另一个和情感相关的品质是温和。温和是怒气方面的适度，是“对适当的人、就适当的事、以适当的方式等等发怒的品质”[②]。怒气方面的不及称为麻木而过度称为愠怒，温和是偏向于不及一方的品质。亚里士多德认为，过度的麻木是奴性的表现，而过度的愠怒就是一种怪癖，我们应该追求怒气方面的适度，即温和，而且与麻木相比，愠怒更是一种恶。

儒家和思孟学派也将温（顺）作为一种道德品质，如子贡形容孔子为：“夫子温、良、恭、俭、让”（《论语·学而》），而且温（顺）也是偏向于柔软一面的品质。但是，对于儒家和思孟学派来说，温（顺）主要指接人待物要温文尔雅，不急不躁，并不是无条件的附和，如“君子和而不同”（《论语·子路》），而且在必要的问题上，儒者也会怒发冲冠。也就是说，温和与温（顺）都是性情方面的一种品质，这种品质偏向于柔弱和宽容，但也意味着适当、必要时的强硬和严厉。

5. 友善与恭敬（谦敬）

亚里士多德认为，有三种德性与社会群体的语言和行为有关，它们分别是友善、诚实和机智。友善和机智都关系到语言和行为的愉悦性，所不同的是，友善所关系的愉悦性存在于生活的所有场合中，而机智则特指娱

---

① 谢阳举教授在其《论超越的荣辱观及其文化创新功能》（《西安财经学院学报》2007 年第 1 期）中将荣辱观分为世俗的荣辱观、道德的荣辱观和超越的荣辱观三类，并认为道家的荣辱观是一种典型的超越荣辱观，而儒家追求“道”和“天爵”等道德荣辱观也具有一定的超越性。

② ［古希腊］亚里士多德：《尼各马可伦理学》，廖申白译，商务印书馆 2003 年版，第 1126b7 页。

乐中的愉悦性；诚实是关系到语言和行为的诚实性的品质。此节我们将探讨友善及其与恭敬（谦敬）的异同。

亚里士多德认为，在共同生活的交谈和交易中，有些人无原则地取悦别人，如果这种人是有目的的，他就在奉承；如果没有目的，那就是谄媚。而另一类人正好相反，无论别人说什么、做什么，他都会反对，这种人被称为乖戾的人。这两种人及这两种品质都应该受到谴责，而在生活中语言和行为方面的适度就是友善，反对应该反对的，赞成应该赞成的，而且对不同的人，对不同的情形应该有不同的交往方式。友善本身虽然是为了促进快乐，为了避免痛苦，但是也要考虑后果，如果让一个人快乐会给自己带来很大的伤害，那么就应该反对他；如果默认一个人的行为会给他带来很大的痛苦，而反对他只会带来很少的痛苦，那么也应该反对他。

在儒家和思孟学派中，人们在语言和行为方面遵守的主要德性应该是恭敬（谦敬）。孔子曰："不学礼，无以立。"（《论语·季氏》）不学习礼就没有办法在社会上立足，而"庄敬恭顺，礼之制也"（《礼记·乐记》），外貌庄敬、谦恭谨慎是礼的表现形式，并且认为如果拥有恭、宽、信、敏、惠五种德性就可以达到仁了。由此可知，恭敬、谦让是儒家人际交往的主要准则。子思和孟子则从"恭敬之心""辞让之心"的角度解释礼，认为人们遵守的礼仪规范是恭敬之心和辞让之心的外在表现形式，因此，虽然礼是人们应该遵守的普遍行为规则，但是思孟学派非常注重礼的实然性，即尊重本应该尊重的人和事，不可拘于虚礼，更不可陷于谄媚，如孟子说："恭敬而无实，君子不可虚拘。"（《孟子·尽心上》）又引用曾子的话说"胁肩谄笑，病于夏畦"（《孟子·滕文公下》）耸起两肩，做讨好状，比夏天在菜地中工作还要累。而且，思孟学派也认为，对于不同的人和不同的情形，恭敬的表现形式也是不同的，如孟子说："责难于君谓之恭，陈善闭邪谓之敬。"（《孟子·离娄上》）

此外，与亚里士多德相同，思孟学派也认为，恭敬是有目的性的，如子思认为"君子笃恭而天下平"（《中庸·三十三章》），君子笃于恭敬，天下就会太平。所不同的是，亚里士多德往往从个人的角度考虑友善的适度后果，而思孟学派往往从整体的角度说明恭敬、谦让即礼的重要性，而且友善本身是为了个体的快乐而恭敬本身是为了整体的和谐。也就是说，与亚里士多德相比，在人际交往中，思孟学派更加强调对自身的约束和抑制，对他人的恭敬和宽容。

6. 诚实与真实

对于亚里士多德来说，友善是人与人交往中的德性或是关涉到别人的德性，而诚实则是对自己所拥有的德性、财富等做出适当评价并做出适当展示的德性。诚实的人既不自贬也不自夸，而且在自贬与自夸之间更倾向于对自己少说几分。儒家和思孟学派也非常注重对自我的正确评价，如孔子说："知之为知之，不知为不知，是知也。"（《论语·为政》）孔子在此处针对的虽然是认知的问题，但是对自己实事求是的态度与亚里士多德是一致的。此外，在对外表现自己的才能和德性时，儒家和思孟学派也强调谦逊的品质，如孔子说："君子义以为质，礼以行之，逊以出之，信以成之。"（《论语·卫灵公》）君子应该以正义为行事的原则，以礼仪为行事的规范，用谦逊的语言来表达，用诚实的态度去完成。也就是说，亚里士多德和思孟学派都注重对"实"的持有，并且都拥有谦虚的态度，但是相比较而言，亚里士多德更注重"真"而思孟学派更注重"诚"。换言之，亚里士多德更注重对己对人真实情况的客观判断和评价，而思孟学派更注重思"诚"，注重主体对客观情况的主观感知和把握。再往前延伸，亚里士多德致力于真理的追求，而思孟学派致力于人格的完善，本有"诚"的回归。

7. 机智与讷

与语言和行为的交流相关的又一品质是机智，机智是消遣性交谈的适度，其过度是滑稽和低级趣味，而其不及则是呆板和固执，机智也是在开玩笑和听玩笑方面表现得体的品质，而且不同身份地位的人在机智上的适度也是不同的，比如，有教养的人开的玩笑比较高雅，而没有教养的人开的玩笑比较低俗，但无论如何，适度的玩笑即机智都是生活的一个必要部分。

孔子曰："文质彬彬，然后君子。"（《论语·雍也》）"文"既可指文化修养，也可指人的文采，即语言表达，也就是说，儒家倾向于一种文雅的言语和谈吐，注重对人的语言文采的培养和训练，但同时也非常注重"慎"与"讷"，"君子欲讷于言而敏于行"（《论语·里仁》），"敏于事而慎于言"（《论语·学而》），即言语谨慎，不发无用之言是儒家和思孟学派语言交流的标准。换言之，亚里士多德虽然注重语言的逻辑性和思辨性，但是同时也认为娱乐性的言语也是人们生活的一部分，而儒家和思孟学派虽然注重文采，但更注重语言的严肃性和实际性效果，所以坚持谨言慎行，只有在迫不得已之时才与人论辩，更别说开玩笑了。如孟子曰："予岂好辩哉？予不得已也。"（《孟子·滕文公下》）孔子曰："夫人不言，言必有中。"（《论语·先进》）这个人要么不说，要说必定中肯。这种对言语的不同要求源于双方不同的社会风尚。

8. 坚强与刚毅

坚强是与忍耐力相关的适度品质，其不及是柔软，其过度是硬汉、操劳或病态。亚里士多德认为，能够忍受应该忍受的痛苦，不忍受不该忍受的痛苦就是坚强。通过上面关于德性的一些分析，如温和、恭敬、谦让等，我们可以看出，儒家及思孟学派在接人待物中追求一种儒雅、谦和、宽容等偏于柔弱一方的品性，但这并不意味着儒者就是软弱的人，而是其追求的目标是刚柔相济、阴阳和合的整体品性，这是儒家道德理性的集中体现。换言之，在一般的人际交往中，儒家倾向于给对方一个和谐融洽的环境，为此，倾向于抑制自己、约束自己，即"己欲立而立人，己欲达而达人"（《论语·雍也》）；但是，在面对一些关键性问题如道义、品性、治国等时，儒者往往当仁不让，威武不屈，表现出刚毅坚韧的一面，如子思曰："恒称其君之恶者，可谓忠臣矣。"（《鲁穆公问子思》）孟子曰："富贵不能淫，贫贱不能移，威武不能屈，此之谓大丈夫。"（《孟子·滕文公下》）也就是说，亚里士多德和思孟学派都认为，品质、德性就是一种适度，但是前者的适度更多地来源于理性的分析，而后者的适度更多地来源于情感和精神的调控，即宽以待人、严于律己。①

9. 庄重和高尚

思孟学派与亚里士多德都追求庄重和高尚的德性。庄重是自傲与顺从之间的适度，而高尚是对完满德性的向往与追求。如亚里士多德认为，真正的勇敢是勇于面对高尚的死亡，高尚的死亡指的是为了国家的整体利益而牺牲自己的生命，这就是最大的正义；思孟学派的高尚也是指崇尚德性、崇尚完美。此外，《优台谟伦理学》中对高尚的解释是刁顽与卑屈的中间，即尊重那些值得尊重的人就是高尚，这种对高尚的解释与《大伦理学》中对庄重的解释相似，我们认为有可能是两个德目

① 严于律己表现在两个方面：一是宽以待人；二是自我的刚毅坚韧。

的混用，而对完满德性的向往和追求更为符合高尚的含义。也就是说，高尚本身就是一个褒义词，既是中间又是极端，不需要另外的极端与其相对。

（三）儒家特有的德性

儒家和思孟学派除了与亚里士多德相近、相似以及相反的德性之外，还有一些特有的德性，如孝悌、忠恕、勤敏等。[1] 孝悌是家庭内部的两种主要德性，孝指的是对父母祖辈的奉养、侍候、亲爱和恭敬，悌是对兄长的敬爱和遵从，是儒家最富感情色彩的两种德性，强调的是家庭内部晚辈对长辈的崇敬和遵从。而且孔子认为，孝悌是实现全德"仁"的根本，也就是说，将家庭内部人与人之间的情感和德性进行推广，就能形成全社会的德性和规范，这是儒家德性论的基础，也是以家庭为本位、家国同构、血缘宗法等级制的必然要求。此外，忠恕、勤敏等德性的形成也源于中国特有的社会传统。忠有两种含义：一是对人的忠诚，对人事的尽心竭力，二是特指忠君；恕也有两种含义：一是不作为，即"己所不欲，勿施于人"（《论语·颜渊》）；二是作为，即"己欲立而立人，己欲达而达人"（《论语·雍也》）。忠恕是孝悌德性的延伸和仁德实现的途径，孝悌是家庭内部的德性，是有血缘关系的人们之间的行为规则，而将这种规则推广到国家政事就形成忠君，如"忠臣以事其君，孝子以事其亲，其本一也"（《礼记·祭统》）。如果将这种推广的思维加以运用就形成恕德，即以自己的感受、想法和欲望来推测别人的感受、想法和欲望，并因此确定自己的行为规则，使自己的行为不侵犯别人的利益以达到社会和谐。孝悌、忠恕德性既是儒家特有的德性，是儒家整体德性得以实现的基础和途径，也是道德理性支配下德性

---

① 亚里士多德并非否定父母兄弟之间的爱，他只是将父母兄弟之间的爱放入友爱之中，将其作为友爱的一种特殊形式。也就是说，亚里士多德并没有形成一种家庭内部父母和兄弟之间的专门德性。对于儒家来说，不仅孝悌是一种德性，而且是一种基础德性，具有非常重要的地位和意义，因此，笔者将其作为儒家的特有德性来处理。此外，忠恕是儒家的一贯之道，它不仅是一种德性，也是一种思维方式，是儒家整体德性的基础。亚里士多德虽然也讲诚实，但其实质是"真"，是对人对己的真实评价和展现，在具体事物上的诚实，如守约，在亚里士多德看来是一个公正的人应该具有的德性，即对人忠诚、谨守信用对亚里士多德来说属于"公正"的范畴，因而，儒家式的忠恕即推己及人的方式就显得非常突兀，笔者在此也将其作为特有德性来处理。

模式的具体形式。

而希腊具有爱智的传统，分析理性、客观理性占主导地位，而且希腊三面环海、商业发达、人口流动性较强、公共社会活动较多，人们的头脑较为活跃，在这种社会环境下，靠家庭德性的推广来维持社会秩序是不可能的。此外，希腊施行的是城邦制，家庭虽然也是其基本组成单位，但是城邦具有优先的地位，公民是社会的主体，他们追求的是城邦内部人们之间的友爱和团结，是基于公正、平等基础上的人与人之间的关系。因此，基于血缘宗法等级制及道德理性基础上的孝悌、忠恕等德性就无法在希腊社会中得以充分展现，当然也就没有出现在亚里士多德的德目表中。亚里士多德虽然也讲诚实，但主要倾向于实事求是地判断自己的价值，而儒家的“忠”主要倾向于待人忠诚，讲信用，与亚里士多德的诚实德性有本质的区别。勤敏也是农业文明特有的产物，亚里士多德虽然反对游手好闲，但是他认为，美德存在于闲暇之中，闲暇是从事高等艺术和哲学思辨的前提，所以在希腊，人们追求一种闲适安逸的生活。闲暇是德性修养的必要条件，农民、艺匠正是因为没有闲暇进行道德修养而被亚里士多德置于公民资格之外。

（四）亚里士多德特有的德性

亚里士多德特有的德性有科学、努斯、智慧、技艺、大方、大度、义愤等。其中科学、努斯、智慧、技艺均属于理智德性，科学的对象是由于必然性而存在的永恒事物，它是可以传授和学习的，科学的知识可以通过归纳和演绎得出，但是要具备真正的科学知识，还必须了解归纳和演绎的始点；努斯的研究对象是万事万物的始点，对本原的探究是努斯的本性；智慧是科学和努斯的结合，是关于最高等题材的，是居于首位的科学，同一般意义上的普遍的东西相关，既具备关于始点的知识，又具备归纳和演绎的能力；技艺是可变事物中与制作相关的合乎理性的品质。亚里士多德的理智德性有五种，除了明智之外，这四种德性都为儒家和思孟学派所无，这就体现了亚里士多德对理智德性，特别是纯粹理性、认知理性的强调，这主要源于古希腊追求事物本原的理性传统，而儒家和思孟学派相比而言对思辨理性的轻忽，主要源于中国传统的小农意识和实用精神。

此外，大方、大度和义愤也为儒家和思孟学派所无。[①] 其中，大方是关于大量财富花费上的适度，大方的人将大量的钱财花费在重要的事物上，在大方上不及的是小气，而过度则是虚荣和粗俗。大度的人是一个自视重要，也配得上那种重要的人，换言之，大度是自我评价和自我配得上的一致和适度，真正大度的人是因其德性而配得上重大荣誉的，而不是由于财富和地位，虽然荣誉是最大的外在善，最高的德性应该配以最大的荣誉，但由于荣誉也是一种外在善，所以大度的人往往对荣誉也不太重视，因而显得目空一切。总之，大度是同重大荣誉相关的品质，其不及是谦卑，而过度则是虚荣。义愤是妒忌与幸灾乐祸之间的适度，与别人的好运所引起的快乐和痛苦有关，义愤的人为别人所不应得的好运感到痛苦，妒忌的人为别人的一切好运感到痛苦，幸灾乐祸的人对别人的一切痛苦感到快乐。

这三种德性为亚里士多德所特有，为儒家和思孟学派所无也源于其不同的社会制度和文化传统。中国古代是农业社会，一般人很少拥有大量的财富，而大富大贵者往往是贪官污吏者居多，所以，儒家虽然也提倡对贫弱者施以恩惠，但是像古希腊那样，个人为社会的公共事业捐献巨资的行为很少，因此，很难形成一种社会风尚和道德品质；而古希腊商业发达，个人拥有大量的财富是很普遍也很正常的事情，这就为大方德性的形成提供了可能。此外，大度是古希腊贵族所特有的德性，这种德性要求有很高的社会地位、大量的财富及很高的道德品质，只有具备这些条件的人，才有可能追求重大的荣誉，也才有可能拥有超凡、脱俗的精神气质；在中国的传统文化中，圣人也许可以和大度之人媲美，但是，圣人更倾向于一种理想的完美状态，并不以重大的荣誉为准则，这根源于双方不同的文化传统。最后，义愤之德来源于希腊的民主制度和公民社会，其基础就是人与人之间的平等和公正；古代中国人对不公正的事也会感到气愤和痛苦，但在宗法等级制下，很难形成义愤这种普遍的德性。

---

① 这三种德性在儒家那里也并不是纯粹的、绝对的无，而是没有形成一种专门的德目。儒家也讲义，但杀身成仁、舍生取义是一种崇高的行为，而义愤是公民普遍的德性；爱人忠恕本身就体现了儒家的大度之风，将别人纳入自己的视野，成为自身的一部分本身就是儒家的思维方式，这种思维方式可以称为“忠恕”，也可以称为“仁”。但是，这种“大度”不同于亚里士多德式的“大度”，前者是一种普遍的德性与要求，而后者是某一类人的特有德性，是与重大事物和荣誉相关的专门德性；大方是大量财物花费上的德性，儒家虽然也提倡仗义疏财，重义轻利，但没有形成关于大量财富消费上的德目。正是在这种意义上，笔者将大方、大度、义愤作为亚里士多德的特有德性来处理。

（五）习俗与礼

亚里士多德认为，道德德性是后天通过习惯养成的，习惯会变成人的自然，那么，我们可以说，部分习俗的内化是德性的一个组成部分。同时，亚里士多德也认为，德性是情感和行为的正确，换言之，德性包含情感和理性两部分。因此，我们可以得出结论：某一德性一般由习俗、情感、理性三个部分组成。与习俗相对应的是儒家和思孟学派的礼：在孔子那里，礼是实现仁的重要手段，守礼是仁人必备的品质；思孟学派将礼内化，用恭敬之心来解释礼，但无论是孔子的外在之礼，还是思孟学派的内在之礼，礼都是整体德性的重要组成部分。在这一点上，礼与习俗是相同的。但是，习俗除了是德性形成的外在环境之外，还是一德性的内在组成部分，而礼既指外在的礼仪规范，而且其本身就是一种德性，同时还是四德之一。在这一点上，礼与习俗有很大的区别。换言之，儒家和思孟学派更加重视外在的礼仪规范，并且倾向于将其视为人的内在本性，而亚里士多德更为强调习俗、习惯对德性的环境性作用。

二　德性的实现①

（一）仁义内在与仁内义外

无论是思孟学派还是亚里士多德，德性的实现方式与德性的来源都是密切相关的，对于思孟学派来说，德性来源于天，具有先天性，如“天命之谓性”（《中庸·一章》），“此天之与我者。先立乎其大者，则其小者不能夺也”（《孟子·告子上》）。所以，思孟学派注重德性的内在涵养和扩充，即由内而外的实现方式。而亚里士多德认为，德性是后天养成的，不具有先天性，所以注重从外在的道德行为中培养内在的德性，即由外而内的实现方式，这一点在学术界已成为共识。但是，先天性是否意味着内在性，思孟学派中是否存在着仁内义外的思想，是否坚持内外双重道德律，如果坚持，这两种道德律是什么样的关系，是并列对立的，还是其他？这些问题的解答可以澄清思孟学派的某些疑惑，与德性的实现也是相

① 本节修改后发表在《社会科学家》2011 年第 7 期上，题目为“仁义内在与仁内义外——从德性实现的角度进行的诠释”。

关的。

首先，对于思孟学派来说，先天性就意味着内在性，德性是天赋予“我”的，当然也就是“我”本有的，本有的当然就是内部固有的，是位于人的内部的，而德性本身就是人的美好的品质，就算它不是先天的，它的存在形态也是人的内在的道德品性。所以，无论是思孟学派还是亚里士多德都承认德性本身是一种品质，是人的内部的美好的存在状态，所不同的是，思孟学派认为，这种品质和状态来源于天，来源于人自身的内部，而亚里士多德认为，这种品质和状态来源于外在的道德行为和道德规范。所以，从这个角度来说，内在性是思孟学派的本质特征之一，仁、义、礼、智诸德是来源于天的，也是来源于人自身内在的，当然也是存在于人内部的、内在的道德律。因而，从这个角度来看，思孟学派本身不存在仁内义外的问题，当然也就不存在内外双重道德律的问题。

但是，我们如何理解《五行》中“德之行”与“行”的双重表达法，我们能否将这种双重表达法看成是传统的“仁内义外”表达法的特殊形式呢？为了回答这个问题，我们首先得弄清楚“仁内义外”的含义。梁涛在《郭店楚简与思孟学派》中从三个方面解析“仁内义外”[①]：一是分别将仁、义看做是内在道德律和外在道德律。如竹简《语丛一》：“天生百物，人为贵。人之道也，或由中出，或由外入。……仁生于人，义生于道。或生于内，或生于外。”二是分别将仁、义看做是家族之内与家族之外的组织、管理原则。如竹简《六德》：“仁，内也；义，外也；礼乐，共也。内立父、子、夫也，外立君、臣、妇也……门内之治恩掩义，门外之治义斩恩。”三是分别将仁、义理解为亲亲与尊贤。如竹简《唐虞之道》：“爱亲忘贤，仁而未义也；尊贤遗亲，义而未仁也。”并且认为孟子、告子之间的辩论主要是针对“仁内义外”的第一个方面，也就是内在道德律与外在道德律而展开的，对于其他两个方面，孟子不仅不反对，甚至在一定程度上是可以接受的。笔者同意梁涛对仁内义外所做的分析，并且认为，对于其他两个方面，特别是第三方面，不仅孟子是可以接受的，思孟学派整体甚至整个儒家都有可能是认可的。所以，对于“仁内义外”的争论，主要是围绕第一个方面展开的，而我们本节所讨论的

---

① 梁涛：《郭店楚简与思孟学派》，中国人民大学出版社 2008 年版，第 387 页。

"仁内义外"与"仁义内在"问题，也是基于其第一方面的含义的。

因此，如果我们同意《五行》的"德之行"与"行"的双重表达法是"仁内义外"表达法的特殊形式，就相当于认为，子思坚持内外双重道德律，"只不过在《五行》中，由于仁义礼智圣被看做是一个整体，无法把其中一部分说成是内，另一部分说成是外，故只好采用目前的表达方式，一方面说它'形于内'另一方面又说它'不形于内'，前者是德，后者是善，二者具有内、外的差别"①。如果说得再明白一点，就是我们应认为，子思坚持"仁内义外"说，认为"仁是'生于内'即生于内心，义'生于外'即生成于人们的习俗规范。"②

但是，根据思孟学派的先天性与内在性原则，仁、义、礼、智、圣都是根源于、生成于人的内在的，是人心之本有，而且，《五行》篇对仁、义、礼生于人的内心有明确的表述：

> 颜色容貌温变也。以其中心与人交，悦也。中心悦旃，迁于兄弟，戚也。戚而信之，亲［也］，亲而笃之，爱也。爱父，其继爱人，仁也。(《五行·十九章》)
>
> 中心辩然而正行之，直也。直而遂之，肆也。肆而不畏强御，果也。不以小道害大道，简也。有大罪而大诛之，行也。贵贵，其等尊贤，义也。(《五行·二十章》
>
> 以其外心与人交，远也。远而庄之，敬也。敬而不懈，严也。严而畏之，尊也。尊而不骄，恭也。恭而博交，礼也。(《五行·二十一章》)
>
> 不变不悦，不悦不戚，不戚不亲，不亲不爱，不爱不仁。(《五行·十二章》)
>
> 不直不肆，不肆不果，不果不简，不简不行，不行不义。(《五行·十三章》)
>
> 不远不敬，不敬不严，不严不尊，不尊不恭，不恭无礼。(《五行·十四章》)

① 梁涛：《郭店楚简与思孟学派》，中国人民大学出版社 2008 年版，第 188 页。
② 同上。

《五行》第19—21章正面论述了仁、义、礼从“中心”与“外心”产生的过程：由于真心与人交往从而喜悦，容貌就显得温和，进而将喜悦之心情迁移到兄弟，即是亲切，进一步就是亲密，继而笃爱双亲；又由爱自己的父亲进而爱他人，这便是仁。“爱父，其继爱人，仁也。”义发端于“中心辩然”，从内心辨别出发，区分直曲、是非、善恶、大道小道、贵贱、贤不肖，然后果断地采取行动，这个过程就是义。换言之，只有在心中正确地分辨是非、善恶、大道小道、贵贱才能形成义。而礼是“外心与人交”的结果，这里的“外心”，如前所述，不是与“中心”相对立的概念，而是“中心”作用于外的意思，“中心之交”是一种内在的愉悦，超越世俗苦乐之外的安乐，而“外心之交”则是一种在交往中相互敬畏、尊重的心情，但是在仁、义、礼都生成于人的内心方面是相同的。《五行》第12—14章从反面论述了仁、义、礼的生成过程，认为没有内心情感和理性的变动，就没有仁、义、礼的生成，在仁、义、礼是生成于人的内心上与正面的论述是一致的，两者相呼应，强化了仁、义、礼是生成于人的内心的观点。此外，子思认为：“君子无中心之忧则无中心之智。”（《五行·二章》）智来源于中心之“忧”，同样来源于人的内心，来源于人的内在思虑，而圣是与智同类而级别更高者，是“闻而知之”者，故圣应该与智同源，也来自于人的内心。

至此，我们可以得出结论，子思和孟子一样坚持“仁义内在”说，认为仁、义、礼、智、圣都来源于、生成于人的内心，仁、义、礼、智、圣诸德都是人的内在规范和内在道德律。也就是说，子思并不认为仁是“生于内”的，而义是“生于外”的，而是认为德性都是生于内的，具有先天性。但至此我们仍然没有解决“德之行”与“行”的问题，而解决这个问题的关键是“形于内”与“不形于内”。《五行》开篇即曰：

> 仁形于内谓之德之行，不形于内谓之行。义形于内谓之德之行，不形于内谓之行。礼形于内谓之德之行，不形于内谓之［行。智形］于内谓之德之行，不形于内谓之行。圣形于内谓之德之行，不形于内谓之行。（《五行·一章》）
>
> 德之行五和谓之德，四行和谓之善。善，人道也；德，天道也。（《五行·二章》）

因此，“德之行”与“行”的区别不在于仁、义、礼、智、圣诸德本身，而在于其存在方式，当仁、义、礼、智、圣以“形于内”的方式存在时，我们称之为“德之行”，即德性；当仁、义、礼、智、圣以外在行为的标准和典范存在，并指导“未经心灵体现出来的道德行为”[①] 时，我们称之为“行”。也就是说，“形于内”的“德之行”并不直接表现为“不形于内”的“行”，而是直接表现为“不形于内”的“行”的标准和典范，即君子、圣人、贤人等；同时，“不形于内”的“行”不是已经内在化的、具有德性品质的人的“行”，而是并未具有内在化德性的人们，为了获取德性，以“五行皆形于内而时行之”（《五行·三章》）的君子之言行作为标准和典范的“行”。从这个意义上说，子思确实坚持内外双重道德律，但是，对于子思来说，内外标准不是对立、并列存在的，而是内外贯通的，外在道德律即外在标准也不是传统意义上的“习俗规范”即礼（义），而是道德典范，即君子、圣人等，而这种外在的道德典范是内在德性的外在、固化形态，内外是一致的、贯通的（从这个角度也可以解释《五行》篇所采用的一种范畴，两种界定方式）。而且，外在典范、外在标准是以内在德性的最高目标“德”即天道为依归的。“德”高于“善”，“天道”高于“人道”，“德之行”高于“行”，说明了《五行》虽然内外并举，但是却偏向于内，内在性即“德之行”是该篇的主旨和依归。

因此，用传统的“仁内义外”或“仁义内在”说来界定和规范子思都是不太合理的，如果我们一定要采用这一传统，那么，只能说子思既坚持“仁义内在”说，又坚持“仁内义外”说：在德性的来源与生成上，子思是坚持“仁义内在”说的，认为德性来源于天，生成于人的内心；在德性的存在方式与实现方式上，子思坚持“仁内义外”说，认为德性既以“形于内”的内在自觉的方式存在，又以“不形于内”之“行”的标准和典范之外在方式存在，是内在德性的外化和固化形态，而且，内外是贯通的。这种贯通不仅表现在德性的存在方式上，也表现在其实现方式上。

---

① 杨儒宾：《德之行与德之气——帛书〈五行篇〉、〈德圣篇〉论道德、心性与形体的关系》，见钟彩钧主编《中国文哲研究的回顾与展望论文集》，台湾中研院中国文哲研究所筹备处1992年版，第417—448页。

（二）德性与德行

1. 以内合外

如上所述，子思认为有内外两种德性的存在方式，那就意味着在德性的修养和实现方式上存在着内外两途：一是内在修养和内在功夫，由内自然向外扩展、发散，最后表现为外在的道德言行，即德性的自我澄明；二是以道德典范为标准，由外在的道德行为入手，通过外在功夫来发掘人内在的道德本性，即德性的外在发明。这两种途径与《中庸》的“自诚明”“自明诚”是相同的，而这两种方式的相互转化、内外贯通即是《中庸》的“诚则明矣，明则诚矣”。对于自内而外的自我澄明过程，《五行》进行了大量的论述，除了上述第 19—21 章及第 12—14 章从正反两方面进行的论述外，第 5—7 章的“三思三形”说也是这方面的内容：

> 仁之思也精，精则察，察则安，安则温，温则悦，悦则戚，戚则亲，亲则爱，爱则玉色，玉色则形，形则仁。(《五行·五章》)
>
> 智之思也长，长则得，得则不忘，不忘则明，明则见贤人，见贤人则玉色，玉色则形，形则智。(《五行·六章》)
>
> 圣之思也轻，轻则形，形则不忘，不忘则聪，聪则闻君子之道，闻君子之道则玉音，玉音则形，形则圣。(《五行·七章》)

通过内心的“仁之思”“智之思”“圣之思”，逐渐形成了爱、明、聪三种情感和理性，而这三种情感和理性的“形于外”，就形成了仁之行、智之行和圣之行，实现了德性的自我澄明。此外，《五行》也论述了君子的典范作用，通过对君子道的追求，通过对君子言行的效仿，人们可以由外而内发掘人的内在德性：

> 五行皆形于内而时行之，谓之君［子］。士有志于君子道谓之志士。(《五行·三章》)
>
> 君子集大成。能进之为君子，弗能进也，各止于其里。大而晏者，能有取焉。小而轸者，能有取焉。胥虑虑达诸君子道，谓之贤。君子知而举之，谓之尊贤。知而事之，谓之尊贤者也。［前，王公之

尊贤者也]；后，士之尊贤者也。(《五行·二十四章》)

君子是儒家的道德典范，是五行和谐状态的外在表现，既有内在化的道德意识，又有外在具体的道德行为。君子之道就是人道、天道，从君子是人的角度来说，君子体现的是人道，但君子是人中的典范，是五行和的理想状态，所以，君子之道就是天道，是人们追求的最高道德目标。子思通过“君子”将人与天、内与外联系了起来，他是内在德性外化、固化的结果，也是外部道德行为的标准。因此，“士有志于君子道，谓之志士”“胥虑虑达诸君子道，谓之贤”，志士和贤者都以达君子道为目标，也以君子的言行举止为道德规范。此外，君子是“集大成”者，是仁、义、礼、智诸德都达到很高程度的典范，所以，无论是“大而晏者”之义行，还是“小而轸者”之仁行都可以成为人们行为的标准，以此获取和提升自己的道德境界。

因此，对于子思来说，我们可以通过内外两种方式实现德性，但是，这两种方式既不是相互割裂的，也不是等量齐观的，而是内外贯通的，以内为主。首先，通过内在的道德修养，内在德性逐渐澄明并自主地表现为一定的道德言行，而通过道德言行、道德实践，内在德性又会进一步提升和超越，这个过程表现为以德性为出发点，又以德性为归结点的德性—德行—德性模式。其次，以外在的道德典范为标准进行道德行为，以此发掘、发明人们内在的德性本质，使外在的道德行为内化为德性品质，使人们的道德境界有所提升，而这种提升了的自觉的道德主体又会进行更好的外在道德行为，这个过程表现为以德行为出发点，又以德行为归结点的德行—德性—德行模式。

这两种模式都体现了德性实现方式上的内外贯通性，但是，前一种方式是主体，是德性实现的主要方式，这是由思孟学派的内在性特征所决定的：德性是天生的，是人本身所具有的、位于人内心的，这就必然意味着内在修养、内在功夫的至关重要性。此外，外在行为是有界限的，内在修养是没有界限的，而无限的内在超越正是子思所追求的至高境界，即天道：

君子之为善也，有与始，有与终也。君子之为德也，有与始也，无与终也。金声而玉振之，有德者也。金声，善也；王言，圣也。

善，人道也；德，天道也。唯有德者然后能金声而玉振之。[①]

外在的道德行为是有开始，有终结的，而内在的道德修养是有开始，却没有终结的。所以，虽然有君子之为善与君子之为德的区别，但是，为善是为了成德，是为了不断向天道靠近，到达人本身的完满的实现。所以，外是为了内，外在行为是为了内在德性，从这个角度也可以理解子思以内为主的德性实现模式。

在德性的实现方式上，曾子、子游与子思是一致的，都坚持内外两种实现方式并偏向于内。他们都重视礼、重视儒家的外在典范、重视外在德行对内在德性的发明作用，但是，相比较而言，他们更重视内在道德修养：《大学》的八条目中以修身为本，而修身的关键是正心、诚意，是慎独；此外，曾子的“内省”“忠恕”之道也说明了其思想的内在化特征。子游重乐、重情，主张以乐动情定心取性，认为道以心术为主，内在化倾向也非常明显。孟子继子思而来，进一步强化了“内省”一途，并放弃了“德之行”与“行”的并举，不仅坚持由内统外，而且希望融外入内。他虽然并没有否定由外而内的实现模式，但是，已经不再关注于它，而是将目光聚焦于内在的修养和扩充上。

孟子以心言性，将性、情、气、才统合于心，而心是道德本心，其实质就是仁、义、礼、智等道德德性，故对孟子来说，德性的实现就是道德本心的存有、失去本心的恢复、道德本性的彰显、本有善端的存养和扩充：

仁义礼智，非由外铄我也，我固有之也，弗思耳矣。（《孟子·告子上》）

尽其心者，知其性也。知其性，则知天矣。存其心，养其性，所以事天也。（《孟子·尽心上》）

凡有四端于我者，知皆扩而充之矣，若火之始然，泉之始达。苟能充之，足以保四海；苟不充之，不足以事父母。（《孟子·公孙丑》）

苟得其养，无物不长；苟失其养，无物不消。孔子曰：“操则

---

① 魏启鹏：《简帛文献〈五行〉笺证》，中华书局2005年版，第256页。

存，舍则亡；出入无时，莫知其乡。”惟心之谓与？（《孟子·告子上》）

仁，人心也；义，人路也。舍其路而弗由，放其心而不知求，哀哉！人有鸡犬放，则知求之；有放心而不知求。学问之道无它，求放心而已矣。（《孟子·告子上》）

耳目之官不思，而弊于物。物交物，则引之而已矣。心之官则思，思则得之，不思则不得也。此天之所以与我者。先立乎其大者，则其小不能夺也。此为大人而已矣。（《孟子·告子上》）

首先，仁、义、礼、智是“我”心之本有，是天的赋予，所以“尽心”就可“知性”，因而可以“知天”；同时，要实现天赋之德性，就要“存心”“养性”“求放心”。但是，“我”本身拥有的只是善端而已，虽然此善端蕴含着成为真正“善”的可能，但是如果不进行存养，也会消失，所以要存心养性，就要将此善端进行扩充，而善端由内而外的扩充过程就是德性的实现过程。其次，要实现德性，就要“思”，要“先立其大”，就是要先明确人的道德本性，用仁、义、礼、智占据人的心灵，这与“存心”是一致的。

因此，孟子注重内在修养，注重由内而外的德性—德行—德性的德性实现模式已得到学术界的一致认可。但是，孟子对外入一途的态度，及内外的关系问题还有待进一步讨论。《孟子·离娄下》曰：“人之所以异于禽兽者几希，庶民去之，君子存之。舜明于庶物，察于人伦，由仁义行，非行仁义也。”朱熹注曰：“由仁义行，非行仁义，则仁义已根于心，而所行皆从此出。非以仁义为美，而后勉强行之，所谓安而行之也。此则圣人之事，不待存之，而无不存矣。”[①] 也就是说，圣人所行由内而外、自然而然，并非志慕仁义而做仁义之事，而圣人是孟子的最高理想和目标。所以，对孟子来说，德性实现的理想方式是由内而外的实现方式，他不仅坚持内外贯通、由内统外，而且希望融外入内，到达“由仁义行，非行仁义”的圣人境界。

所以有人认为，孟子否弃外入一途，只坚持内出一途，这种认识是片面的。孟子所说的“由仁义行，非行仁义”是有针对性的，他是针对舜

① （宋）朱熹：《四书章句集注》，中华书局1983年版，第294页。

所发的言论，认为舜是“由仁义行，非行仁义也”。换言之，只有像舜这样的圣人，才能完全做到仁义已根于心，行为是心的外在流露。这是一种理想境界，是孟子所追求的境界，这种境界只有少数人才能达到，而更多的只是有志之士，正处于修习之中的志士而已。对于修行者，是不可能完全达到仁义已根于心的，那么，就必然要进行道德修养，也就是孟子所说的“存心”、“养性”、“求放心”，这是孟子极力强调的。但是，孟子并没有否弃外在修养，他认为“上无礼，下无学，贼民兴，丧无日矣”（《孟子·离娄上》），所以主张设立学校，进行教育，使人们明于人伦、谨守礼节，通过外在的学习，发明内在的德性，使人自身和社会都达到完满和谐的状态。

因此，在思孟学派内部，在德性的实现方式上，也存在着逐步内在化的过程：曾子和子游都重视礼，重视外在修养，而偏于内省一途，但在他们那里，内外是并行不悖的，所以内外还没有成为关注的焦点问题。子思将“德之行”与“行”并举，让“形于内”与“不形于内”同存，这就使内外问题成为焦点。内外对立、仁内义外是告子解决内外问题的方式，而内外并举、内外贯通、由内统外、以内为主是子思解决这一问题的关键。孟子沿用了子思的思路，而进一步内在化，放弃了“德之行”与“行”并举的模式，凸显了由内而外的德性实现模式。虽然他在实际上并没有否弃由外而内的实现模式，但是，由于其对前者的极力强调，使得后者在其整个思想体系中处于低端的位置，而容易被人忽略。

2. 由外而内

德性的实现方式与德性的本性及其来源有关，这一点学术界没有异议。在德性的本性上，亚里士多德和思孟学派是一致的，都认为德性是一种品质，一种美好的状态。但是，在德性的来源上，双方持有不同的见解，思孟学派认为，德性是天之赋予，是人之本有，而亚里士多德认为：“我们的德性既非出于本性而生成，也非反乎本性而生成，而是自然地接受了它们，通过习惯而达到完满。”[①]“品质是来自相同的现实活动。所以，一定要十分重视现实活动的性质，品质正是以现实活动而区别。”[②]

---

① ［古希腊］亚里士多德：《尼各马科伦理学》，苗力田译，中国人民大学出版社 2009 年版，第 1103a23—25 页。

② 同上书，第 1103b21—22 页。

也就是说，德性是后天养成的，是通过现实活动形成的。那么，外在道德修养及现实活动就是德性实现的前提条件，而由外而内的德行—德性—德行的德性实现方式就成了亚里士多德的首选：

> 但是，德性却不同：我们先运用它们而后才获得它们。这就像技艺的情形一样。对于要学习才能会做的事情，我们是通过做那些学会后所应当做的事来学的。比如，我们通过造房子而成为建筑师，通过弹奏竖琴而成为竖琴手。同样，我们通过做公正的事成为公正的人，通过节制成为节制的人，通过做勇敢的事成为勇敢的人。①
>
> 我们通过节制快乐而变得节制，而变得节制了就最能节制快乐。勇敢也是一样的。我们通过培养自己藐视并面对可怕的事物的习惯而变得勇敢，而变得勇敢了就最能面对可怕的事物。②

德性的后天来源决定了在德性的实现方式上，亚里士多德采取由外而内的实现方式。此外，对于现实活动本身的强调，也是此种实现方式得以凸显的原因之一。亚里士多德伦理学的最高目标是幸福，而“幸福是一种完全合乎德性的现实活动”③，而完满的幸福就是思辨活动或沉思。也就是说，亚里士多德虽然认为德性是一种品质，是一种美好的状态，但同时也认为幸福包含生活得好和做得好两方面，行为和活动比品质和状态更应该受到关注和称赞：

> 合于德性的活动就包含着德性。但是，认为最高善在于具有德性还是认为在于实现活动，认为善在于拥有它的状态还是认为在于行动，这两者是很不同的。因为，一种东西你可能拥有而不产生任何结果，就如一个人睡着了或因为其他某种原因而不去运用他的能力一样。但是实现活动不可能是不行动的，它必定是要去做，并且要做得好。在奥林匹克运动会上桂冠不是给予最漂亮、最强壮的人，而是给

① ［古希腊］亚里士多德：《尼各马可伦理学》，廖申白译，商务印书馆 2003 年版，第 1103a31—1103b3 页。

② 同上书，第 1104a35—1104b1 页。

③ ［古希腊］亚里士多德：《尼各马科伦理学》，苗力田译，中国人民大学出版社 2009 年版，第 1102a5 页。

> 予那些参加竞技的人（因为胜利者是在这些人中间）。同样，在生命中获得高尚［高贵］与善的是那些做得好的人。[①]

这源于亚里士多德对人的本质的界定，亚里士多德认为，“求知是所有人的本性”[②]，而人特有的功能是“灵魂根据理性的现实活动”[③]。也就是说，亚里士多德从活动的角度界定人，而思孟学派从性善、品质的角度界定人。因此，虽然双方都认为德性本身是一种品质，但思孟学派强调对品质的拥有，而亚里士多德强调对品质的运用，即活动。这也从另一个角度证实了，在德性的实现方式上，思孟学派重德性—德行—德性的方式，而亚里士多德重德行—德性—德行的方式。

① ［古希腊］亚里士多德：《尼各马可伦理学》，廖申白译，商务印书馆 2003 年版，第 1098b31—1099a6 页。

② ［古希腊］亚里士多德：《形而上学》，苗力田译，中国人民大学出版社 2003 年版，第 980a22 页。

③ ［古希腊］亚里士多德：《尼各马科伦理学》，苗力田译，中国人民大学出版社 2009 年版，第 1098a7—8 页。

第五章　中庸与中道*

“中庸”在中国思想史上占有重要的位置，因为它被孔子称为“至德”，也因为《中庸》文本的至高地位，更因为它深刻地影响着中国人的言行举止，是中国文化的中流砥柱。近代以来，有的学者沿着传统的注经方式继续解读中庸，如台湾学者宋天正的《中庸今注今译》。而更多的学者则倾向于从不同的角度诠释中庸思想，如杜维明的《论儒学的宗教性——对〈中庸〉的现代诠释》注重对《中庸》伦理宗教思想的挖掘和诠释；吴怡的《中庸诚的哲学》通过对某一范畴“诚”的研究来解析中庸思想；陈赟的《中庸的思想》则力求一种深度的诠释，即原始性的“文—化”“教—学”模式；郑熊的《宋儒〈中庸〉学研究》则采取一种学术史的研究方法，总结和概括了宋儒特别是宋代的理学家对《中庸》思想的诠释和建构；陶肖云的硕士学位论文《中庸方法论研究》则集中探讨中庸的方法论思想。此外，陈科华的《儒家中庸之道研究》以“中庸之道”来概括整个儒家思想，采取一种宏观与微观相结合的研究方式。本章在前人研究的基础上试图梳理“中庸”思想在先秦的发展脉络，重点阐释其与亚里士多德“中道”思想的异同。

在此，我们要解决两个问题：其一，中庸思想与《中庸》的关系，具体来说，孔子中庸与《中庸》里中庸的关系；其二，中庸之道与中庸之德的关系，或者说，儒家本体论的形成时间和存在形态问题，这两个问

---

* 亚里士多德的中道（mεσσιη ς）思想在英语中一直译为 mean。最先向中国人介绍亚里士多德及其伦理思想的先行者严群因惊喜中西先知的相通性，而将其首译为“中庸”，这种译法被当时学术界广泛接受；苗力田首次将《尼各马科伦理学》全书译为中文，沿用了严群“中庸”的译法，但在其行文中也出现了“中道”一词，廖申白在他的附带详细注释的《尼各马可伦理学》新译本中将其译为“适度”。汪子嵩等在《希腊哲学史》中认为，亚里士多德与儒家的中庸思想同异相参，为了避免别的联想，译为“中道”比较合适，而大多数的中国当代古希腊学者也主张将其译为“中道”。因此，本书也采用“中道”的译法。

题的解答会直接影响后文的写作。对于第一个问题，学术界基本上不存在太大的争议，即“中庸”一词由孔子直接提出，中庸思想是孔子的重要思想，而《中庸》文本为孔子后学所作（笔者倾向于子思所作），其中第一章总论及第二十章至三十三章为子思所作，第二章至十九章是子思引用孔子的观点，可以看作孔子的思想，当然也是《中庸》文本的一部分，也属于《中庸》的思想或者子思的思想。也就是说，孔子的中庸思想是《中庸》之中庸思想的源头和基础，而《中庸》文本中的第二至十九章可以归于孔子的中庸思想，也可以看作子思对孔子思想的直接继承。

对于第二个问题，学术界的争论比较大，有的学者如孙以楷先生认为，孔子的“中庸”就是本体论意义上的中庸[①]，而有的学者如郑熊博士则认为，儒学到了宋代才真正建立起了本体论。[②] 那么，儒学的本体论到底是什么时候建立的，是一种怎样的本体论就成了本章必须要解决的问题。而要解决这个问题，我们就要弄明白什么是本体论。本体就是宇宙万物的本原和依据，本体论就是对宇宙人生作整体性思考和根源性探究的理论，本体研究是其核心，而宇宙万事万物的存在和生成是其必然的延续，也就是说，形而上学包含两个方面的内容：本体论和宇宙论，而这两方面又是相互联系的，没有本体论就没有办法解释宇宙的生成和存在，而宇宙的存在和生成又是本体论必须面对的课题。学术界普遍认为，中国哲学中的道家哲学最先具有形而上特性，而道论就是一种本体论和宇宙论[③]，因为“道”是宇宙的根源和本原，是事物存在和变化的根本原因和依据。而对于道家“道”的含义历来就有多种解释，陈鼓应先生认为，道家的“道”有三层含义：实存意义的“道”即道体之“道”、规律之“道”和生活准则之“道”，道体之“道”是指没有渗入一丝一毫人为的自然之道，即道体的本然状态，而形而上的“道”落实到人生的层面上，其显现的特性为人类所体验、所取法者，都可以说是“德”的活动范围，即生活准则之“道”。[④]

根据这种本体论解释，孔子的“中庸”之道其实就是“中庸”之德，

---

① 孙以楷、陆建华、刘慕方：《道家与中国哲学·先秦卷》，人民出版社 2004 年版，第 158 页。

② 郑熊：《宋儒〈中庸〉学研究》，陕西人民出版社 2011 年版，第 82 页。

③ 白奚：《先秦哲学沉思录》，中国社会科学出版社 2007 年版，第 105 页。

④ 陈鼓应：《老子今注今译》，商务印书馆 2003 年版，第 34 页。

是本体道的功用和特性在人生层面上的显现。但是，孔子的“中庸”之德被称为至德，而且孔子虽然没有将天道称为“中道”，但是他说：“大哉，尧之为君也！巍巍乎！唯天为大，唯尧则之。”（《论语·泰伯》）而尧所遵循的天道则是“允执其中”（《论语·尧曰》），这就间接说明了孔子已经将“中庸”作为天道，或者天道的显现。这种显现虽然从根本上讲依然是人对道体特性的体验和取法，但是，这种体验和取法却是孔子认为的最符合于天之本性的取法。换言之，笔者认为，我们也许可以将陈鼓应先生所说的生活准则之“道”分为两个层次：一是普遍的道德原则，虽然不是本体之“道”，但却是“道”之功用的最普遍的体现或者道体的最普遍的特性，如孔子的中庸之道或中庸之德；二是社会生活中一般的道德规范，如勇、俭等具体德性。也就是说，笔者认为，孔子的“中庸”不具有本体论的含义，“中庸”虽然是人生最普遍的生活准则，是天道功用的最有效的显现，但是它本身并不是本然状态下的道体，而是人对道体的体验。换言之，我们也可以说，孔子的“中庸”虽然不是本体意义上的“中庸”，但是，如果将其往前往上再推进一步，就可以达到本体“中庸”。也就是说，孔子的“中庸”思想是子思《中庸》之“中庸”本体化的基础，是儒家本体论产生的孕育期。

因此笔者认为，儒家本体论的形成是一个过程，孔子开其端绪，子思的《中庸》通过“中和”“诚”等范畴形成了儒家本体论的初步形态，而宋代理学家建立了成熟的本体论。换言之，《中庸》在中国思想史上具有重要的地位，它明确阐释了“未发”之中是天下的大本，是道体的本然状态这一观点，并且认为“诚”是事物的本原和本体。[①] 因此，笔者认为，中庸之道在《中庸》文本出现之后才具有本体的含义，而且，思孟学派的中庸之道在更多的意义上是指人对道体的体验和效法，即中庸之德。

此外，需要说明的是，“中道”思想是亚里士多德的重要思想，在其整个伦理学体系中占有重要地位，亚里士多德主要将其作为伦理德性的标准来使用，当然，当其成为整个伦理德性的标准和尺度时，它从某种意义上也就成为伦理德性本身及其追求的目标。但是，“中道”与“中庸”并不是完全对等的：首先，“中道”并不具有形而上的特性；其次，它使用

① 《中庸》第二十五章有“诚者物之始终，不诚无物”的言论。

的范围是伦理德性；最后，它的内涵比较单一。而我们之所以将“中庸”和“中道”进行对照，主要是因为考虑到两者既是德性本身，又是德性的标准和追求目标，是至德、极端。

一　中庸

（一）孔子与中庸

1. 相关范畴和文献

“中庸”[①] 一词最早见于《论语》，子曰：“中庸之为德也，其至矣乎！民鲜久矣。”（《论语・雍也》，亦见《中庸・三章》“鲜”下多一“能”字）而且在《论语》中只出现过1次。在《中庸》前半段标注子曰或仲尼曰的文句中，“中庸”一词共出现9次。在先秦其他和孔子相关的文献中，“中庸”一词也很少出现。也就是说，“中庸”虽为孔子创造，但其运用频率并不高，孔子的中庸思想除了蕴含在“中庸”一词中外，更多地体现在与其相关的其他范畴中，如“时中”“用中”“执中”“制中”“中行”“中立”“中权”“时”“过犹不及”等，这些范畴遍布于先秦儒家的各种经典中，主要有《论语》《中庸》《易传》《礼记》等。本节将通过这些文献中的相关范畴来探讨孔子的中庸思想。

2. 孔子中庸思想的主要内涵

孔子的中庸思想含蕴深广，概言之，主要有以下几层含义：一是中正思想，即孔子的“中庸”是孔子所认为的正确标准，它表现的是一种正确性，是一种恰当和适度；二是“执中”和“用中”，即执守中道和运用中道；三是一种“时中”，即变动中的正确，具体境遇下的正确和恰当；四是“制中”，即以礼制中，确定“中庸”的外在依据；五是“过犹不及”，执其两端而取中，形成“中庸”的方法论思想。

（1）中正

孔子“中庸”的正确性、恰当性主要表现在三个方面：一是符合实际，如“回也其庶乎，屡空。赐不受命，而货殖焉，亿则屡中”（《论

---

① “中庸”一词虽然为孔子创造，但是“中”字在《诗经》《尚书》《周易》等典籍中已频繁出现，其基本含义为“内”、“里”，但是，《尚书》和《周易》中已经出现“中正”、“中行”思想，如“尔各永观省，作稽中德；尔尚克羞馈祀，尔乃自介用逸”（《尚书・酒诰》）。孔子的中庸思想就是对传统中正、中德思想的继承和发展。

语·先进》)，"亿则屡中"之"中"指端木赐囤积货物、猜测行情，每每中的，符合实际情况。二是"中"本身就可以解释为"恰当""正确"：

夫人不言，言必有中。(《论语·先进》)

礼乐不兴，则刑罚不中；刑罚不中，则民无所措手足。(《论语·子路》)

"夫人不言，言必有中"是说这个人平时很少言语，但是一旦说话必然中肯，即恰当、适度，合于具体境况；而孔子认为礼乐制度是刑罚的依据和基础，所以"礼乐不兴，则刑罚不中"，"不中"指的是不得当、不合适，即不正确，那么"中"则含有中肯、恰当、合适、正确之意。三是既然"礼乐不兴，则刑罚不中"，则"中"就具有符合儒家礼仪规范、道德标准的含义，如"柳下惠、少连，降志辱身矣，言中伦，行中虑，其斯而已矣。……虞仲、夷逸，隐居放言，身中清，废中权"(《论语·微子》)。"言中伦""行中虑"之"中"含有符合的含义，孔子认为，柳下惠、少连的言语符合伦理法度，行为符合思虑之后的行为，因此，"中"也就有了"符合规范"的含义，引申之下，其本身也就成了规范。

(2) 执中

执中就是要执守中道，而执守中道的基础就是体认中道，中道虽然遍布于日用百态当中，却很少有人能体认它、执守它，如孔子说：

人莫不饮食也，鲜能知味也。(《中庸·四章》)

人皆曰予知，择乎中庸而不能期月守也。(《中庸·七章》)

"中庸"之道端乎平常，但及其至却需要"义精仁熟"[①]，非常人所能及，所以，孔子慨叹曰："天下国家可均也，爵禄可辞也，白刃可蹈也，中庸不可能也。"(《中庸·九章》)但孔子认为，我们不应该因此而放弃中道，而是应该以儒家的道德原则为标准，尽力"中立"、"中行"，以期可以逐渐接近"中庸"，如"君子和而不流，强哉矫！中立而不倚，

① (宋)朱熹：《四书章句集注》，中华书局1983年版，第21页。

强哉矫！”（《中庸·十章》）

因此，“中庸”虽为至德，人们很难达到其最高境界，但却表现在日常生活中，体现于仁、义、礼、智、信等德性之中，因此，只要努力体认和践行道德原则，我们就可以逐渐实现中庸，所以孔子夸赞颜回：“择乎中庸，得一善，则拳拳服膺而弗失之矣。”（《中庸·八章》）也就是说，体认中道、执守中道的可行之法就是体认和践行儒家所提出的道德原则和道德规范。

（3）用中

要执守中道，除了要体认中道、践行中道外，还应该积极地运用中道，这样才能实现中道。

> 咨，尔舜！天之历数在尔躬，允执其中。四海困穷，天禄永终。（《论语·尧曰》）
>
> 舜其大知也与！舜好问而好察迩言，隐恶而扬善，执其两端，用其中于民。其斯以为舜乎！（《中庸·六章》）

“允执其中”是尧对舜的嘱托，希望其“执其两端，用其中于民”，使民安定富庶，以此达到“天禄”无穷的目的。“用中”是“识中”、“行中”的延续，也是践行中道的一种具体方式，中庸既在于知又在于行，只有知行一体，才能完全实现中庸之道。孔子用格言式的语言蕴含了这一点，子思将其发扬光大。

（4）时中

“时中”不见于《论语》，在《中庸》中仅出现了一次：“君子中庸，小人反中庸。君子之中庸也，君子而时中；小人之中庸也，小人而无忌惮也。”（《中庸·二章》）“时中”思想是对“执中”、“用中”思想的延续，解决的是如何“用中”，如何坚持中道的问题。只有“时时处中”，根据实际的人事环境做出正确的判断、恰当的举止，才是对中道的持守。“时中”一词虽然没有出现在《论语》中，但“时”是孔子为人处世的原则，其意同于“时中”：

> 道千乘之国，敬事而信，节用而爱人，使民以时。（《论语·学而》）

不时不食。(《论语·乡党》)

夫子时然后言，人不厌其言；(《论语·宪问》)

孔子认为，应该使民以时，即按照时节劳役民众，这样才能国富民强。此外，孔子总是在应该说话的时候说话，所以不会招人厌烦，这些都是孔子坚持中道思想的具体表现。另外，在《论语》当中，还有许多格言警句体现了孔子的“时中”思想：

毋意，毋必，毋固，毋我。(《论语·子罕》)

宁武子，邦有道，则知；邦无道，则愚。其知可及也，其愚不可及也。(《论语·公冶长》)

子谓南容，“邦有道，不废；邦无道，免于刑戮。”以其兄之子妻之。(《论语·公冶长》)

天下有道则见，无道则隐。邦有道，贫且贱，耻也；邦无道，富且贵焉，耻也。(《论语·泰伯》)

可与言而不与之言，失人；不可与言而与之言，失言。知者不失人，亦不失言。(《论语·卫灵公》)

此外，在《易传》的作者引用孔子的话[①]中也出现了“时”“时中”的观念：

是故居上位而不骄，在下位而不忧。故乾乾因其时而惕，虽危无咎矣。(《易传·乾文言》)

君子藏器于身，待时而动，何不利之有。(《易传·系辞下》)

在《易传·乾文言》和《易传·系辞》中共引孔子之言29条，其中有的条目出现了“时”字，体现了孔子的“因时而惕”“待时而动”的“时中”思想，有的条目虽然没有“时”字的出现，但也体现了孔子“时时处中”的观念，如子曰：“非所困而困焉，名必辱。非所据而据焉，身

① 有的学者如高亨等认为，《易传》所引孔子之言只是作者的伪托之词，并非孔子的言论，但是因其所体现的“时中”观念与孔子的观点相同，故此处作为孔子思想的论证材料使用。

必危。”（《易传·系辞下》）由此可见，“时中”是“中庸”思想的重要内涵。但是，“时中”即“随时以处中也”①，是指在不同的时间、不同的地方、面对不同的人和事，都能做出正确的应对，它对人的能力和品德做出了很高的要求，是儒家的一种理想境界。

（5）制中

以礼制中也是关于“如何实现中道”这一问题的解决方案，“时中”与“制中”是实现中道的两翼，“时中”强调的是主体的认知性、协调性、灵活性，而“制中”提供的是一个客观的程序、规范。要达到中道，就必须将两者统一起来，使经与权、常与变两相结合，时时处中。“制中”② 一词出现在《礼记·仲尼燕居》中：

> 仲尼燕居，子张、子贡、言游侍，纵言至于礼。子曰：“居，女三人者，吾语女礼，使女以礼周流，无不遍也。”子贡越席而对曰：“敢问何如？”子曰：“敬而不中礼，谓之野；恭而不中礼，谓之给；勇而不中礼，谓之逆。”子曰：“给夺慈仁。”……子贡越席而对曰：“敢问将何以为此中者也？”子曰：“礼乎礼！夫礼，所以制中也。”

此处，“以礼制中”的含义与上文“言中伦”的含义相通，是“言中伦”意思的扩大和延伸。后者指一个人的言论合乎礼仪法度，前者将合乎“礼”作为达到“中”的方式、方法。这种思想也符合孔子“克己复礼”（《论语·颜渊》）以礼为准则的思想内涵。

（6）过犹不及

“过犹不及”既可作为方法论来理解，又可作为一种德性。方法论意义上的“过犹不及”指执其两端而取中，即充分考虑事物的不同极致，度量而取适中，其实质是实现中道的方法，这种方法是孔子最先明确提出的。在《论语·先进》中：“子贡问：‘师与商也孰贤？’子曰：‘师也过，商也不及。’曰：‘然则师愈舆？’子曰：‘过犹不及。’”也就是说，“过”和“不及”都不符合中道原则，因此，师和商都不能称得上“贤”，换言之，如果“不过”或“及”，那就是“贤”了，“过犹不及”

---

① （宋）朱熹：《四书章句集注》，中华书局 1983 年版，第 19 页。

② （清）朱彬撰，饶钦农点校：《礼记训纂》，中华书局 1996 年版，第 745 页。

在这种意义上也可以是一种德性。

因此我们可以说，孔子创造了“中庸”“执中”“用中”“时中”“制中”等概念，赋予“中”以正确、恰当、符合等含义，揭示了“中无定体，随时而在”[①] 的变动特性，强调了对“中”道的持守和运用，提出了“以礼制中”的经论思想和过犹不及的方法论，这些都是通过“中”而显示出来的孔子中庸思想的内涵。此外，与此相关的还有一个重要范畴需要在此讨论，即“庸”范畴。

“庸”字在《论语》之前，曾出现在《诗经》和《尚书》中，主要表示“用”。《论语》中没有单独的“庸”字，只见于“中庸之为德也，其至矣乎！民鲜久矣”（《论语·雍也》）。《中庸》篇章中除了“中庸”连用之外，“庸”字出现过2次：

> 庸德之行，庸言之谨，有所不足，不敢不免，有余不敢尽。（《中庸·十三章》）

关于孔子之“庸”该如何解释，两千年来不同的学者有不同的意见。何晏注《论语》“中庸之为德也”章云：“庸，常也。中和可常行之德也。”[②]《礼记训纂·中庸》题解引郑玄目录云：“名曰中庸者，以其记中和之为用也。庸，用也。”[③]《中庸章句》题解中朱熹引程颐之言为：“不偏之谓中，不易之谓庸。”[④] 朱熹的解释为：“中者，不偏不倚、无过不及之名。庸，平常也。”[⑤] 段氏《说文解字注》亦解“庸”为“用”，“庸，用也，从用，从庚。庚，更事也”[⑥]，意指持续不断的用。此外，朱熹也将“庸言”、“庸德”之“庸”解释为“平常”。因此，学术界对孔子之“庸”的解释主要有：用、平常、不易（恒常、持续不断）三种。

孔子之“庸”到底应做何解，是对传统“用”的传承，还是赋予“庸”以新的含义。笔者认为，解“庸”的关键在“中”，孔子的创新就

---

① （宋）朱熹：《四书章句集注》，中华书局1983年版，第19页。

② 李学勤：《十三经注疏》，北京大学出版社1999年版。

③ （清）朱彬撰，饶钦农点校：《礼记训纂》，中华书局1996年版，第772页。

④ （宋）朱熹：《四书章句集注》，中华书局1983年版，第17页。

⑤ 同上。

⑥ （清）段玉裁：《说文解字注》，上海古籍出版社1981年版，第128页。

在于将已存在的两个概念——“中”与“庸”——结合起来赋予新的含义，只有通过“中”“庸”互证，将“中”和“庸”放在统一的概念“中庸”之中，“中”的含义才能更加清楚，而“庸”的解释才会更加接近原貌。因此，从“道不远人”（《中庸·十三章》）的角度看，“庸”应做“平常”讲；从“用其中于民”的角度看，“庸”应做“用”来讲；从“允执其中”的角度看，“庸”应该具有持守、恒常、不易的意义；从“言必有中”“亿则屡中”的角度看，程颐的“中者，天下之正道，庸者，天下之定理”[①] 就很符合孔子中庸的含义。所以，孔子之“庸”是一个开放的概念，任何企图给出一种解释的尝试最终都会失败，只有将“庸”放进“中庸”的背景之中，将“中”与“庸”联合起来，我们才能更加接近孔子“庸”的实质，也才能更好地解析“中庸”。

3. 仁与中庸

孔子之学时常被称为“仁学”，“仁”在孔子的思想体系中处于非常重要的位置。孔子一生致力于“道”的追寻和实现，“朝闻道，夕死可矣”（《论语·里仁》），而他的“道”的归结点在“仁”，“志于道，据于德，依于仁，游于艺”（《论语·述而》），这就是“仁”成为孔子思想核心的原因。“仁”在孔子的思想中是一个变动的概念，它既指“爱人”（《论语·颜渊》），又指“复礼”（《论语·颜渊》），还是孔子追求的最高道德理想，“仁人”就是最完美的、最合于天道人道的人，“仁”在这个意义上指称全德、至德，也是在这个意义上，我们把孔子的道称为“仁道”。既然孔子的“仁”具有全德、至德的含义，而孔子又说“中庸之为德也，其至矣乎！民鲜久矣”（《论语·雍也》），“中庸”也具有至德的含义，那么，“仁”与“中庸”的关系就自然成为我们探讨的对象。

“仁”“中”“庸”在孔子之前就出现在先秦的典籍中，孔子赋予其新的含义，并拔高了它们在思想史上的地位。孔子说，“大哉尧之为君也！巍巍乎！唯天为大，唯尧则之”（《论语·泰伯》），而尧所遵循的天的法则是“中”：“咨，尔舜！天之历数在尔躬，允执其中。四海困穷，天禄永终。”（《论语·尧曰》）也就是说，孔子所尊崇的天道为“中”，而“德”自天而来，是天道的表现形式，从这个意义上说，“中庸”为至德也是合乎逻辑的必然结论。但是，从以上我们对孔子“中庸”思想的

---

① （宋）朱熹：《四书章句集注》，中华书局1983年版，第17页。

分析可以看出，孔子更多的是从道德标准、道德规范、道德修养的方法等角度论述“中庸”。也就是说，“仁”与“中庸”在作为儒家的道德理想，作为自天而来的“至德”方面是一致的，其内涵也是相同的，“仁”所包含的智、义、礼、勇、刚、毅、木、讷、孝、悌、恭、敬、忠、恕等全部德性，也是“中庸”之德的内容，所不同的是：“仁”侧重于论述德的具体内容，侧重于通过具体德性的修为来实现人自身，实现天道人道；而“中庸”却是一“德性”成其为德性的内在标准，是各个德性之间的完美和谐，是我们进行道德修养的重要方法。

因此，“中庸”虽在《论语》中只出现过1次，但却是孔子思想中很重要的范畴。它既表现了孔子追求至德、全德的理想，又指出了实现中道的方式、方法；既坚持对道的体认，又坚持对道的持守。它的实质是正确与恰当，体现了孔子的理性精神；中庸之道是儒家的最高理想境界，但却表现在日用伦常之中，通过日用伦常我们可以体认中庸，实现中庸。它的核心在于体认，关键在于持守。“仁”与“中庸”并存于孔子的思想之中，两者相辅相成，仁所包含的全部德性就是中庸成为“至德”的内容，而中庸之道也是人成为“仁人”所必须坚持的天道；而且仁所包含的“忠恕”、“内外”之道被子思继承和发展，成为子思中庸思想的重要内容。

（二）子思与中庸

“中庸”不专属于孔子，也不专属于子思，当然也不专属于任何个人，但是中庸概念的流行与孔子、子思密切相关，可以说，孔子开其端，子思继其后，孔子创造了“中庸”一词，赋予其丰富的思想内涵，子思扩充、发扬了“中庸”，使其内涵更加丰富，使其得到了深化、细化和升华。担当此重任的应该主要是子思所创的《中庸》首章和后半段的篇章及其核心概念“诚”。

1. 诚与中庸

“诚”是《中庸》的核心范畴，学术界研究《中庸》的著作中都会涉及“诚”的解析。除此之外，还有大量的关于“诚”的专门研究，如叶蓬的《“诚”析》，张洪波的《〈中庸〉之“诚”范畴考辨》，鲁芳的《论儒家“诚”的起源》等学术论文考释和分析了“诚”范畴的起源和基本含义；步如飞的《先秦儒家“诚”观念研究》，孟耕合的《北宋

〈中庸〉之“诚”思想研究》，李智群的《二程“诚”论研究》等硕士学位论文注重“诚”思想的学术研究和历史梳理；卢风的学术论文《论儒家之“诚”的启示》《“诚”与“真”——论儒家之“诚”对当代真理论研究的启示》注重阐释“诚”对于“真理”道德维度上的意义，而鲁芳的论文《论儒家“诚”与德性的关系》注重从德性的角度论述“诚”的至德、德之本体和德性的心灵根基等性质。这些论文对本节的写作有一定的指导意义。

（1）诚的含义

“诚”是儒家的基本范畴之一，在《中庸》将“诚”提升到至高地位以前，“诚”字已见于先秦的典籍之中。最早的“诚”概念与宗教信仰有关，在《尚书》中，“诚”是指对天帝鬼神的恭敬虔诚，如“惟天无亲，克敬惟亲；民罔常怀，怀于有仁；神无常享，享于克诚”（《尚书·太甲下》），而“诚”字最广泛、最一般的意思是真实无妄、诚信不欺。

在《论语》中，“诚”字共出现了2次，如“诚不以富，亦祇以异”（《论语·颜渊》），“‘善人为邦百年，亦可以胜残去杀矣。’诚哉是言也!”（《论语·子路》）这两个诚都做真实讲，这种用法在其后继续流传，如《周易·乾文言》中的“诚”，乃指文辞所表达的真实内容，如“修辞立其诚”，“闲邪存其诚”，也就是说，在孔子之时，“诚”在儒家内部还只是一个普通的词汇，具有真实、确实等含义，其道德意味还不是很浓。而在《大学》中，“诚”的地位有所提升，“诚意”是八条目之一，是自修之首，其意同于“慎独”，“所谓诚其意者：毋自欺也，如恶恶臭，如好好色，此之谓自谦，故君子必慎其独也!”（《大学·六章》）“诚”在此处主要指自诚无欺，即通过真诚的体认内心挖掘本善，似于其后的“明诚”与“思诚”，道德韵味已非常浓郁。其后，《中庸》将“诚”进一步形上化、本体化，用“诚”作为天道的代表，此时的“诚”不仅含有真实无妄、诚信不欺的道德含义，同时还具有生成、自然、本然、必然等含义。此外，许慎的《说文解字》以信释诚，说明“诚”也有毋欺人，对他人忠诚的一面，而其本体的意义从字源上也可以从其“真实无妄、诚信不欺”的意义引申而出，因为只有本有的东西才可能永远为真。

“诚”作为本体，其首要的功能就是生化万物，所以它就具有了生成、完成的含义。孔子的学说被誉为“仁学”，而“仁学”就是成人之学，其核心就是使人通过道德修养达到完善的人格，实现人的道德理想、实现人自身，他的仁包含成己、成人两个方面，也就是其“忠恕”的一贯之道。《中庸》从本体的高度界定“诚”，赋予“诚”成己、成人、成物三重生成功能，而且这种生成具有本原之意，比之“仁”的修养性生成定位更高，含义更广，但是两者却有逻辑的一致性，都具有维护、完成事物之本性的含义。

本体论上的生成观念始见于《老子》，在《老子》中有明确的道生万物的表述，如“道生一，一生二，二生三，三生万物。万物负阴而抱阳，冲气以为和。”（《老子·四十二章》）“道生之，德畜之，物形之，势成之。是以万物莫不尊道而贵德。”（《老子·五十一章》）老子的具有生成功能的“道”明显是一个本体概念，它“先天地生”（《老子·二十五章》），“独立不改，周行而不殆”（《老子·二十五章》），而且是浑然一体的“有物混成”（《老子·二十五章》），所以道为一，但一之中含有阴阳二气，阴阳二气相互交感而生成万物。这种思想被《易传》吸收，“一阴一阳之谓道。继之者，善也。成之者，性也”（《易传·系辞上》），只是《易传》将“道”直接解释为“一阴一阳”，而略去了由一而二的进程，将“道”气化、实物化，已和老子的“道”有一定的差别。而其“天地之大德曰生”（《易传·系辞下》），“生生之谓易”（《易传·系辞上》）的生成思想和老子却是如出一辙。

《中庸》之“诚”作为本体、本原也具有生化万物的功能，这和老子的思想具有一致性，如《中庸·二十六章》：“故至诚无息。不息则久，久则徵，徵则悠远，悠远则博厚，博厚则高明。博厚，所以载物也；高明，所以覆物也；悠久，所以成物也。博厚配地，高明配天，悠久无疆。如此者，不见而章，不动而变，无为而成。天地之道，可一言而尽也：其为物不贰，则其生物不测。”其“不见而章，不动而变，无为而成”就含有自然而成、本然而成的意味，“诚”在本体的层面上就是自然、本然。但是，“诚”不仅含有“天理之本然”①，而且也是“人事之当然”②，它是“本然”和“当然”的合体，虽然当然以本然为依据和旨归，但人们因各种原因并不能时时处于当然之中，所以，人要实现“诚”就必须通过“三达德”、“五达道”和“戒慎恐惧”的道德修养，这就和老子的废

① （宋）朱熹：《四书章句集注》，中华书局1983年版，第31页。

② 同上。

仁义而纯任自然有根本的不同。

《中庸》之“诚”和《易传》之“易”在生成功能上很相似，但是《易传》强调万物由阴阳二气交感而来，注重生成的外在化过程。而《中庸》强调生成的内在化过程，它的生成更多的是保有万物的自然本性意义上的生成和繁衍，如“惟天下至诚，为能尽其性；能尽其性，则能尽人之性；能尽人之性，则能尽物之性；能尽物之性，则可以赞天地之化育；可以赞天地之化育，则可以与天地参矣”（《中庸·二十二章》）。不管是由诚而明，还是由明而诚，其目的都是维持、保有和恢复万物的自然本性，如果“性”为万物的本有，含于万物之内，那么“诚”的实现就是万物的内在化实现和生成，这一点《中庸》和《易传》有很大的差异。但是《易传》也并非不讲内在、不讲性，如“一阴一阳之谓道。继之者，善也。成之者，性也”（《易传·系辞上》），“乾道变化，各正性命”（《周易·乾卦·彖传》），只是天道、性命、道德修养是儒家关注的核心概念，《周易》作为儒家的经典著作对此肯定有所论及，只是偏重点有所不同而已。

因此，《中庸》之“诚”作为一个道德德目，拥有真实、诚实、忠诚、诚信等含义，同时它是一个本体范畴，是天道人道，拥有生成、自然、本然、必然等含义，同时它也是道德修养的方法即相对于本体的功夫，贯穿于整个内外道德修养之中，是儒家追求的最高的理想境界。上文概述了《中庸》之“诚”的各种含义，并主要论述其生成的本性和功能，及与各家生成之说的联系和区别，下文将通过《中庸》中几个和“诚”联系比较密切的概念进一步阐释“诚”的内涵。

（2）诚与中

《中庸》的首章明确提出，“中”是天下的大本，具有本体的性质，如“中也者，天下之大本也；和也者，天下之达道也。致中和，天地位焉，万物育焉”（《中庸·一章》）。朱熹认为：“大本者，天命之性，天下之理皆有此出，道之体也。达道者，循性之谓，天下古今之所共由，道之用也。”[①] 所以，达到中和，天下万物就会各得其性命之正而生生不息，绵延久远，此种境况与《中庸》二十六章所描述的“诚”生化万物的境况相同，而且在《中庸》二十章里子思明确提出“诚者，天之道也；诚

---

① （宋）朱熹：《四书章句集注》，中华书局1983年版，第18页。

之者，人之道也”，说明“诚”是天道，是万物的本体、本原，“诚”与“中”既然都具有本体的性质，都能够生化万物，那么两者的关系为何，就成为我们必须探讨的问题。

《中庸》二十章在提出“诚者，天之道也；诚之者，人之道也”之后，紧接着做出了进一步的解释，认为“诚”之所以是“天道”，是因为“诚者”能够“不勉而中，不思而得，从容中道，圣人也”（《中庸·二十章》）。也就是说，“诚”就是本然的“中”，是不用勉励和思考、不加任何人为因素的自然而然的状态，也就是朱熹所说的“天理之本然”，而“天理之本然”就是“道之体”，就是“中”。所以，从这个层面上讲，“诚”和“中”是相同的，都是万物的本原，是道体，也就是在这一点上，我们坚持《中庸》为一篇说。但是，既然“诚”和“中”是相同的，那为什么又要引出“诚”这个范畴呢？

“中庸”可以看作一个范畴，也可以看作“中”和“庸”两个范畴，《中庸》在首章中没有提到“中庸”但却提出“中和”，“中和”也是既可为一，如“致中和”，又可为二的，如“中也者，天下之大本也；和也者，天下之达道也”，这就体现了中国哲学的一个特征，即体用不离，言体必言用，言用必言体，“中”为体，“和”为用，但是虽然体用不离，但还没有达到体用不二的境界，而“诚”概念的提出，完成了体用合一的特质。也就是说，“诚”是天道、是体，同时“诚”是人道、是用，“诚”在天道、体的层面上等同于“中”，但在人道、用的层面上等同于“庸”，等同于“和”，“诚”既是“中”又是到达“中”的功夫和方法，“诚”既是本体又是功夫，达到了体用不二的完美境界，“诚”就是“中和”的合一。因此，从这个角度讲，“诚”范畴是有学术意义的，有其逻辑必然性，是儒家思想发展的更高一级形态。

（3）诚与性

在《中庸》中，对“性”比较集中的阐释蕴含在四段话中，而其中有三段话涉及“诚”：

> 天命之谓性，率性之谓道，修道之谓教。（《中庸·一章》）
>
> 自诚明，谓之性；自明诚，谓之教。诚则明矣，明则诚矣。（《中庸·二十一章》）
>
> 诚者非自成己而已也，所以成物也。成己，仁也；成物，知也。

性之德也，合内外之道也，故时措之宜也。(《中庸·二十五章》)

惟天下至诚，为能尽其性；能尽其性，则能尽人之性；能尽人之性，则能尽物之性；能尽物之性，则可以赞天地之化育；可以赞天地之化育，则可以与天地参矣。(《中庸·二十二章》)。

在没有“诚”字出现的第一段中，也隐含着“诚”，因为“诚”为天道，“天命之谓性”当然也可以解释为“诚”本体之流行而谓“性”。因此可以说，解“性”离不开“诚”，解“诚”也离不开“性”，只有“诚”、“性”互解，我们才能深入了解各自的内涵，才能更好地阐释《中庸》的意蕴。

“诚”为天道、为本体，那么自“诚”而来的“性”到底做何解，历来注家的理解不尽相同。二程认为：“性与天道，一也。天道降而在人，故谓之性。性者，生生之所固有也。”[①] 他的解释可分为三点：一是性即是天道，那么“性”就具有宇宙本体的含义；二是“性”为人性，是天性在人身上的体现，那么，这种人性也就具有天然本性的含义；三是强调“性”的本有特征，与前面提到的两点相一致。

朱熹认为：“性，即理也。天以阴阳五行化生万物，气以成形，而理亦赋焉，犹命令也。于是人物之生，因各得其所赋之理，以为健顺五常之德，所谓性也。”[②] 朱熹认为“诚”是“天理之本然”，“性”即“理”，而“理”在朱熹的哲学体系中就是“天理”即本体，那么“性”在此处也可解释为本体之性，而此“性”流行于人物之中，就形成了人性、物性，这种解释与《中庸》二十二章中阐述的诚—性—人性—物性—天的致思理路是一致的。

王夫之认为，“‘性’、‘道’，中也；‘教’，庸也”“是行乎事物而皆以洗心于密者，本吾藏密之地，天授吾以大中之用也。审乎此，则所谓性、道者，专言人而不及乎物，亦明矣”[③]。也就是说，他认为，“性”与“道”皆同于“天下之大本”的“中”，所以，他理解的“性”也是本体之性，只是他认为《中庸》言“性”仅指人之自然本性而不涉及物，所

① （宋）程颢、程颐：《二程集》，中华书局 2004 年版，第 1152 页。

② （宋）朱熹：《四书章句集注》，中华书局 1983 年版，第 17 页。

③ （清）王夫之：《读四书大全说·卷二》，中华书局 1975 年版，第 61、65 页。

以他从本然心体之性的角度解析“天命之谓性”。

由上可以看出，诸家对“性”的解释因其自身理论体系的不同而有所偏差，但都从本体的角度解释《中庸》之“性”，二程认为，“性”既为宇宙层面上的本根性体之性，又为人生层面上的本然心体之性；朱熹认为，“性”既为宇宙层面上的本根性体之性，又为“人”“物”之共相与殊相之性；王夫之则认为，“性”只是特指本然心体之性。虽然各家有所不同，但都能从《中庸》中找到依据，“性”自“诚”而来，自“天”而来，那么，“性”就必然具有宇宙本体的含义，在这个意义上，“性”等同于“诚”，等同于“天”；虽然《中庸》的“诚”有“成已、成人、成物”三重功能，但其主要立脚点却是君子的“慎独”，世人的道德修养和外在事功，所以王夫之将“性”界定为本然的心体之性也有一定的合理性。至此，《中庸》虽然明确提出“诚”本性论，但其中也蕴含着“性”本体论，为孟子和宋明理学家的“心性”本体提供了逻辑理路。当然从性—人性—物性的进程中，“性”也就有了“人”“物”的共相与殊相之性的含义。

同时，“性”既然是本根之性、自然本性，那么“性”的源头“诚”就必然具有本然、自然、必然、天然等含义，“诚”的率性自然、天理本然、万物浑然的意蕴也就开显于自它而流注的“性”之中，而“诚之者”的“择善而固执之”，也就是指人通过道德修养对本然之性的恢复和维持。“诚”不是“善”，但人要实现“诚”就必须经过“善”的修持，同理，“性”不是“善”，但要实现本然之性，却必须通过“为善去恶”的修养途径。当人们完全剔除“诚”与“诚之者”的区别，完全将“性”与“善”的内涵等同起来，就出现了“心性”本体论和“性善”论。

（4）诚与善

《中庸》之“诚”分为天道之诚和人道之诚。天道之诚是万物的本体，是我们追求的目标和理想，而人道之诚的路径就是“慎独”、“择善固执”，修行“三达德”，遵从“五达道”，奉行“国家九经”以期实现天道之诚，实现天然之本性，最终达到万物的生生不息。也就是说，“诚”的实现需要择善、明善、修善、行善的路径，“诚”是本体，“善”就是功夫。

诚者，天之道也；诚之者，人之道也。诚者，不勉而中，不思而

得，从容中道，圣人也。诚之者，择善而固执之者也。（《中庸·二十章》）

在下位不获乎上，民不可得而治矣；获乎上有道：不信乎朋友，不获乎上矣；信乎朋友有道：不顺乎亲，不信乎朋友矣；顺乎亲有道：反诸身不诚，不顺乎亲矣；诚身有道：不明乎善，不诚乎身矣。（《中庸·二十章》）

天下之达道五，所以行之者三曰：君臣也，父子也，夫妇也，昆弟也，朋友之交也：五者天下之达道也。知、仁、勇三者，天下之达德也，所以行之者一也。（《中庸·二十章》）

凡为天下国家有九经，所以行之者一也。（《中庸·二十章》）

"诚"是本体，"诚"本身也是功夫，朱熹对"三达德"、"五达道"的"所以行之者一也"的解释是："一者诚而已。达道虽人所共由，然无是三德，则无以行之。达德虽人所同得，然一有不诚，则人欲间之，而德非其德矣。"[①] 也就是说，只有诚心为知、诚心为仁、诚心为勇，我们才能得到真正的知、仁、勇，虽然人有"或生而知之，或学而知之，或困而知之"（《中庸·二十章》）的区别，但是只要诚心为之，我们一样可以实现和回归人的天然本性。"诚"贯穿于知、仁、勇"三达德"，同时也贯穿于"国家九经"，"修身""尊贤""亲亲""敬大臣""体群臣""子庶民""来百工""柔远人""怀诸侯"九经皆以"修身"为本，而"修身"要以"诚"为本，所以说"凡为天下国家有九经，所以行之者一也"（《中庸·二十章》）。"一者，诚也。一有不诚，则是九者皆为虚文矣，此九经之实也"。[②]

因此，"诚"贯穿于内外德性修养之中，也贯穿于国家事务之中，是我们为人处世的根基，是德性和德行的底蕴，本身就是最为根本的道德修养和功夫。在这个层面上，"诚"就等同于"善"，是到达天道之诚的功夫和路径。所以，"诚"与"善"的关系既是体用关系、本体与功夫的关系，又是等同关系。当"诚"为体时，"善"为用，为功夫；当"诚"为用，为功夫时，"诚"与"善"为一，但此处，"善"却只是功夫，是

---

① （宋）朱熹：《四书章句集注》，中华书局1983年版，第29页。

② 同上书，第30页。

“诚”之用。当孟子将“善”规定为人性之本有时，“善”就具有了本体的意义；当他将本有之善端进行扩充以实现本有、完满之善时，“善”就同时具有了本体与功夫二重含义，这时“善”与“诚”的含义就更为接近。所不同的是，“诚”本体中虽然含有“心性”本体的因素，但并不完全等同于“心性”本体，而是比心性本体有着更为广阔的内容，蕴含了万事万物。所以，孟子之“善”只等同于孟子之“诚”，却不等同于《中庸》之“诚”。

(5) 诚与神

首先，“诚”与“神”两个概念被联系在一起，是在《中庸》二十四章：“至诚之道，可以前知。国家将兴，必有祯祥；国家将亡，必有妖孽；见乎蓍龟，动乎四体。祸福将至：善，必先知之；不善，必先知之。故至诚如神。”有人据此认为，“诚”有神秘主义倾向。如果从行文的体式和外在形式看，这种看法有一定的道理，可问题的关键是，“至诚”为什么就能够如“神”。“诚”为本体，是自然、本然和必然，到达“至诚”就能够了解和洞悉宇宙的变化规律，达到见一叶而知秋的前知境界，就如同主宰人世间万事万物的“神灵”一样。从这个角度看，《中庸》“至诚如神”的观念有其逻辑的前提和以“诚”为本体的基础。

其次，“天”在中国的哲学中一直保持着至高的地位，从宗教至上神的“天”到自然之天、道德之天，从天命到天道，“天”逐渐脱去其神圣不可测的面纱而变得可以与人合一。但是各家所谓的“天”并非单一的“天”，往往保留了“天”的各种形态，《中庸》的“天”当然是天道之“天”，是通过人道修养就可以达到的“至诚”之“天”，但是《中庸》的“天”依然保持了“天命”之“天”的形式，如“天命之谓性”。也就是说，在旧的形式中氤氲新的内涵，是《中庸》的一个特色。所以，在论述“至诚”的前知境界时延用“至诚如神”、“妖孽”、“蓍龟”等带有宗教神秘色彩的词语和论断，是孔子的“述而不作”(《论语·述而》)和解经立言的儒学传统的必然因素。因此，我们在解析中国思想史时，要注重经学传统中的“承”，更要注重“承”之中所蕴含的新意，以及其逻辑关联性。

“至诚之道，可以前知”，就是说达到了“至诚”境界，就可以预知人世间的发展变化，但是，在《中庸》二十六章中，子思说：“天地之道，可一言而尽也：其为物不贰，则其生物不测。”朱熹认为“可一言而尽”的“一”，“其为物不贰”的“不贰”即是“诚”①，那么，既然“至诚”可以前知、可以预测，怎么又会“不测”呢？其实，此处的“不测”不是不可预测，而是不可测算、不可穷尽的意思。在“其生物不测”之后，子思进行了进一步的阐述：“今夫水，一勺之多，及其不测，鼋鼍、蛟龙、鱼鳖生焉，货财殖焉。”“及其不测”就是“及其无穷”，论述的是“诚”生生不息的功能与状态。因此，此处之“不测”与彼处之“前知”并非统一而语，故不可等量齐观。

总之，《中庸》是儒家经典中最难解读的经典，“诚”是《中庸》里最难解读的范畴，究其原因有两点：一是“诚”本身所蕴含的内容太过丰富，以至于似乎所有人都能从中找到与其自身理论相契合的地方，这就为古今的阐释者留下了充足的空间。“诚”既是一个道德范畴，拥有真实、诚实、忠诚、不欺等含义，又是一个本体范畴，具有生生不息的生化功能，拥有自然、本然、天然、必然等含义；它既为天道，又是人道；既为本体，又为功夫；既标示崇高的理想和境界，又立足于基本的内外道德修养和国家事务。它即是“一贯”之道，下学上达、内外贯通、天人合一，正因为它的多层面性、贯通性、丰富性，使它在思想史上占有重要的地位。

二是“诚”与中国思想史上许多经典范畴都有一定的联系，这种联系本身就构成了史的脉络，对这种脉络的挖掘就构成了史本身。《中庸》中出现了“天、道、性、命、明、教、中、和、庸、神、圣、生、善”等重要范畴，而“诚”的含义必须与这些范畴联系起来才能解析清楚，这些范畴又因为与“诚”的关系而获得了新的含义。所以《中庸》和“诚”虽然难懂、难读、难析，却始终是学术界关注的焦点之一，也是儒学研究的必经之路。

2. 中和与中庸

《中庸》第一章是整篇文章的核心和重点，提出了“天”、“性”、“道”、“教”、“慎独”、“中和”等概念。

> 天命之谓性，率性之谓道，修道之谓教。道也者，不可须臾离也，可离非道也。是故君子戒慎乎其所不睹，恐惧乎其所不闻。莫见

① （宋）朱熹：《四书章句集注》，中华书局1983年版，第34页。

> 乎隐，莫显乎微。故君子慎其独也。喜怨哀乐之未发，谓之中；发而皆中节，谓之和。中也者，天下之大本也。和也者，天下之达道也。致中和，天地位焉，万物育焉。

也就是说，文章的题名虽为“中庸”，但是总起性的段落中却没有提到中庸，而是提出了“中和”这一概念。子思为什么会提出中和这个概念，中和与中庸的关系为何，自然会引起解读《中庸》者的关注。二程认为：“中者，只是不偏，偏则不是中。庸只是常。犹言中者是大中也，庸者是定理也。定理者，天下不易之理也，是经也。”[①] 概括而言就是：“不偏之谓中，不易之谓庸。中者天下之正道，庸者天下之定理”[②]。老子曰：“道可道，非常道。”（《老子·一章》）就是说，本体之道肯定是常道，是不易之道，如果是可以变动和更改的，肯定不是本体之道。在这里，二程用不偏解释“中”，用不易（常）解释“庸”，虽然“中”与“庸”的含义不同，但都侧重于“未发”之中的本体含义。换言之，二程是从本体的角度解释中庸的，其“中庸”的含义大体上等同于“中和”之“中”。

朱熹则将“中”解释为“不偏不倚、无过不及”，将“庸”解释为“平常”[③]，即“中”含有“未发”和“已发”两种含义，认为“中庸之中，实兼中和之意”[④] “中和之中，其义虽精，而中庸之中，实兼体用。且其所谓庸者，又有平常之意，则比之中和，其所该者尤广，而于一篇大指，精粗本末，无所不尽，此其所以不曰中和，而曰中庸也”[⑤]。朱熹之所以认为“中庸之中，实兼中和之意”源于他对《中庸》文本，特别是“时中”概念的重视。他认为：“《中庸》一书，本只是说随时之中。然本其所以有此随时之中，缘是有那未发之中，后面方说‘时中’去。”[⑥] 也

---

① （宋）程颢、程颐：《二程集·河南程氏遗书》（卷十五），中华书局 2004 年版，第 160 页。

② （宋）程颢、程颐：《二程集·河南程氏遗书》（卷七），中华书局 2004 年版，第 100 页。

③ （宋）朱熹：《四书章句集注》，中华书局 1983 年版，第 17 页。

④ 同上书，第 19 页。

⑤ （宋）朱熹：《四书或问·中庸或问（上）》，上海古籍出版社、安徽教育出版社 2001 年版，第 45 页。

⑥ （宋）朱熹：《朱子语类》，中华书局 2004 年版，第 62 卷。

就是说，朱熹看到《中庸》文本在很大程度上是对“时中”即“已发”之中的描述和强调，这也是对孔子“中庸”思想的继承，但是，朱熹将思路往前推进了一步，认为“用”本身源于“体”，“用”存在“体”，必然已经存在，所以，《中庸》文本就在开头提了一次“未发”之中，后面就大段论述“时中”了。总体来说，朱熹认为，“中庸”概念包含“中和”，“中庸”与“中和”是整体与部分的关系，所以，《中庸》名为“中庸”而不名为“中和”。朱熹的这种看法较二程的更为全面和宽广，而且这种看法融入了他自己对体用关系的见解，具有很强的建构性。

但是，对于“中庸”与“中和”的关系，朱熹还有另一种说法：“以中对和而言，则中者体，和者用，此是指已发、未发而言。以中对庸而言，则又折转来，庸是体，中是用。如伊川云‘中者天下之正道，庸者天下之定理’是也。此‘中’却是‘时中’、‘执中’之‘中’。以中和对中庸而言，则中和又是体，而中庸又是用。”[①] 换言之，如果“中”是指未发之“中”，那么“中”就是本体之“中”；如果“中”是指已发之“中”，即“时中”、“执中”，那么“中”就是“用”，相对而言，“庸”即是“体”。但是，为什么“以中和对中庸而言，则中和又是体，而中庸又是用”呢？从根本上说，这还是源于朱熹对《中庸》文本及孔子中庸思想的考察，即“‘中庸’之‘中’，本是无过不及之中，大旨在时中上”[②]。也就是说，如果从“时中”（已发）的角度理解“中庸”，则“中庸”就是“用”，而“中和”兼有未发和已发两种含义，自然就是“体”了。朱熹的这种看法比较符合“原始”的中庸思想，也符合《中庸》文本对“中庸”以及“诚”的论述。

《中庸》虽然有未发之“中”及本原之“诚”的论述，但更多的是人向天的回归，是人的内在性超越，是用中、守中、时中、制中，是人对中道的体认和执行。也就是说，《中庸》之中更多的是人之中、动态之中，“中庸”偏重于“发而中节”的和，即中和之和包含了中庸，中和之中高于中庸之中，前者是体，后者是用。王阳明“无善无恶是心之体，有善有恶是意之动”[③] 阐述的就是这个意思，天之中本是无言，本是静，

---

① （宋）朱熹：《朱子语类》，中华书局2004年版，第63卷。

② 同上书，第62卷。

③ 转引自 侯外庐、邱汉生、张岂之主编：《宋明理学史》（上、下），人民出版社2005年版，下册第230页。

即无善无恶，但人不能无动，故性不能无善。人虽向往静，但人却很难达到静，故由我们所执行的中道，所体认的中庸，所达到的更多的是和的境界，而不是中的境界，但是，这并不能阻碍我们对中的向往。为了达到中，我们必须由和，即中节、过犹不及而来，必须由善而来。持守善是为了达到无善无恶、寂然不动而自中的目标，即“从心所欲，不逾矩”（《论语·为政》）的境界。“无善无恶，是谓至善”（《王文成公全书》卷一《传习录》上），善与无善无恶是同一的，前者相对于后者来说是手段，但其自身也是目的。但当“中和”本身成为《中庸》的一个范畴后，“中和”思想就自然而然地融入了“中庸”的研究视野，“中庸”当然也就具有本体的含义了。

此外，在“中庸”与“中和”的关系上还有另一种见解，即“中庸”等同于“中和”，如游氏（游酢）曰：“以性情言之，则曰中和，以德行言之，则曰中庸是也。”[①] 朱熹本人也持有这种看法，只是将“德行”换成“礼义”，认为中庸与中和“其实一也”[②]。也就是说，朱熹认为，人的德性和德行来源于人的性情，是不偏不倚之性的持守，是喜怒哀乐之情的正确，因此，性情之正必然导致德性和德行，而德性和德行本身就是性情之正的体现，故两者只是从不同的侧面述说同一个问题，所以“其实一也”。

此外，孙以楷先生认为：“老子的‘中和’即是孔子‘中庸’之源。后来，儒家经典《中庸》，以中庸名篇却偏偏不解释中庸而解释中和：‘中也者，天下之大本也。和也者，天下之达道也。致中和，天地位焉，万物育焉’。之所以如此，盖因中庸即中和。”[③] 孙先生的意思可以概括为两层：其一，老子的中和思想是孔子中庸思想的来源；其二，《中庸》虽然没有解释“中庸”，但却解释了“中和”，原因是“中庸”的含义同于“中和”的含义，所以，解释了“中和”就等于解释了“中庸”，而孙先生又认为：“‘中’是本，‘和’是达道，‘中和’即无往不达无处不在的本体，此即‘万物负阴而抱阳，冲气以为和’之演绎。”[④] 换言之，《中

---

① （宋）朱熹：《四书章句集注》，中华书局 1983 年版，第 18 页。

② （宋）朱熹：《朱子语类》，中华书局 2004 年版，第 63 卷。

③ 孙以楷、陆建华、刘慕方：《道家与中国哲学·先秦卷》，人民出版社 2004 年版，第 159 页。

④ 同上。

庸》之“中庸”也源于老子之“中和”，甚至同于老子之“中和”。要解释和辨析这两层意思就要弄明白老子的中和思想，《老子·五章》曰：“天地不仁，以万物为刍狗，圣人不仁，以百姓为刍狗。天地之间，其犹橐龠乎！虚而不屈，动而愈出。多言数穷，不如守中。”老子在此处提倡自然之道，认为天地就如同风箱一样，其中为空、为虚、为静，但却可以产生实，产生动，即道体虚静却具有生化万物的实有之功，因此，提倡“守中”。学术界一般将“守中”解释为“保持住天地中虚静的状态”[①]，孙先生也认为“‘守中’即守道抱一”[②]，即持守道体，但是孙先生认为，老子的“道”绝非绝对的无，而是有与无的统一，有与无的融合和恰当。因此他认为，老子的“守中”含有“用中”的方法论思想，继而认为孔子的“用中”是对老子“守中”的继承和改造。[③] 所以，孙先生认为，“老子的‘中和’即是孔子‘中庸’之源”，当然，孙先生的这个论断还包含了一个前提，即他认为：“‘中庸’合用并作为本体论范畴，是孔子的‘一大发现’。”[④] 亦即他认为，孔子的“中庸”是一个本体论范畴或者含有本体之意。本章在前面已经论证了孔子的“中庸”不是一个本体论范畴，而且，孔子的“中庸”主要有“中正”“时中”“用中”“执中”“制中”“过犹不及”等含义，这些意义与其说来源于老子，不如说源于孔老之前的传统思想。如在《尚书》中就出现了“中正” “中德”等概念：

> 汝分猷念以相从，各设中于乃心！乃有不吉不迪，颠越不恭，暂遇奸宄，我乃劓殄灭之，无遗育，无俾易种于兹新邑。（《尚书·盘庚》）
>
> 尔各永观省，作稽中德；尔尚克羞馈祀，尔乃自介用逸。（《尚书·酒诰》）

“德”在西周主要是“处世得宜”的意思，而“中德”也就是正确、

---

① 陈鼓应：《老子今注今译》，商务印书馆 2003 年版，第 96 页。

② 孙以楷、陆建华、刘慕方：《道家与中国哲学·先秦卷》，人民出版社 2004 年版，第 159 页。

③ 同上书，第 160 页。

④ 同上书，第 158 页。

合适之意，“设中于乃心”就是使自己的心符合中正之道，其实质内容就是敬天、孝祖和保民。也就是说，孔子继承和发展了传统的“中正”思想，强调随时处中和以礼制中，并且发展出“过犹不及”和“执其两端”的方法论。当然，我们不能说孔子的中庸思想一定没有受到老子中和思想的影响，但是笔者认为，老子主张“和光同尘”，认为“祸福相依”，与其将其解释为“用中”的方法论，还不如将其理解为老子的辩证法思想和超越精神，后者应该更符合道家风范。

此外，孙先生认为，《中庸》之“中庸”也源于老子之“中和”，笔者认为，孙先生的这种观点很有见地。《中庸》在理论上应该有两个源头：一是孔子的“中庸”思想，另一个应该就是老子的本体论思想，或者如孙先生所言，即老子的“中和”思想，《中庸》引入了“中和”和“诚”两大本体范畴，使《中庸》之“中庸”具有了本体的含义，这是子思的创造。换言之，孙先生之所以将老子的“中和”“守中”看作是孔子“中庸”和《中庸》之“中庸”的共同源头，在很大程度上是因为孙先生没有明确勘察出“中庸”的发展脉络，而将孔子的“中庸”和《中庸》的“中庸”等同了。如果将孙先生的第一层论述后置于《中庸》之“中庸”，如“守道抱一”之“守中”影响了《中庸》的“诚”，可能将更为妥帖。

因此，“中和”在《中庸》篇章中虽然只出现过1次，但却是个很重要的概念。对于“中和”与“中庸”的关系，从不同的角度可以得到不同的答案：如果“中庸”本身具有本体的含义，那么，“中庸”包含“中和”，两者是整体与部分的关系；如果“中庸”只是道体之“用”，是“时中”和已发之“中”，那么，“中和”为体，“中庸”为用，两者是体用关系；如果“中庸”和“中和”只是从不同的角度诉说同一个“东西”，那么，“中庸”等同于“中和”。因为“中庸”本身就是一个变动的范畴，是发展中的范畴，所以，今天的诠释也许就是明天的本有之意。

3. 子思的时中思想

“时中”是“中庸”思想的重要内容之一，子思除了创造出“诚”的概念，深化了“中庸”思想之外，还继承和发展了孔子的“时中”思想。在《五行》篇中，子思认为：“五行皆形于内而时行之，谓之君子。”也就是说，只有将仁、义、礼、智、圣五种德性内化为人的道德品性并在实践中“时时处中”，能够正确地予以运用，才能称得上“君子”。此处为“时行之”而不是“行之”，表现了子思对“行”的正确性、特定性及德性的灵活运用的强调。此外，他认为，“行之而时，德也”，德为天道，如果能够五行和而时行之，我们就能够达到德，达到天道。说明“德”即是天道，而“时时处中”是到达天道的必要途径。

此外，在《礼记·檀弓上》《孔丛子·居卫》等典籍中论述子思的言论时也出现了“时中”思想：

> 子思之母死于卫，柳若谓子思曰：“子，圣人之后也。四方于子乎观礼，子盍慎诸！”子思曰：“吾何慎哉！吾闻之，有其礼，无其财，君子弗行也。有其礼，有其财，无其时，君子弗行也。吾何慎哉！”（《礼记·檀弓上》）
>
> 曾子谓子思曰：“昔者我从夫子游于诸侯，夫子未尝失人臣之礼，而犹圣道不行，今吾观子有傲世主之心，无乃不容乎？”子思曰：“时移世异，各有宜也。当吾先君，周制虽毁，君臣固位，上下相持若一体然。夫欲行其道，不执礼以求，则不能入也。今天下诸侯方欲力争，竞招英雄以自辅翼，此乃得士则昌，失士则亡之秋也，伋于此时不自高，人将下吾，不自贵，人将贱吾。舜禹揖让，汤武用师，非故相诡，乃各时也。”（《孔丛子·居卫》）

在《礼记·檀弓上》中，子思认为，君子行丧，要有礼、有财、有时，虽然有礼、有财，但时机、形势或具体情形不允，君子亦不行；在《孔丛子·居卫》中，子思提出“时移世异，各有宜也”的思想，认为时代变迁了，世事变化了，人的行为也应该有所变化，但是如果其行为是符合当时的形势的，那么应该是正确的，明显地体现了他的“时中”思想。

（三）孟子与中庸

“中庸”成为中国思想史上一个重要的范畴，有一个成形、深化、普及的过程。在这个过程中，孔子使其成形，子思使其深化，而孟子则使其无所不在，政治、经济、思想、伦常，到处都有“中庸”的影子，有形、无形地规范着孟子的整个思想体系。

1. 时与中庸

孔子提出“时中”的观念，要求人们根据实际情况做出正确的判断和行为，不可固执。孟子将这一思想应用于一切事物，小之如农作物的生长，大之如整个人类社会的发展，都应因时而动。唯有如此，才能时时处中，合于中道。如《孟子·梁惠王上》中“不违农时”的观念就是对孔子“使民以时”思想的发挥：

> 不违农时，谷不可胜食也；……斧斤以时入山林，材木不可胜用也。……鸡豚狗彘之畜，无失其时，七十者可以食肉矣。百亩之田，勿夺其时，数口之家可以无饥矣。……七十者衣帛食肉，黎民不饥不寒，然而不王者，未之有也。
>
> 彼夺其民时，使不得耕耨以养其父母。父母冻饿，兄弟妻子离散。彼陷溺其民，王往而征之，夫谁与王敌？

首先，他认为，国君如果可以做到“不违农时”“无失其时”“无夺其时”，就可以强国富民称王天下；如果过多地侵占民众的时间，使其错过了耕种的时机就会导致全国人挨饿受冻、妻离子散。这样的国家的战斗力极弱，很容易被攻伐，就很容易导致身死国亡。这是孟子很典型的“民时”思想，也是其很重要的政治思想。同时，孟子主张推恩，主张与民同乐，主张以“仁”治天下的仁政思想，也是对孔子的忠恕思想及《中庸》的成己、成物思想的实际运用。

其次，孟子将孔子称为“圣之时者”，认为孔子是持守“中道”的楷模，是“集大成者”，达到了“可以速而速，可以久而久，可以处而处，可以仕而仕”（《孟子·万章下》）的最高境界。而“禹、稷当平世，三过其门而不入，孔子贤之。颜子当乱世，居于陋巷，一箪食，一瓢饮；人不堪其忧，颜子不改其乐，孔子贤之”（《孟子·离娄下》）。这三位的行为不同，孔子却同时以“贤”者名之，就在于他们能根据世事做出恰当的行为，符合“时中”的原则。

另外，孟子提出了著名的格言“彼一时，此一时也”（《孟子·公孙丑下》），认为时代不同、形势不同，人的情感也会有所不同。在圣君莅位之时，“君子不怨天，不尤人”（《孟子·公孙丑下》），而身在乱世，君子自然会忧天悯人、面有不豫之色。他认为，人的情感的抒发也是应时而动的，丰富了“时中”的内涵。

2. 权与中庸

“以礼制中”是实现中庸之道的主要方法和途径，体现了礼仪、伦常的重要性。但是要完全实现中庸之道，仅仅靠礼仪、伦常等外在规范是不行的，因为中庸不是固定的折中模式，而是“中无定体，随时而在”[①]，这就需要根据实际情况加以权衡比对，做出最符合实际的言行举止，只有这样，我们才最接近中道。“权”概念的出现体现了这一思想。

“权”在《论语》里出现过三次：

> 谨权量，审法度，修废官，四方之政行焉。兴灭国，继绝世，举逸民，天下之民归心焉。(《论语·尧曰》)
>
> 子曰：“柳下惠、少连，降志辱身矣，言中伦，行中虑，其斯而已矣。”谓“虞仲、夷逸，隐居放言，身中清，废中权。我则异于是，无可无不可。”(《论语·微子》)
>
> 可与共学，未可与适道；可与适道，未可与立；可与立，未可与权。(《论语·子罕》)

“谨权量”之“权”指的是量轻重的衡量，是“权”的比较原始意义的运用；“废中权”指虞中、夷逸逃世隐居，放言直行，虽然保持了真我，但是放弃了世事的权谋，此处之“权”主要指参与世事的权谋，可引申为虞中、夷逸只知自我保全、固守执一，而不知通达权变；“可与立，未可与权”是指人在学习和修养的四个阶段——学、道、立、权中，通权达变是最难做到的，是道德修养的最高境界，此处之“权”是纯粹意义上通达权变的运用。

在《论语》之中，权字虽然只出现了3次，但是通权达变的思想却无处不在，如孔子说，“人而无信，不知其可也”（《论语·为政》），说明了孔子对“信誉”“信用”的强调，但他又说“言必信，行必果，硁硁然小人哉”（《论语·子路》），认为只讲信用，却不明事理的人，不过是小人罢了。同是“信”，有的时候该讲，有的时候就不该讲，反映了孔子权变的思想。

“权”字没有出现在《中庸》中，其思想也没有被《中庸》明显地

---

① （宋）朱熹：《四书章句集注》，中华书局1983年版，第19页。

予以强调，但权变的思想并没有因此沉寂，而是显扬和流行于整部《孟子》之中。孟子使用“权”字的频率并不高，只有3次，但权变思想却是孟子的重要思想之一。

> 权，然后知轻重；度，然后知长短。物皆然，心为甚。（《孟子·梁惠王上》）
>
> 杨子取为我，拔一毛而利天下，不为也。墨子兼爱摩顶放踵利天下，为之。子莫执中，执中为近之。执中无权，犹执一也。所恶执一者，为其贼道也，举一而废百也。（《孟子·尽心上》）
>
> 嫂溺不援，是豺狼也。男女授受不亲，礼也；嫂溺援之以手，权也。（《孟子·离娄上》）
>
> 万章问曰：“《诗》云，‘娶妻如之何？必告父母。’信斯言也，宜莫如舜。舜之不告而娶，何也？”孟子曰：“告则不得娶。男女居室，人之大伦也。如告，则废人之大伦也，以怼父母，是以不告也。”（《孟子·万章上》）

孟子认为，人心如同物一样是需要权衡的，如果死板地固守中道，看似接近中道，其实是对道的伤害，使道失去包罗万象的宽容而陷入狭窄；礼仪固然是要遵守的，但是如果固执不知变通，就会伤害人之本性，使人与豺狼同类。如果我们要“时时处中”，就必须对具体情形进行分析、比对权衡，所以说，“权”是“时中”的必然手段，是“时中”的延伸，也是儒家道德修养的高级形态。在孟子这里，“权”主要运用在对仁与义、仁与礼的抉择上，儒家的仁与义、仁与礼是统一的，但是毕竟不能做到完全的统一。因此，当彼此之间发生冲突时，就必须二者选一，这就需要权衡。

权的对立面是“经”，是“常”，是“礼”，是对传统的礼仪伦常的置弃，但其目的却和“经”“常”及“礼”一样，是持守中道，达到正确，就如同朱熹所说的：“经者道之常，权者道之变。道是个统体，贯乎经与权。”① “经”与“常”以一定的礼仪制度为准则，容易遵循，但“权”与“变”的正确更多的是依靠主体的道德修为、道德境界，因此，

---

① （宋）朱熹：《朱子语类》，中华书局2004年版，第37卷。

孔子认为，“可与立，未可与权也”，朱熹有“至于权，则非圣贤不能为也”[①] 的感叹。但是“权变”并非无迹可寻，孔孟在进行通权达变的时候，是有一定依据的。其依据就是“仁”与“义”：

君子无终食之间违仁，造次必于是，颠沛必于是。（《论语·里仁》）

志士仁人，无求生以害仁，有杀身以成仁。（《论语·卫灵公》）

君子之于天下也，无适也，无莫也，义之与比。（《论语·里仁》）

仁也者，人也。合而言之，道也。（《孟子·尽心下》）

大人者，言不必信，行不必果，唯义所在。（《孟子·离娄下》）

生亦我所欲也，义亦我所欲也；二者不可得兼，舍生而取义者也。（《孟子·告子上》）

通过以上引文可知，在孔子和孟子的思想中，仁与义占有极高的位置，仁是道，义是行为的最高标准，孔子可以“杀身以求仁”，孟子可以“舍生而取义”。也就是说，孔孟虽然注重礼仪规常，但是如果礼仪规常与仁、义相矛盾时，他们会舍礼仪而就仁、义，舍外在之形式而就内在之情理。在仁、义、礼三者中，他们首选前两者。那么，在前两者发生矛盾时，他们会作何选择呢？他们会舍义而取仁，舍理而就情。

在先秦儒家中，仁与义并不能截然分开，仁是义之仁，义是仁之义，但是两者也有不同的特性和使用范围。这主要表现在两个方面：一是大罪用义、用斩，小罪用仁、用匿，如《五行》：“不简，不行。不匿，不辩于道。有大罪而大诛之，简也。有小罪而赦之，匿也。有大罪而弗大诛也，不行也。有小罪而弗赦也，不辩于道也。”“简，义之方也。匿，仁之方也。强，义之方也。柔，仁之方也。”二是处理家族内部的人事用仁，处理家族外部的人事用义，如《六德》：“仁，内也。义，外也。”“门内之治恩掩义，门外之治义斩恩。”

先秦诸子时期，宗法制虽然在政治领域逐步瓦解，但是在社会层面依然存在，因此就形成了注重情感、注重血缘亲情的习俗。所以，在处

① （宋）朱熹：《朱子语类》，中华书局2004年版，第37卷。

理人事上与西方以公正和法律为先的做法不同，认为小罪可匿大罪则斩，为人们留下了可以改过自新的机会，具有温情的一面；同时，在家族内部施行仁德，在家族外部施行义德，这种规则也为孔子所认同。孔子很注重正直的品性，认为“人之生也直，罔之生也幸而免”（《论语·雍也》）。坚持正当的、合乎义的行为“其身正，不令而行；其身不正，虽令不从”（《论语·子路》）。但是对“其父攘羊，而子证之”的行为却提出批判，认为“父为子隐，子为父隐。——直在其中矣”（《论语·子路》）。孔子在处理这件事情上运用的就是小罪匿大罪斩和仁内义外的规则，这种规则有其社会基础和一定的合理性。但是，如果这两个规则之间发生了矛盾，我们又该如何处理呢？也就是说，如果自己的父亲犯了大罪、杀了人，我们该如何处理，孟子就遇到了这样的问题，如《孟子·尽心上》：

> 桃应问曰：“舜为天子，皋陶为士，瞽瞍杀人，则如之何？”
> 孟子曰：“执之而已矣。”
> “然则舜不禁與？”
> 曰：“夫舜恶得而禁之？夫有所受之也。”
> “然则舜如之何？”
> 曰：“舜视弃天下犹弃弊蹝也。窃负而逃，遵海滨而处，终身欣然，乐而忘天下。”

孟子认为，杀人者应该被逮捕、监禁，这是合于法度，合于义理的，就算杀人者是自己的父亲，统治者也不能加以阻止，在这个层面上，孟子是坚持正义的，坚持大罪斩的原则的。但是孟子并没有就此打住，而是为舜选择了“弃天下”“窃负而逃”的道路，这种选择看似两者兼顾，既坚持了义又选择了仁，选择了孝。但是舜为了“仁”而劫狱逃跑本身就是对人自身内部正义的放弃，也是对整个社会正义的违反。也就是说，小罪匿大罪斩、仁内义外并不能完美地解决所有的问题，孟子的选择反映了仁、情感是儒家伦理的最终皈依。

仁、义、礼的统一是儒家极力追求的目标，但是他们最终还是要面对三者之间的分歧，这就需要权衡轻重。在权衡的过程中，他们首先置弃的是礼，然后是义，最终归结点是仁。这是由其血亲宗法制决定的，又是血亲宗法制的有力支持。国人不是不讲究正义，只是正义最后要向亲情低头，这是儒家文化的底蕴。

3. 性善与中庸

对于“性”，孔子并未多言，“夫子之文章，可得而闻也；夫子之言性与天道，不可得而闻也”（《论语·公冶长》）。其直接的言论“性相近也，习相远也”（《论语·阳货》），也没有涉及性善恶的问题。但是孔子的名言“天生德于予”（《论语·述而》），天在我身上生了这样的品德，却蕴含着性善论的因素。

在孔子的存而寡论与孟子的“性善论”之间，子思起了很重要的作用。他不仅提出了“天命之谓性”的先验人性论思想，而且《中庸》“诚”思想的实质内含就是善（如上文所述）。因此可是说，孟子的性善论直接来源于《中庸》，是对“中庸”人性思想的合理延伸和强化。

> 居下位而不获乎上，民不可得而治也。获于上有道，不信于友，弗获于上矣。信于友有道，事亲弗悦，弗信于友矣。悦亲有道，反身不诚，不悦于亲矣。诚身有道，不明乎善，不诚其身矣。是故诚者，天之道也；思诚者，人之道也。至诚而不动者，未之有也；不诚，未有能动者也。（《孟子·离娄上》）

孟子的这段文字与《中庸》第二十章的字句非常相似，在“诚身有道，不明乎善，不诚其身”的观点上完全一致。两者最大的区别是子思认为“诚之者，人之道也”，而孟子认为“思诚者，人之道也”，在“诚”字之前加了一个“思”字，突出了人的主观能动性，这与孟子的整个思想体系是吻合的。

孟子首倡性善论，认为人的本性是善的，其理论依据除了“天命之谓性”之外，还有人本有的善端，即四心，人性的实现就是人本有之四心的扩充与成长。所以与子思相比，孟子更注重人的主体性、内在性。在天人关系上，更注重人对自我天性的挖掘，更注重天性在人自身中的开显。也就是说，更注重人，更注重由人至天，由明至诚。如“尽其心者，知其性也。知其性，则知天矣。存其心，养其性，所以事天也”（《孟子·尽心上》）。

人性思想是中庸思想的一个重要分支，孟子性善论的提出以及使其成为仁政思想的理论基石的运用，与性善论对后世的广泛影响，使得“中庸”从文人群体流传到民生百态之中，孟子对中庸思想的流行与传播起到了很大的作用。同时，因为孟子对“时中”、“权”及人的内在性、主体性的强调，使得“中庸”内省一途至于极致，不免就有了引外入内、融外于内的褊狭。

因此，孔子提出了“中庸”范畴，并赋予其丰富的思想内涵：中庸为至德、全德；中庸之道是人们应该遵守的最正确、最恰当的中道；为了达到中庸，我们必须坚持“以礼制中”“过犹不及”的方法，但也不能固执守中，而应该“时时处中”，根据实践情况确定最正确的言行举止，做到经与权的统一；实现中庸之道的关键是体认中庸、持守中庸。子思继承和深化了孔子的中庸思想，提出了“诚”概念，使中庸达到了本体论的高度，并且将零散的中庸思想的各个要素统一起来：天道与人道、功夫与本体、德性与方法、理想与现实、内在与外在、人与物统一于“诚”之中，使中庸思想具有了逻辑性、体系性。此外，生生之德也被引入中庸，增加和丰富了中庸的内容。《孟子》中没有出现“中庸”的字样，但中庸思想却贯穿于整部《孟子》之中，尤其是孟子对“时”与“权”及本性善端的强调，使得中庸思想的内在化达到了极致。也就是说，“中庸”思想包罗万象，我们可以从各个角度理解和阐释“中庸”：一是本体中庸，即“诚”和“中和”；二是中庸之道，即中道和明道（诚之者）；三是中庸之德，既指和中庸之道相关的全德、总德，如“仁”、“诚”，又指“时中”所蕴含的最高德性，即“至德”；四是一种方法论；五是《中庸》文本所包含的人性论、生化论、修养论等。

二　中道

中道思想在西方思想史上的地位远不如中庸在中国思想史上的地位，但是中道也是西方特别是古希腊广泛流传的观念，亚里士多德最早运用了“中道”一词，并将中道思想贯穿在其整个思想体系之中，而且他的伦理学就是建立在对中道的分析和把握之上的。因此，探析亚里士多德的中道思想，并与儒家的中庸思想进行比较就是必要的，也是儒家与古希腊伦理学比较研究的必然课题之一。

（一）中道思想的来源

“中道”一词虽然最早出现在亚里士多德的著作中，但在他之前，中道、适度等观念就已广泛流传开来，如格兰特（Alexander Grant）所说：“在亚里士多德之前，它确是一个广泛应用的哲学观念，虽然具有极其有限的发展史。”[①] 据载，在古希腊德尔菲（Delphi，也译作特尔菲）太阳庙的庙墙上刻有一些铭文，其中有两条最为著名：一条是“认识你自己”，另一条是“不要过度”。这种“不要过度”的中道思维方式也是早期古希腊哲学家的重要思想。

在希腊哲学史上，米利都学派的代表人物泰勒斯就被认为曾提出“无物太多：善来自适当的尺度”[②] 的言论。毕达哥拉斯在《金言》中明确提到：“一切事情，中庸是最好的。”[③] 德谟克利特认为，“对一切沉溺于口腹之乐，并在吃、喝、情爱方面过度的人，快乐的时间是很短的”[④]，因此“恰当的比例是对一切事物都好的，无论豪富或赤贫在我看来都不好”[⑤] “中等的财富比巨大的财富更可靠”[⑥]，因为欲望过度就会引起痛苦，快乐就会结束；豪富和赤贫一样都是两个极端，都容易为许多不幸和困难所烦扰，所以在德谟克利特看来，适中是最完美的。上述的适度、中庸、适中等思想为后来亚里士多德“中道”思想的出现提供了理论来源。

此外，亚里士多德的中道思想也受到柏拉图的影响。亚里士多德的理论是在批判、修正其他思想家思想的基础上建立起来的，同时又受到他所批判的对象的影响，这一点在亚里士多德对柏拉图的批判和继承上表现得最为明显。在亚里士多德的各个思想领域都可以看到其对柏拉图的否定，但同时他的思想中又包含着柏拉图的影子，其中道思想与柏拉图的关系就是一个很好的例子。在《斐莱布篇》中，柏拉图将事物分为四类：有限、

---

① Alexander Grant, *The Ethics of Aristotle*, Vol. I (London: Longmans, Green, and Co., 1885), p. 252.

② ［古希腊］第欧根尼·拉尔修：《名哲言行录》（上），马永翔等译，吉林人民出版社 2003 年版，第 26 页。

③ 周辅成：《西方伦理学名著选辑》（上），商务印书馆 1994 年版，第 16 页。

④ 北京大学哲学系外国哲学史教研室编译：《古希腊罗马哲学》，三联书店 1957 年版，第 118 页。

⑤ 同上书，第 111 页。

⑥ 同上书，第 107 页。

无限、有限与无限的混合物、混合与产生事物的原因。柏拉图认为，善是一种混合物，是无限（快乐和欲望）与有限（法律和秩序）在理性的作用下产生的混合，而混合的标准就是尺度，“凡有产生，在有限的帮助下从尺度中产生的东西都属于第三类”[①]。同是他认为，在善的混合物中，尺度或恰当是第一位的。亚里士多德的混合本性及伦理德性就是中道的理论，与柏拉图此处的论述很接近，我们不能论断亚里士多德到底在多大程度上借鉴了柏拉图的理论，但是其受到柏拉图的影响却是可以肯定的。

（二）中道思想的理论基础

1. 生物学

亚里士多德除了是一位伟大的哲学家外，还是一个很有建树的自然科学家，他的研究领域很广泛，包括物理学、天文学、气象学、化学、生物学、心理学等。他在每个领域都取得了一定的成就，而在生物学领域尤为显著，关于这方面的著作占到现存亚里士多德著作的1/5，它对亚里士多德整个思想体系的重大影响，就如同数学对柏拉图思想风格的决定性作用一样。罗素就曾说：“柏拉图是数学的，而亚里士多德则是生物学的。”[②]

亚里士多德生物学对其伦理学的影响主要表现在，亚里士多德从生物学的角度来界定人的位置：首先，人是动物，与其他动物有许多相似性、共同性，如“在儿童身上尽管可以看到其后来将会具有的品性之迹象或渊源，然而在这一时期他们的灵魂可以说与兽类的灵魂毫无差别”[③]，“故人与有足的胎生动物，此外再加上一切有血的卵生动物，全都具有这样五种感觉”[④]。其次，人处在神兽之间。亚里士多德认为，自然界经历了从无生命到有生命、从低级生命到高级生命的演变历程，而人是自然进化中的一个环节，不是什么特殊的神灵，并且大胆地预言或者猜测说，可能已经有比人还要高贵的进化种类：“有些动物除了这些能力之外，还有进行位置运动的能力，另一些具有理智，如人。也许还有其他类的东西甚至比

① ［古希腊］柏拉图：《柏拉图全集》第3卷，王晓朝译，人民出版社2003年版，第199页。

② ［英］罗素：《西方哲学史》（上），何兆武、李约瑟译，商务印书馆1963年版，第221页。

③ ［古希腊］亚里士多德：《动物志》，颜一译，中国人民大学出版社1996年版，第588a30—35页。

④ 同上书，第532b34—35页。

人更高贵。”①

因为人是动物，所以人永远无法摆脱动物的某些属性，如食色之欲、趋乐避苦的自然属性。但是人又高于其他动物，拥有理性能力，此种能力是对神性的分有，因此，人既有向往善、追求美好生活的愿望，又有正确的理性判断和思维能力。人处于神兽之间的位置决定了人虽分有神性但却不是神，人虽是动物但却高于动物，此种境况决定了人只能在神与兽之间，情欲与理性之间寻找自己最恰当的契合点，这就为中道思想的产生奠定了基础。

2. 心理学

美国哲学家梯利曾指出：“亚里士多德的伦理学学说以他的形而上学与心理学为基础，是历史上最早出现的广博和科学的理论。”② 其中道思想的心理学基础有两个：一是“灵魂和躯体是不能分离的”③，在这点上，亚里士多德与柏拉图不同。亚里士多德和柏拉图都是二元论者，但是柏拉图强调二元对立，强调灵魂对肉体的超越和绝对控制，而亚里士多德追求的是二元相合、二元不离。正因为灵魂与肉体是不可分的，所以人必然位于灵魂和肉体中间，而完整的、现实意义上的人既具有灵魂又具有肉体，人的行为和思想是灵魂和肉体共同起作用的结果。

二是灵魂的三级形态与功能论。《论灵魂》指出生物都具有灵魂，人的灵魂的特有功能是理性，这是人与其他动物得以区分的关键，同时人的灵魂也具有植物的营养功能和动物的感觉功能，即灵魂的每一种高级形式都包含着前面所有的低级形式，理性灵魂要建立在感觉、知觉、欲望等之上。所以人的美好生活和道德标准只有建立在对人的正确定位上才是正确的、可行的。人是有理性的，而且理性是人的特性，所以道德的生活必然是理性的生活，但同时人具有肉体、具有灵魂的低级形态，所以道德的生活必然与人的情感和欲望有关。正是因为人的灵魂和肉体的不可分、情与理的默契、理性与欲望的契合，才成为我们追求的目标，中道思想才得以

① ［古希腊］亚里士多德：《论灵魂》，秦典华译，中国人民大学出版社 1996 年版，第 414b17—19 页。

② ［美］梯利：《西方哲学史》，［美］伍德增补，葛力译，商务印书馆 2005 年版，第 93 页。

③ ［古希腊］亚里士多德：《论灵魂》，秦典华译，中国人民大学出版社 1996 年版，第 413a5。

成立。

3. 形而上学

亚里士多德的形而上学思想主要体现在其论著《形而上学》中，其次《物理学》《范畴篇》也有论述本体和本原的部分内容，对其伦理学的影响主要表现在两个方面：一是两大实体形式与质料；二是居间者的存在。在《形而上学》中，亚里士多德批判了柏拉图的理念实体和毕达哥拉斯的数字实体，提出了四大实体：形式、质料、个别事物、神，其中个别事物是由形式和质料构成的，神是不运动、不可分离、没有体积、没有部分的永恒特殊实体。因此，和生成与运动有关的普遍实体就只有两个：形式和质料，而且这两者在现实中是不可分离的，如"心灵思维抽象对象就仿佛一个人思想'塌鼻'一样，作为'塌鼻的'，离开了肌肉就无法思维它，但作为'中空的'，如果我们在现实中能够这样来思想它，那么，即使脱离开中空所赖以存在的肌肉我们也能思维它。所以，当心灵思维数学对象时，它把它们设想为分离的，尽管它们并不能分离存在"①。因此，亚里士多德虽然也是二元论者，但是"它超越了二元论者和化约论的唯物主义者之间的简单化的争论"②。他没有使其中任何一元独立、割裂地存在，而是将两者结合起来，任何一个个别事物都是由形式和质料两者构成的，缺一不可，人也不例外。这就为中道思想的出现奠定了理论基础。

亚里士多德从理论上论述了居间者的存在，"并非任何事物要么是好的，要么就是坏的。介于这两者之间的，还可以有某种中间物，如灰色、黄色以及所有其他颜色就介于白色和黑色之间，在好和坏之间存在着既非好也非坏的事物"③。从哲学视角看，任何连续的事物都是可分的，其中也就必然存在着居间者，存在着中道。此外，亚里士多德认为："矛盾中没有居间者，相反却允许有居间者。"④ 因为一切相反都是某种缺失，而

① ［古希腊］亚里士多德：《论灵魂》，秦典华译，中国人民大学出版社 1996 年版，第 431b12—17 页。

② ［美］加勒·汤姆森、马歇尔·米斯纳：《亚里士多德》，张晓林译，中华书局 2002 年版，第 72 页。

③ ［古希腊］亚里士多德：《范畴篇》，秦典华译，中国人民大学出版社 1996 年版，第 12a16—21。

④ ［古希腊］亚里士多德：《形而上学》，苗力田译，中国人民大学出版社 2003 年版，第 1055b3 页。

缺失都有居间者，而且在两个相反者中间的状态是最好的，“因为相反的双方彼此毁损，而端点的两极既彼此相反，又与中点相反”[①]。与中间相比，两端者常表现为极端，而只有中间状态是和谐的、美好的，比如在放纵和麻木不仁之间，节制是最好的。

亚里士多德的中道思想是其伦理学的核心，其整个道德德性就是对中间状态的追求和界定，而此思想是建立在他的生物学、心理学和形而上学基础之上的。亚里士多德的体系中虽然存在着相互矛盾的地方，如对第一实体的界定，《范畴篇》和《形而上学》是不同的，但是二元结合、理欲契合的中道思想却是一贯的。

（三）中道思想

1. 中道思想的内容

（1）基本内涵

如前所述，亚里士多德的中道思想有一定的思想渊源，也贯穿在其整个思想体系之中，但对中道思想明确的、集中的阐释是在其伦理学中。在《尼各马科伦理学》第二卷中有一段话是亚里士多德对德性的定义，其中也包含了他对中道思想比较全面的解释和论述：

> 德性作为对于我们的中庸之道，它是一种具有选择能力的品质，它受到理性的规定，像一个明智的人那样提出要求。中庸在过度和不及之间，在两种恶事之间。在感受和行为中都有不及和超越应有的限度，德性则寻求和选取中间。所以，不论就实体而论，还是就是其所是的原理而论，德性就是中间性，中庸是最高的善和极端的美。[②]

首先，中道受到理性的规定，像明智的人那样提出要求，这就意味着中道是一种正确之道，正确性是它的根本属性之一。我们之所以坚持中道，就是因为它是正确的，通过它我们能获得德性，做出正确的选择，过上美好的生活。如“一切都回避，一切都惧怕，什么也不敢坚持就会变

① ［古希腊］亚里士多德：《优台谟伦理学》，徐开来译，中国人民大学出版社 2009 年版，第 1220b30—31 页。

② ［古希腊］亚里士多德：《尼各马科伦理学》，苗力田译，中国人民大学出版社 2009 年版，第 1107a1—6 页。

成懦夫。反之，天不怕地不怕，横冲直撞就会变成莽汉。有的人沉湎于一切快乐，不能自拔而成为放纵。有的人则如一个苦行者，回避一切快乐而成为冷漠无情的人。这就足以证明，节制和勇敢被过度和不及所破坏，而为中道所保存。"①

其次，中道就是适度、恰当、合适，它是最适合于我们的道路，通过它我们可以获得健康和幸福。如"锻炼过多或过少都会损害体力。过多的饮食和过少的饮食都会损害健康。唯有适度才能造成健康，并增进和保持它们"②。但这种适度和恰当不是一种死板的、固定的中间值，而是相对于我们的适度，相对于我们的中间，它会因时间、地点、关系、境况、目的等不同而有所变动，我们只有"在适当的时间、适当的场合、对于适当的人、出于适当的原因、以适当的方式"③ 去感受和行动才是真正地坚持了中道，才是最好的。

此外，中道在过度和不及之间，在两种恶事之间，它寻求的是中间性，是对中间的命中，这也是中道得以命名的关键。中道在方法上和实质上是对中间点的追寻，它在位置上和状态上属于中间及和谐，但在目的上和境界上却是一种极端，是一种"最高的善和极端的美"。所以中道既是中间又是极端，既具有中间性又具有极端性。

（2）伦理德性的标准

德性既然受到理性的规定，如同明智的人所作的那样，那么，理性或明智就是伦理德性的标准和尺度，如"每一种品质都有自己的美好与快乐，而最大的区别似乎就是明智的人能在每一事物中看到真理。所以，他们就是准则和尺度"④。也就是说，明智的人之所以是标准和尺度，是因为他们看到了真理，坚持了真理，而在伦理德性中，这个真理就是中道。"德性则寻求和选取中间。所以，不论就实体而论，还是就是其所是的原理而论，德性就是中间性"⑤。所以，理性是德性的标准和尺度，但理性

---

① ［古希腊］亚里士多德：《尼各马科伦理学》，苗力田译，中国人民大学出版社 2009 年版，第 1104a19—28 页。

② 同上书，第 1104a16—18 页。

③ ［古希腊］亚里士多德：《尼各马可伦理学》，廖申白译，商务印书馆 2003 年版，第 1106b19—21 页。

④ ［古希腊］亚里士多德：《尼各马科伦理学》，苗力田译，中国人民大学出版社 2009 年版，第 1113a31—33 页。

⑤ 同上书，第 1107a4—5 页。

寻求的标准和尺度本身则是“中间性”，即中道，因此就实质而论，中道既是伦理德性的目标也是伦理德性的标准和尺度。

此外，“伦理德性就是关于快乐和痛苦的德性”[①]，是一种关于快乐和痛苦的较好的行为原因。所以，伦理德性是一种与情感相关的品质，而且是一种与情感相关的适度的品质，如勇敢是与恐惧相关的，在面对恐惧的时候，过度就是莽撞，不及就是懦弱，而中间和适度就是勇敢；再如，节制是与肉体的快乐相关的（与痛苦的关系较少），在肉体的快乐方面，过度就是放纵，不及就是麻木不仁，而适度和中间就是节制。所以，从这个角度来看，中间性即中道也是伦理德性的标准，达到了中道就会获得和拥有德性，要不就与德性背道而驰。

（3）伦理德性本身

如上所述，中道是德性寻求的目标，也是伦理德性的标准和尺度，但同时，我们也可以说它是伦理德性本身。“德性就是中庸，是对中间的命中”[②]，“我们已经说明了德性的共性，概略地讲了讲它的种，它是中庸和品质”[③]。也就是说，从种和属差的界定上，伦理德性是一种中间性的品质，即中道就是伦理德性定义的实质内容和定义本身。

2. 中道的获得

（1）获得方式

①实践

如上所述，中道就是伦理德性本身，因此德性获得的方式与中道获得的方式是一致的、同一的。现实活动是德性获得的必要手段，也就是中道获得的必要手段。对于亚里士多德来说，人具有自然德性，或潜在的德性，但并不具有我们所命名的社会德性以及完全德性，我们只有通过行动才能获得德性，或者说，幸福本身就是灵魂合于完满德性的现实活动。所以说，实践或现实活动是德性和中道获得的首要条件和必要条件。

> 德性却不同：我们先运用它们而后才获得它们。这就像技艺的情形一样。对于要学习才能会做的事情，我们是通过做那些学会后所应

① ［古希腊］亚里士多德：《尼各马科伦理学》，苗力田译，中国人民大学出版社 2009 年版，第 1104b7 页。

② 同上书，第 1106b26 页。

③ 同上书，第 1114b26—27 页。

> 当做的事来学的。比如，我们通过造房子而成为建筑师，通过弹奏竖琴而成为竖琴手。同样，我们通过做公正的事成为公正的人，通过节制成为节制的人，通过做勇敢的事成为勇敢的人。①

但是，德性的现实活动并不是一次就完成的，而是要通过长期的训练和培养，通过反复的行动和提升。“我们通过培养自己藐视并面对可怕的事物的习惯而变得勇敢，而变得勇敢了就最能面对可怕的事物。”② 也就是说，德性和中道的获得是一个过程，是一个现实活动的过程，也是一个习惯养成的过程。

②习惯③

习惯在德性的获得过程中起到了非常重要的作用，正如亚里士多德在《尼各马可伦理学》卷二中所描述的那样，通过习惯我们获得完满的德性：

> 我们的德性既非出于本性而生成，也非反乎本性而生成，而是自然地接受了它们，通过习惯而达到完满。④
>
> 总的说来，品质是来自相同的现实活动。所以，一定要十分重视现实活动的性质，品质正是以现实活动而区别。从小就养成这样或那样的习惯不是件小事情，相反，非常重要，比一切都重要。⑤

---

① ［古希腊］亚里士多德：《尼各马可伦理学》，廖申白译，商务印书馆 2003 年版，第 1103a31—1103b3 页。

② 同上书，第 1104a35—1104b1 页。

③ 亚里士多德的“ŋ́θo ς”通常被译为英文“ethos”，即习惯或习俗，指的是传统的社会与文化环境以及被广为接受的行为方式，这种传统的社会与文化环境对于德性品质来说是一种先在的存在，而这种存在由于人们的广为接受而逐渐内化为人的道德品性，即“成为人的自然”，成为人的本性的一部分，也就是人的第二本性，道德德性的一个组成部分。从这个角度说，将习惯看成是德性的组成部分是合理的，余纪元先生在其著作《德性之镜：孔子与亚里士多德的伦理学》中就持这种观点。但是，习惯和习俗在其一部分转化为人的道德品性之前，是作为社会文化的大环境而存在的，这种大环境对德性的实现也起到了外部的促进作用。所以在此处，我们主要将习惯放置在德性的先在环境的角度上，论述其在德性的实现过程中所起的作用，将其视为中道即德性的实现方式之一。

④ ［古希腊］亚里士多德：《尼各马科伦理学》，苗力田译，中国人民大学出版社 2009 年版，第 1103a23—25 页。

⑤ 同上书，第 1103b21—25 页。

如上所述，习惯有这样或者那样的，好的习惯意味着德性的拥有，中道的达到，而坏的习惯则意味着邪恶，意味着对中道的偏离。我们如何才能使现实活动的性质都是正确的，使我们的习惯都是美好的呢？亚里士多德认为，仅仅通过理论和知识是完全不够的，我们还必须依靠法律。

③守法

在亚里士多德整个伦理学中，提到法律或守法的地方并不是很多，但法律或守法却是他德性论的基础，也就是说，所有的德性都必须是合法的，如“一个违法乱纪的人被认为是不公正的。同样明显，守法的人和平等的人是公正的”①。“公正是一切德性的总汇”②，作为整体德性的公正的意义就是合法，“法律要求人们合乎德性而生活，并禁止各种丑恶之事。为教育人们去过共同生活所制定的法规就构成了德性的整体”③。所以，德性是一种内在规范，法律是一种外在规范，德性是理欲的契合，法律是抛却欲望和情感的纯理性。在情感和欲望听从理性时，我们形成德性，但是如果它们不听从理性，我们就必须用法律加以强制规范。因此，法律是德性的基础就如同理性是德性的主导一样。

此外，中道和德性的获得需要习惯，而习惯并不总是好的，如“人们所追求的东西，和自己所想的、所说的并不一样。例如，各种不同的身体快乐，都称为肉体快乐，由于人们多次与它相接触，于是习以为常。所以，人们以为惟有这些快乐存在，因为他们只知道这些快乐”④。当人们养成追求着自己的快乐和生产这些快乐的手段，而躲避相反的痛苦时，我们怎样改变这些坏习惯而养成相应的好习惯呢？亚里士多德认为，需要正确的法律和强制的手段：

> 理论和教育，我想并不是所有的人都有同样的能力。须通过习惯来培养学生们的灵魂对高尚的爱好和对丑恶的憎恶，正如土地须先开垦然后播种一样。那些按照情感过生活的人，是不会同意和听从理论劝告的。那么，像这样一些人，怎样才能使他们改变呢？一般说来，

① ［古希腊］亚里士多德：《尼各马科伦理学》，苗力田译，中国人民大学出版社 2009 年版，第 1129a32—33 页。

② 同上书，第 1129b30 页。

③ 同上书，第 1130b25—27 页。

④ 同上书，第 1153b31—35 页。

> 情感是不能为语言所动的，只有强制。①
>
> 如一个青年人不是在正确的法律下成长的话，很难把他培养成一个道德高尚的人。因为，节制和艰苦的生活是不为大多数人所喜欢的，特别是对青年人。所以要在法律的约束下进行哺育，在变成习惯之后，就不再痛苦了。然而，作为青年人只是正确的哺育还是不够的，就是正在长大成人之后还应继续进行这种训练，并且养成习惯。我们还需要与此相关的法律，总的说来，关于整个一生的法律。②

我们有了整个一生的法律，就会形成整个一生的习惯，当然就会有整个一生的现实活动。实践或现实活动、习惯和法律是从三个方面说明德性和中道的获得方式的，但是这三方面又不是截然分开的。或者说，三者是分不开的：实践的过程就是养成习惯的过程，而习惯要在法律的基础上养成才能成为好的习惯，然后才能变成美好的德性，才能接近和达到中道。但是三者的则重点和立脚点并不相同，实践是从现实活动的角度，是从将德性从潜能变为现实的角度来阐释德性和中道的获得的，强调的是人的主观能动性和实践性；习惯是从德性养成的角度入手的，是以个体人的德性和中道获得为目标的，强调的是德性养成所需的时间和过程；而法律则为好习惯的养成提供了保证，是德性和中道的社会条件和外部条件。只有将这三者结合起来，我们才能获得完满的德性，才能达到和保持中道。

（2）具体方法

实现中道的具体方法有三个：一是两恶之间取其轻，二是矫枉过正，三是警惕快乐。中道、过度和不及三者之间是相互对立的，中道是善，过度和不及是恶，是对中道的偏离，但是过度和不及与中道的对立并不是相等的，“在一些情况下不足与中间更加对立，在另一些情况下过度与中间更加对立。例如和勇敢相对立的，不是作为过度的鲁莽，而是作为不足的怯懦。和节制相对立的不是作为不足的感觉迟钝，而是作为过度的放纵”③。因此，要达到中道，首先，我们就应避开与中间对立较大的极端。“准确的命中中间是困难的。人们说，不得以求其次，这就是两恶之间取

① ［古希腊］亚里士多德：《尼各马科伦理学》，苗力田译，中国人民大学出版社2009年版，第1179b26—31页。

② 同上书，第1179b34—1180a5页。

③ 同上书，第1109a1—4页。

其轻。”[①] 也就是说，如果我们达不到中道，我们应该选择危害小一点的恶，以求逐渐地接近中道。例如，如果我们不能做到勇敢，我们应该选择鲁莽而不是怯懦，因为鲁莽与怯懦相比是更小的恶，离中道的距离比较近，更容易接近中道，这就是两恶之间取其轻。

其次是矫枉过正。为了到达中道，我们往往将自己拉向偏离中道的地方，“借助我们所经验的快乐与痛苦，我们便可以弄清楚这些事物的性质。然后，我们必须把自己拉向相反的方向。因为只有远离错误，才能接近适度。这正如我们在矫正一根曲木时要过正一样”[②]。

最后是警惕快乐。德性是关于痛苦和快乐的正确的品质，人往往因为无法节制对不正当的快乐的向往而走向邪恶。因此“在所有的事情上，最要警惕那些令人愉悦的事物或快乐。因为对于快乐，我们不是公正的判断者。所以正确的做法是，像年长的人对待海伦那样对待快乐，并且在每个这样的场合都复诵他们所说过的话。如果我们像他们那样打发走快乐，我们就不大可能做错。总之，这种做法能够帮助我们选中适度”[③]。

总之，在亚里士多德以前，中道思想就已经广泛流传，亚里士多德吸收了前人的思想，在自己的思想体系中为其保留了相当的位置，并在伦理学中赋予其新意，使“中道”一词正式成为思想史上的重要范畴。亚里士多德的中道思想是一种理性的主导观，它的实质是追求理性与情感、欲望的契合，形式上表现为对中间点的无限靠近和追求，具有正确性、适当性、中间性和极端性等特点。在对中道的追求上，亚里士多德强调人的现实活动，德性来源于德行，只有通过反复活动，我们才能获得德性和中道，因此，习惯成了达到完满德性的必经之路，而在这条道路上，同时也需要法律来作为我们的坚强后盾，驱除坏的习惯，形成好的习惯，最终实现中道。

三　中庸与中道

思孟学派的中庸之道与亚里士多德的中道思想同异相参，既具有相似

---

① ［古希腊］亚里士多德：《尼各马科伦理学》，苗力田译，中国人民大学出版社 2009 年版，第 1109a36—37 页。

② ［古希腊］亚里士多德：《尼各马可伦理学》，廖申白译，商务印书馆 2003 年版，第 1109b3—6 页。

③ 同上书，第 1109b6—12 页。

性又具有相异性，上文已经分别阐释了两者的内涵及特性。此处将对两者进行概括性分析比较，以期可以更加清晰地把握住各自的脉络和彼此的内蕴。

（一）相似性

1. 正确性

对于孔子来说，中庸是至高的德性，它是对客观事实的遵守，也是对伦理规范的坚持，他虽然没有明确说明中庸之道就是天之道，但是他对尧的评价蕴含了这种思想，而且孔子中庸的首要含义是“中正”即正确、恰当和适度。子思将“诚”概念引入了中庸，诚之道就是中庸之道，并用诚联系起天道和人道；孟子直接提出了性善论，认为人的善性是天赋予的，所以人性善，对人本身善性的开掘就是对天道的实现，也是对中庸的实现。他们三者的论述虽然各有侧重，但是都将中庸与天联系了起来，赋予了中庸思想先天的正确性。中庸之道既然是天之道，它无疑就是正确的。

亚里士多德中道思想的首要特性也是正确性，但是他的立论基础不是天道，也就是说，他的德性和善不具有先天性。他认为，德性是后天实践活动的结果，是建立在法律规范的基础之上的。所以，德性和中道的正确性来源于人自身的理性，而不是来源于天外在的赋予。当然，无论是孔子还是思孟，他们所谓的天都不是信仰意义上的天，而是道德之天，是人构造了天之德性，然后天将这种德性返还给人。因此，在论述中庸之道与中庸之德的正确性时，孔子和思孟学派引入了外来因素，而亚里士多德将中道的正确性、恰当性留给了人的理性本身。但是无论如何，对于他们各自来说，中庸和中道都是正确的、恰当的、适度的、美好的，是“最高的善和极端的美”，在这一点上，他们是相同的。

2. 规范性

正确性本身就蕴含着规范性，中庸和中道既然是思孟与亚里士多德认定的正确道路，那么，他们必然会将中庸和中道作为各自社会和人生的行为准则。孔子和思孟学派的中庸思想都包含了礼，也就是说，中庸之德既是全部德性的概括和整体化，是人的内在的美好状态，同时它也外化为外在的礼仪规范，通过内在之德（德性）和外在之德（礼）的共同作用，中庸成为古代中国人重要的生活和社会秩序。

对于亚里士多德来说，中道既是伦理德性的标准又是伦理德性本身，通过中道，我们可以由一个好公民转化成为一个好人，这样就必须有一个好的社会制度、好的法律体系，这种制度体系同时也是一个人成为道德高尚的人的外在保证。所以在确立人们的行为准则时，亚里士多德首昌法律，而且，作为整体德性的公正，其意思就是守法。因此，亚里士多德将中道作为人们的行为准则和社会规范，而中道本身也包含着内在德性和外在规范（法律）两重意义。从这种角度讲，思孟和亚里士多德是相同的。但是，思孟学派的中庸包含的是礼，而且当孟子将礼也内在化时，中庸就更蜕化为一种内在的规范，而中道的规范有法律这种强制的外在手段做基础，就使得中道的规范更具有外在的性质了。

3. 主体性

主体性表现在两个方面：一是德性或中庸、中道是由主体决定的；二是德性或中庸、中道的获得就是主体的实现，这两方面同时为思孟学派和亚里士多德所具有。孔子虽然有“天生德于予”（《论语·述而》）的言论，但是孔子的德性核心是孝悌，以及由孝悌推及的忠恕思想，也就是说，人的自然情感是孔子立论的基础，而这种情感的升华和完善是人们自己通过推己及人的方式完成的，同时孔子提出了“以礼制中”和“时中”的观念，认为要达到中庸，主体既要遵守一定的礼仪规范，又要根据实际情况判断出当时、当地何种作法才是正确的，即“时时处中”，这对主体提出了很高的要求。

子思的“诚”概念兼具内外两途，既是天道又是人道，但其核心是人通过“诚”实现天道，实现中庸之道，诚的内容既包含了内在的戒慎恐惧、三达德，又包含了外在的五达道、国家九经，主体通过将内外两途的结合实现了诚，实现了中庸之道。孟子将人的主体性极端化，认为善是人之本有，通过将人内在善端的扩充和存养，我们就可以实现善，获得完美的德性。此外，他非常强调权与时中，而这两个概念是中庸之中最能体现主体性的。

无论是孔子还是思孟学派都将德性作为人追求的目标，德性的实现过程也就是人的实现过程。孔子的仁与中庸，子思的诚与中庸，孟子的性善与中庸，虽然各有侧重，但是都将善与德性与人本身联系起来，将善和德性视为人本身应该具有和本该具有的东西。在这点上，亚里士多德与他们也是相同的。亚里士多德认为，人的特有功能即人的德性，就是理性活动，这个理性活动包含两个方面：一是纯粹理性；二是由理性主导的伦理德性，因此，人的德性和中道的实现就是人的特有功能的完成，就是人本身的实现。人越是接近中道，越是高尚，人就越会成为人自身。

此外，亚里士多德认为，“德性是一种选择的品质，存在于相对于我们的适度之中”[①]，也就说，中道的中间性不是事物的中间，而是我们的中间，何谓中间和中道是由我们来决定的，“在适当的时间、适当的场合、对于适当的人、出于适当的原因、以适当的方式”[②] 去感受和行动就是中道，而这种所谓的中道是由活动主体而来的，也是由活动主体决定的。

4. 实践性

孔子的中庸思想具有很强的实践性。首先，“中正”思想含有符合实际的含义；其次，“执中”“用中”“时中”都强调在日常生活中体认中庸、饯行中庸，时刻保持“中”的状况。可以说，他的仁与中庸本身就是一个动态的过程、实践的过程。子思的诚也是一个动态的过程，通过内外的实际修养，通过戒慎恐惧、五伦规范和国家九经，我们可以到达诚、达到中庸。孟子虽然将内在化推向极致，但是他并不排除外在学习和外在事功，他的目的是除了人的自我现实之外，还要实现他人，实现整个国家的仁政。将人的德性和政治联系起来是整个儒家的特色，也是儒家中庸实践性的特色。亚里士多德也强调德性的实践性，认为我们只有做公正的事才能成为公正的人，做勇敢的事才能成为勇敢的人，但是与思孟学派相比，亚里士多德的这种实践性更为彻底，他将德性建立在德行的基础之上，认为德性来源于德行，而思孟虽然也认为德性和中庸的实现有赖于现实活动，但是在他们看来德性具有在先性。

5. 和谐性

和谐性是思孟学派和亚里士多德共同追求的目标，对于亚里士多德来说，中道既是人内部的和谐，也是社会的和谐。中道的实质就是理欲的契合，就是在理性的指导下情感行为的恰当和得体，这就是情感和理性的和谐，是灵魂和肉体的和谐，当然也是人的内部的和谐。此外，德性本身也

---

① ［古希腊］亚里士多德：《尼各马可伦理学》，廖申白译，商务印书馆 2003 年版，第 1106b36 页。

② 同上书，第 1106b19—21 页。

具有维护社会秩序的功能，友爱和公正本身就体现了社会的团结与和谐，在这点上，儒家及思孟学派与亚里士多德并无二致。中庸就是“执其两端，用中于民”，就是“过犹不及”，落到实处就是儒家的道德原则和道德规范，或者是原则和规范的内在标准，对于个人来说，中庸就是德性和德行的正确和适度，是人的内部和谐；对于社会和国家来说，中庸就是人与人之间及社会各个阶层之间的秩序和平衡，中庸的精神实质就是合适与和谐，而合适也必然会和谐。因此可以说，“和谐”就是中庸最大的社会价值。

（二）差异性

1. 具体所指不同

中庸与中道都是人们正确的行为准则，具有维护社会和谐的功能，但是两者的具体所指有所不同。中庸是儒家追求的最高境界，中庸之道就等同于圣人之道、君子之道，中庸之德也是全德、至德，它包含了儒家提倡的所有德性，是所有德性的有机结合的整体。除此之外，中庸还具有本体的意义，是德性的来源和依据。中道对于亚里士多德来说是整个伦理德性，是伦理德性追求的最高目标，但是在亚里士多德的伦理体系中，除了伦理德性之外，还有理智德性，而且理智德性高于伦理德性，沉思是最完美、最自足的善，是最高的幸福。所以，中道只属于伦理德性，在整个德性中，它既不是全德，也不是至德。这主要源于儒家伦理中纯粹理性的缺失，也源于亚里士多德对理性的强调。基于此，中道思想并未成为西方伦理学的主流，而中庸却是中国伦理学的支柱。

2. 主导机制不同

儒家及思孟学派伦理学的主导机制是情感，而亚里士多德伦理学的主导机制是理性。这两种伦理学所呈现出的不同特色的根基就在于，情感与理性在其各自伦理学中的地位不同：无论是孔子还是思孟，仁、义、礼、智都是他们的重要道德条日；他们并不排除智，也不排除义，甚至可以说，智与义在他们的道德体系中占有很重要的位置，但是他们的道德立脚点是仁，是情感，当仁与其他三者发生矛盾时，他们最终会选择仁，对于他们来说，情感先于理性也重于理性。亚里士多德与此正好相反，他不相信情感的判断力和决断力，对他来说，伦理德性本身就是情感在理性指导下的正确，而且他还认为，理论和知识不能够征服按照情感过生活的人，这就需要法律的支撑。情感在亚里士多德的伦理学中处于从属的地位，理性是其主导；而对于儒家和思孟学派来说，情感和理性处于水乳交融的状态，难以分割，但如果强之以难，就可以发现，情感是整个儒家伦理学的底蕴，也是理性的底蕴。而这种区别同样适用于中庸与中道。

3. 获得方式不同

中道的获得方式上文已有阐释：在正确的法律体系保证下，我们通过实践活动养成良好的习惯，就可以不断地接近中道。在这点上，思孟学派的观点与亚里士多德是相通的，虽然思孟倡导仁治、德治，反对严刑厉法，但是他们都认为，德性和中庸的获得需要良好的外部环境，需要我们通过实践行动来不断地提升我们的思想境界，需要通过不断的培养和学习来完善我们的德性。从这个角度看，思孟学派和亚里士多德并无二致。但是他们也有根本的分歧，思孟学派认为，德性是先天的，是人本身所固有的，所以要获得德性，就要戒慎恐惧，就要扩充内在，涵养正气，而亚里士多德认为，德性是后天的，所以就要不断地进行现实活动。也就是说，思孟学派并不排斥外在的环境和人们的实践活动，但是在德性的获得上，他们更重视内部的涵养，而亚里士多德也不是不重视人的内在修养，而是说，状态与活动相比，亚里士多德更重视活动。

4. 导致的结果不同

中庸是全部德性，是至德，中道是伦理德性，是次于理智德性的；中庸以情感作为德性的主导机制，中道以理性作为德性的主导机制；中庸重视人的内在修养，重视人的自治、自强；中道重视人的实践活动，重视人外在的强制手段。这些都导致了中西方政治文化色彩的不同：以中庸为基调的政治文化就具有了以情义为先，以仁义为重，追求仁治德治，以人为本的思想色调，这种思想的积极性就在于人性的温暖，其弊端就是容易形成人治和专制；以中道为基调的政治文化就具有了以理为先，以法为重，追求理治法治，以法为本的思想色调，这种思想的先进性就在于理性的秩序，其弊端就是容易形成人情的冷漠、人心的虚无。也就是说，当代中西方社会中出现的许多问题都源于各自的思想起点，要治流就得溯源，也许这就是思想研究的意义所在。

因此，中庸和中道思想在思孟学派和亚里士多德的伦理学体系中都占有很重要的地位，两者都具有正确性、规范性、主体性、实践性、和谐性等特性，又在思想内涵、主导机制、获得方式及导致的结果上有所不同。

此外，中庸和中道思想的相同性也并非完全的相同，其中也有不同的地方，同理，相异性中也有相同的地方，也并非完全的相异。只有经过认真的剖析，我们才能更加清楚彼此的内涵和特色。

第六章　情感与理性*

情感与理性的关系是伦理学史研究的重要课题，无论是中国还是西方，情感与理性的关系及其在思想体系中的地位都会影响一体系的走向与特色。学术界关于这一课题也有丰富的研究成果，具有代表性的著作有蒙培元先生的《情感与理性》，其中蒙先生把中西方情感与理性的关系概括为“西方是情理二分的，中国是情理合一的；西方是重理的，中国是重情的”①。这种观点也是学术界的普遍观点，也基本上符合中西方思想史的整体概况。但是，这种观点，特别是情理二分的观点，对于西方的德性伦理学，特别是亚里士多德的德性伦理学而言并不是非常准确的。故本章拟从先秦儒家，特别是思孟学派与亚里士多德德性论的角度对情感与理性的关系予以分析比较，力图呈现出德性论视域下情感与理性的具体关系。

一　情感与理性共存

在先秦儒家中，仁、义、礼、智、勇、忠、信等是孔子德性论中的主要德目；曾子的《大学》除了继承孔子的主要德目外，突出了明与诚在德性中的地位，但是也提出了格物、致知等八条目。此外，《大戴礼记·曾子十篇》非常突出孝德，而孝是仁的根本和来源。子游的《性自命出》比较注重仁、义、忠、信四德②，但其中也提到了思与智。子思的《中

* 本章是笔者对拙文《中西情感与理性的异同——从中西德性的角度进行的诠释》（《社会科学家》2011 年第 11 期）修改后的成果。

① 蒙培元：《情感与理性》，中国人民大学出版社 2009 年版，第 13 页。

② 关于《性自命出》的作者，学界除了认为是子游所作外，还有子思所作与公孙尼子所作两种看法，认为子思所作的有姜广辉、蒙培元等，陈来等认为是公孙尼子所作。根据《性自命出》与子游的学术特色，本书持子游所作的观点。

庸》除了特别突出诚的地位外，主要提出智、仁、勇三达德，而《五行》篇提出了仁、义、礼、智、圣五德；孟子将五德变为四端，注重仁、义、礼、智四德。也就是说，虽然思孟学派内部各家对各个德目的地位的看法有所不同，但都认为仁、义、礼、智等德性是其主要德性，而且仁与智共存于儒家的德性之中，是毋庸置疑的事实。狭义的仁是爱人，代表了一种情感，而智则属于理智德性，故理性与情感共存于儒家的德性之中。

亚里士多德的德性（这里指道德德性，即伦理德性）中也存在着理性与情感两个方面，我们可以从他对德性的有关论述中得出这个结论：

> 德性是一种选择的品质，存在于相对于我们的适度之中。这种适度是由逻各斯规定的，就是说，是像一个明智的人会做的那样地确定的。①
>
> 品质就是我们由之对那些感受持有的美好或恶劣的态度。②
>
> 所谓感受，我说的是欲望、愤怒、恐惧、自信、嫉妒、喜悦、友爱、憎恨、期望、骄傲、怜悯等，总之它们与快乐和痛苦相伴随。③
>
> 德性就是以应该的方式、在应该的情况下感到快乐和痛苦。④
>
> 我们所说的是伦理德性，它是关于感受和行为的，在这里面就存在着过度、不及和中间。⑤

从以上论述可以看出，首先，德性是一种品质，是一种与感受、情感相关的品质（如勇敢与恐惧相关，节制与肉体的快乐相关，温和与恼怒相关），是关于快乐和痛苦的德性。就是在与财物、待人接物等行为相关的德性中，也伴随着快乐与痛苦，也与情感有关，如“一个慷慨的人在钱财方面是好通融的，有时甚至可能受欺骗。因为，他并不珍视钱财，他

---

① ［古希腊］亚里士多德：《尼各马可伦理学》，廖申白译，商务印书馆 2003 年版，第 1107a1—3 页。

② ［古希腊］亚里士多德：《尼各马科伦理学》，苗力田译，中国人民大学出版社 2009 年版，第 1104b25—26 页。

③ 同上书，第 1104b20—24 页。

④ 同上书，第 1121a4 页。

⑤ 同上书，第 1106b16—18 页。

对在应该花费的事情上没有花费感到不安，在不应花费的地方花费了感到痛苦。”① 所以，情感是亚里士多德德性的重要组成部分。

其次，“德性是一种选择的品质，存在于相对于我们的适度之中。这种适度是由逻各斯规定的，就是说，是像一个明智的人会做的那样地确定的”。也就是说，没有理性的指导，我们就没有办法到达德性，就没有办法避免过度与不及而命中中间和中庸。因此，对于亚里士多德来说，德性虽然与情感有关，是关于情感和感受的，但却是情感与感受的正确，是“在适当的时间、适当的场合、对于适当的人、出于适当的原因、以适当的方式”② 去感受和行为。所以，理性也是亚里士多德德性的重要组成部分。

思孟学派和亚里士多德的德性中虽然都包含情感和理性，但是两者的地位并不相同。对于思孟学派来说，情感是德性的基础，也是理性的基础，其核心范畴是“仁”。“智”是实现“仁”的方法和手段，“仁”是“智”的主旨和依归。如《性自命出》视真情为真性、性善：“凡人情为可悦也。苟以其情，虽过不恶；不以其情，虽难不贵。苟有其情，虽未之为，斯人信之矣。未言而信，有美情者也。未教而民恒，性善者也。”《五行》认为，“不仁不智”“不仁不圣”；孟子也从情的角度论性善：“乃若其情，则可以为善矣，乃所谓善也。”（《孟子·告子上》）并认为“智”的内涵就是知道何谓仁义：“仁之实，事亲是也；义之实，从兄是也；智之实，知斯二者弗去是也；礼之实，节文二者是也。”（《孟子·离娄上》）

亚里士多德虽然认为德性就是对情感的正确态度，但是从对德性的定义中可以看出其对理性的重视，他认为，德性受到理性的规定。伦理德性本身就是中庸和中道，是适度，但何谓适度则是由理性决定的。理性对情感有绝对的支配权，德性本身是情感的正确，但何谓正确则由理性决定。此外，在亚里士多德的德性中，除了伦理德性之外，还有理智德性，而理智德性是位于伦理德性之上的，沉思就是幸福，是亚里士多德伦理学的最高目标。从这个角度也可以看出，在亚里士多德的德性论中理性占有至高的、至关重要的地位。

---

① ［古希腊］亚里士多德：《尼各马科伦理学》，苗力田译，中国人民大学出版社 2009 年版，第 1121a4—8 页。

② ［古希腊］亚里士多德：《尼各马可伦理学》，廖申白译，商务印书馆 2003 年版，第 1106b19—21 页。

二 情感与理性不可分离

儒家的德目一般都是并列提出的，如《论语·阳货》的恭、宽、信、敏、惠，《中庸》的智、仁、勇，《五行》的仁、义、礼、智、圣等，但是这些并列存在的德目在地位上并不是平等的，也不是完全分离的，而是相互蕴含，不可分离的。如“克己复礼为仁”（《论语·颜渊》）、“人而不仁，如礼何？人而不仁，如乐何？”（《论语·八佾》）“仁者必有勇，勇者不必有仁”（《论语·宪问》），“里仁为美。择不处仁，焉得知？”（《论语·里仁》）“仁者安仁，知者利仁”（《论语·里仁》）。

在仁与礼乐的关系上，仁是礼乐的基础和内涵之一，而礼乐是仁的外在表现形式；仁是高于勇和包含勇的德目，具有总德的性质，而勇是低于仁的，是总德仁的内容之一；在仁与智（知）的关系上，孔子认为，如果选择的居住处没有仁德，就不能称得上有真正的智慧，说明仁是智的目标和导向，没有仁就没有真正的智，而智是实践智慧，是知道什么是仁，知道如何成仁的智慧，智是仁的道路和途径，智以仁为旨归，包含在总德之仁中。此处的仁虽然是总德之仁，但仁之本是“孝弟”（《论语·学而》），其延伸是“泛爱众，而亲仁”（《论语·学而》），是爱众人，故情感是仁的主要色彩。所以智与仁的蕴含和胶着状态说明了在儒家的德性中理性和情感是不可分的。这一点在思孟学派的经典著作《五行》和《孟子》中也有明显的表述。

《五行》的“不仁不智”、“不仁不圣”说明没有仁就没有真正的圣智，这与孔子的思路一致，认为仁是圣智的旨归和基础，圣智的闻而知之和见而知之是知天道、人道，而天道、人道在子思这里就是“诚”，而“诚”是继承“仁”而来的。故子思说“不仁不智”“不仁不圣”。此外，子思认为：“见而知之，智也。闻而知之，圣也。”（《五行·十六章》）“圣知，礼乐所由生也。”（《五行·十七章》）“见而知之，智也。知而安之，仁也。安而行之，义也。行而敬之，礼也。仁，义礼所由生也，四行之所和也。和则同，同则善。”（《五行·十八章》）见到贤人并知道其为贤人就是智慧，而知道了并安于知道的人道就是仁德，行人道就是义德，以崇敬之心去行就是礼德。只有安于人道才能行人道、崇敬人道，所以仁是义礼的基础和发端，而安于人道的前提是知道何谓人道，故圣智是仁的发端和前提。因此，在子思看来，仁是智的旨归和基础，没有仁就没有真正的智慧，而智是仁的前提和途径，仁与智是不可分离的。离开了仁，智就没有了方向，没有了主导；离开了智，仁就无法到达。

《孟子·离娄上》曰："仁之实，事亲是也；义之实，从兄是也；智之实，知斯二者弗去是也；礼之实，节文二者是也。"说明孟子也认为仁与智是不可分离的，仁是智的目标和方向，只是在仁与智的关系上与子思有所不同。子思认为，"圣知，礼乐所由生也"，孟子认为，"仁义，礼智所由生也"；子思认为"仁，义礼所由生也"，孟子认为，"仁义，礼智之所由生也"[①]。在圣智与仁的关系上，子思既突出仁的基础和目标性，又突出智的前提和发端作用；孟子对"圣"缺而不论，并且认为仁义是礼智的基础和发端，单方面强调了仁义，而对智的地位和作用却没有突出强调，而且孟子主张从恻隐、羞耻、恭敬、是非的角度论述仁、义、礼、智，反映了孟子比子思更重情感的特色。

亚里士多德的德性分为理智德性和伦理德性两部分，其中理智德性又分为纯粹理性与实践理性即明智。所以，明智在逻辑上是与伦理德性分开的，并且位于伦理德性之上，但是，在实际中，明智与伦理德性是不能分开的。

> 在道德的方面也有两个部分：自然的德性与严格意义的德性。严格意义的德性离开了明智就不可能产生。[②]
>
> 显然，离开了明智就没有严格意义的善，离开了道德德性也不可能有明智。[③]
>
> 德性使我们确定目的，明智使我们选择实现目的的正确的手段。[④]
>
> 然而，明智并不优于智慧或理智中那个较高的部分。这就像医学

---

① 所引资料出自庞朴的《简帛五行篇校注》。学术界认为，简本《五行》为子思所作，而帛本《五行》说部是孟子所作，而且对简本《五行》经部的部分文字做了改动，本书也持这种观点，故认为简本《五行》所提出的圣、智、仁、义、礼的关系是子思的观点，而帛本《五行》经部与简本《五行》经部所不同的仁、义、礼、智关系是孟子的观点。

② ［古希腊］亚里士多德：《尼各马可伦理学》，廖申白译，商务印书馆2003年版，第1144b15—16页。

③ 同上书，第1144b31—32页。

④ 同上书，第1145a5—6页。

> 不优越于健康一样。医学不主导健康，而是研究如何恢复健康。所以，它为健康，而不是向健康，发出命令。此外，我们还可以补充说，说明智优越于智慧就像说政治学优越于众神。因为，政治学在城邦的所有事务上都发布命令。①

严格意义上的伦理德性或道德德性是离不开明智的，而道德德性是关于情感的德性。所以，德性包含情感和理性两个部分，并且这两个部分是不能分离的。公正、节制、勇敢等是我们追求的德性目标，而明智则决定什么是公正、节制和勇敢，并寻求达到它们的途径。德性是目的，但是伦理德性是灵魂中没有理性的部分，即情欲，在理性的支配下的良好状态，是理对情欲的支配与调解。所以德性虽是目的，但却不向明智发布命令，而是接受明智即理性发布的命令。而且，纯粹理性即沉思是亚里士多德伦理学的最高目标，从这个意义上讲，伦理德性的实现本身也是最高理性实现的一个低级环节，德性实现本身意味着理性对灵魂中没有理性部分的成功控制。也是在这个角度上亚里士多德认为，智慧优越于明智，而明智优越于德性（道德德性）。因此，虽然亚里士多德和思孟学派在情感与理性、明智与德性、仁与智的不可分离上观点一致。但是，思孟学派重仁与情感，亚里士多德重明智与理性。

三　德性实现中的明智与思

在如何实现德性上，亚里士多德认为：“德性使我们确定目的，明智使我们选择实现目的的正确的手段。”② 明智包含三个方面的要素：一是好的考虑；二是理解；三是体谅。也就是说，当确定了公正、节制等德性目标后，明智就要进行好的考虑，对何谓公正做出判断性理解和体谅，然后找出实现公正的正确的方法和途径。对于亚里士多德来说，理性做出的判断就是道德德性即中道，而实现中道的方法是两者相权取其轻、矫枉过正和警惕快乐；其途径和方式就是：在实践活动的基础上养成好的习惯，

---

① ［古希腊］亚里士多德：《尼各马可伦理学》，廖申白译，商务印书馆2003年版，第1145a6—12页。

② 同上书，第1145a5—6页。

并通过法律对不道德的行为进行强制性规范，使好的品质逐渐内在化，成为人的第二本性。①

在儒家的德性论中，智、思是实现德性的方法和途径，而思即是好的考虑，通过思我们得到智，同时思也是智的存在状态和主要特征，所以思与智是一体的。《论语·子张》说：“博学而笃志，切问而近思，仁在其中矣。”即在好的思考中，我们得到仁，这种思想也被子游、子思、孟子所继承。《性自命出》曰：“凡忧思而后悲，凡乐思而后忻，凡思之用心为甚。叹，思之方也。其声变，则［心从之］。其心变，则其声亦然。”“凡用心之躁者，思为甚。用智之疾者，患为甚。”子游从心的角度来论思，认为当思虑不断时，我们的心会躁动不安，而当心忧患不止时，也是智虑飞跃波动之时，因而也提出了忧思、乐思等与心有关的概念。

在《五行》中，思占有重要的地位，是实现德、仁、智、圣的方法和途径。

> 君子无中心之忧则无中心之智，无中心之智则无中心［之悦，无中心之悦则不］安，不安则不乐，不乐则无德。(《五行·二章》)
>
> 善弗为无近，德弗志不成，智弗思不得。思不精不察，思不长［不得，思不轻］不形。不形不安，不安不乐，不乐无德。(《五行·三章》)
>
> 仁之思也精，精则察，察则安，安则温，温则悦，悦则戚，戚则亲，亲则爱，爱则玉色，玉色则形，形则仁。(《五行·五章》)
>
> 智之思也长，长则得，得则不忘，不忘则明，明则见贤人，见贤人则玉色，玉色则形，形则智。(《五行·六章》)
>
> 圣之思也轻，轻则形，形则不忘，不忘则聪，聪则闻君子之道，闻君子之道则玉音，玉音则形，形则圣。(《五行·七章》)

忧有心动、忧虑、忧愁、思虑等含义，“无中心之忧则无中心之智”之“忧”应该做“忧虑”基础上的“思虑”解，只有这样，才更为符合篇章的逻辑。因此，对于子思来说，无思则无德，无思则无智，无思也就

① 亚里士多德认为，求知是人的本性，即理性是人的本质属性，而分有理性的道德德性，是人的混合本性，而合于德性的生活是第二好的。因此，我们将这种混合本性称为第二本性。

没有真正的仁与圣。子思对圣智的解释是“见而知之，智也。闻而知之，圣也”（《五行・十六章》）。圣智的特征就是“知”，而思虑是“知”的必要手段，因此，无思则无圣智是合于逻辑必然的。但是，为什么无思则无德，无思则无仁呢？那是因为，如果我们的心不去思考何谓仁、何谓德等问题，我们怎么会达到德与仁呢！只有思索之、向往之，我们才有可能真正地到达之。从这个角度出发，我们也可以理解子思的“不圣不智，不智不仁”（《五行・十一章》），圣智是仁的前提和发端的命题。因为思是属于圣智的，是圣智的内容和特征，而思仁是成仁的途径和方法。所以，圣智对仁来说就有了前提的意义，这是符合逻辑的推断和解释的。

此外，孟子虽然降低了智德的地位，突出了仁德在德性中的主导与基础作用。但是，孟子却没有轻视思的作用与功能，他认为：“诚者，天之道也；思诚者，人之道也。”（《孟子・离娄上》）人只有通过对“诚”之体、“诚”之德的思慕、涵咏，才能真正实现“诚”，实现天道、人道，即实现人自身和人自身所蕴含的德性。而且认为，思是心的特有功能，思则得人之先天本性，不思则不得，如“耳目之官不思，而蔽于物。物交物，则引之而已矣。心之官则思，思则得之，不思则不得也。此天之与我者。先立乎其大者，则其小者不能夺也”（《孟子・告子上》）。而此处的心思与其“存心”“求放心”是一致的。“存心”即存有先天之本心，“求放心”即重得先天之本心，而心之官思才得到的东西也是先天之本心。

因此，对于亚里士多德和思孟学派来说，明智与思即理性，都是德性实现的方法和途径，是实现德性的正确的手段。所不同的是，亚里士多德在德性的实现过程中，注重以法律，即理性的外在表现，作为其最终的依靠和导向。而思孟学派注重心思、心智，将心作为思、智的根源和基础，而其心除了包含智之外，主要是道德本心、情之心，这一点在子游和孟子处表现得更为明显。因此，思孟学派虽然重视思的作用与功能，但始终将其视角规定在德性的范围之内，而亚里士多德明智的来源是纯粹理性和认知理性，其视角虽然在实践的领域，但其根源却超越实践，进入智慧的范围，要接受智慧的命令。

此外，对于儒家和思孟学派来说，“省”或者“内省”对于德性的实现也是非常重要的。孔子曰：“见贤思齐焉，见不贤而内自省也。”（《论语・里仁》）又曰：“射有似乎君子，失诸正鹄，反求诸其身。”（《中庸・

十四章》）曾子曰："吾日三省吾身——为人谋而不忠乎？与朋友交而不信乎？传不习乎？"（《论语·学而》）孟子曰："反身而诚，乐莫大焉。"（《孟子·尽心上》）反省自己的不足是完善自我的重要方法，人只有看到别人的长处和自己的短处，才有可能扬长补短，不断完善，也就是说，反省的方法是一种普遍的常识。但是，儒家和思孟学派的不同之处在于对这种方法的强调和自觉的积极运用，特别是对于孟子来说，求放心、德性的扩充等方法都是建立在内省的基础之上的，如果一个人不知道自已失德，又怎么可能重新找回自己的德性？如果一个人不能意识到自我的不足，又怎么可能主动地扩充德性呢？可以说，"省"对于内在化的思孟学派来说具有关键性的作用。

但是，"省"在本质上是什么呢？笔者认为，"省"在本质上是一种思、一种反思，"省"并不是不同于思的另一种知识和方法，而是思的另一种表现形式，思是一种正面的考虑和规定，而反思是一种后思，这种后思与康德和黑格尔的反思既有相似之处又有不同之处。对于康德来说，从一般到特殊的规定性的思（判断力）是一种正思，而从特殊到一般的调解性的思（判断力）是一种反思；对于黑格尔来说，反思就是以思想的本身为内容，力求思想自觉其为思想的思。[①] 而儒家和思孟学派的"省"是以主体德性为考察内容的，它是一种德性的自觉，从主体自觉的角度来说，思孟学派和黑格尔是相似的，但从具体内容来说，双方又不尽相同。此外，思孟学派的"省"也是见诸现实的，是对现实中主体行为是否合乎德性的判断和思考，意图通过此进一步加强自身的道德修养，最终实现天道之德和人性的完满，这种方式也是从特殊到一般的过程，在这一点上类似于康德，但是，康德的反思强调的是一种思维和理性，而思孟学派强调的是思的内容和结果，即德性。此外，"省"也不同于亚里士多德的沉思，沉思指的是一种理性的思辨活动，即哲学活动。

四　德性实现中的志与意愿

意愿成德是实现德性的前提条件之一，因此，在儒家的经典著作中非常突出"志"的作用和地位。《论语·述而》曰："志于道，据于德，依

① ［德］黑格尔：《小逻辑》，贺麟译，商务印书馆1985年版，导言。

于仁，游于艺。”《性自命出》开篇即曰：“凡人虽有性，心无定志，待物而后作，待悦而后行，待习而后定。”又曰：“有其为人之柬柬如也，不有夫恒始之志则缦。”《五行》曰：“五行皆形于内而时行之，谓之君[子]，士有志于君子道谓之志士。善弗为无近，德弗志不成，智弗思不得。”而在《孟子》中，“志”总共出现了50次，是其重要的范畴之一，并且形成了“心志”、“尚志”、“以志帅气”等概念，如《孟子·公孙丑上》曰：“夫志，气之帅者也；气，体之充也。……持其志，无暴其气。……我善养吾浩然之气。”但对于何谓“志”，历来诸家的观点不尽统一。

《说文·心部》：“志，意也。”从意念的角度解释“志”。《玉篇·心部》：“志，慕也。”何晏在注解论语的“志于道”时也说：“志，慕也。”朱熹在注解“羿之教人射，必志于彀”（《孟子·告子上》）时认为，“志，犹期也”，注重从向慕、期望的角度解释“志”；赵岐在注“志，气之帅者也”时认为，“志，心之所虑也”，注重从思虑的角度理解志，这种解释发掘了“志”与“思”相同的内涵。现代学者则更多的是从意志、意愿的角度理解“志”。我们认为，上述这些解释虽然角度不尽相同，但其含义是可以相通的：向往一样东西、喜欢一样东西，自然会思虑它，继而会有得到它的意念和意志。也就是说，向往之、思慕之，是“志”的发端和起点，而思虑它是“志”的继续和延伸，最后形成了得到它的强烈的意志和愿望。意志之中既包含爱慕之情，又包含思虑之智，而其表现形式是一种内在的精神动力，是意志和意愿。

孔子的“志于道”说明其将“道”作为自己终身追求的目标和志向；而子游认为“志”是心的活动状态，而心是没有定志的，正因为“心无定志”，所以人性才会表现出不同的形态。他也注重以“志”定“心”，用儒家的仁、义、忠、信来填充心，蕴含心，然后形成“恒始之志”，即儒家的“道”。子思也认为“德弗志不成”，子思之“德”即是天道，所以子思认为要实现儒家的天道、人道，实现人的崇高的道德境界，其前提就是有志于它；只有有志于它，不断地思虑它，我们才有得到它的可能。孟子继承了前贤的思路，认为士人应该有高尚的志向，应该以志帅气，以心统志，挖掘和扩充人本有的道德本性。

亚里士多德认为，德行是一种意愿行为，如果一个人在被迫和无知的状态下去行为，我们不能认为其是出于本人的意愿。所以，德性的前提是人的意愿，如果一个人在被迫的情况人做了公正的事，我们不能认为其有公正的品性，当然，如果其在无知的状态下做了错事，并且其后感到痛苦和后悔，我们也不能说其是自愿为恶，具有恶的性质。而且他认为："把由于不知何种事物有益而做错的行为说成是违反意愿的是不妥当的。因为，选择上的无知所造成的并不是违反意愿（而是恶）。违反意愿的行为并不产生于对普遍的东西的无知（这种无知受到人们的谴责），而是产生于对个别的东西，即对行为的环境和对象的无知。"[①] 也正是从这个角度出发，他批判了苏格拉底的美德即是知识，无人自愿作恶的观点。他认为，除了人在被迫和上述的无知状态下的作恶是违背人的意愿的之外，其他的作恶都是出于人的自愿。因此，他说："'无人愿意作恶，也无人不愿意享得福祉'，这说得半对半不对。说无人不愿意享得福祉是对的，但是说无人愿意作恶却不正确。若不然，我们就至少要推翻我们上面所说的，并且承认，人不是像是他自己的子女的父亲那样地是他自己的行为的始因。而如果我们上面所说的那些是对的，如果我们不能把我们的行为的始因说成是在我们之外的，那么其始因是在我们自身的行为就是在我们能力范围之内的，就是出于我们的意愿的。"[②] 因此，他认为人应该承担恶的责任，恶的行为出于人的意愿。

此外，亚里士多德认为："还有一种人是由于受到感情的影响而违背了正确的逻各斯并放弃了自己的选择的。感情的影响使他未能按照正确的逻各斯去做，但是还没有使他相信这样追求快乐是正确的。不能自制者就是这种人。"[③] 因此，不能自制者显示了理性对情感控制的失败，但其并没有完全失去理性。同时，不能自制虽然不是严格意义上的恶，但也是某种恶，而做这种恶时，不自制者也是出于意愿的，而且是出于强烈的恶的意愿才违背了理性的控制的。这一点也显示了，在德性的实现过程中，面向德性的意志具有无力的一面，即意志无力。

因此，思孟学派和亚里士多德都认为，德行是人的自愿行为。但是，在"志"与"意愿"的性质和功能上，双方的观点并不一致。思孟学派虽然也承认"心无定志"，但是他们更注重树立崇高的志向，如"志于

---

① ［古希腊］亚里士多德：《尼各马可伦理学》，廖申白译，商务印书馆 2003 年版，第 1110b32—1111a1 页。

② 同上书，第 1113b15—22 页。

③ 同上书，第 1151a20—24 页。

道”、“志于德”、“尚志”等，其志的内涵就是儒家的仁义礼智，意愿和意志本身就是面向德性，其对象就是得“道”、成“仁”。而亚里士多德认为，善是出于人的意愿，恶也是出于人的意愿，意志的方向既可以是好的，也可以是坏的。当意志受到理性的控制和支配，也就是说，意志中理性的成分占主导地位时，意志偏向于德，偏向于自制，偏向于美好的东西；当意志被情感所困，特别是被肉体的快乐和欲望所困时，意志就偏向于为恶，偏向于不自制。所以，思孟学派也知道“志”的双面性，但是他们更注重崇高意志的培养，更强调意志在德性养成中的作用，而亚里士多德则更为强调意志的双面性及恶也是出于人的意愿这一事实本身。

此外，思孟学派具有唯意志的倾向。孔子非常注重人的意志在成德中的作用，如“仁远乎哉？我欲仁，斯仁至矣”（《论语·述而》）。“为仁由己，而由乎人哉?”（《论语·颜渊》）这种内在力和意志力在思孟学派那里也有突出的表现，如曾子、子游的“慎独”，孟子的“由仁义行，非行仁义也”（《孟子·离娄下》）都注重人的内在精神动力，而其精神动力很重要的一点就是“我欲”，我的爱好、我的意愿、我的向往、我的意志。意志力在思孟学派那里是以向慕“道”、期望“道”等情感为基础的，是儒家非常重要的德性动力，而这种唯意志倾向和情感专断化也容易导致儒家思想的空疏和虚无。相对而言，亚里士多德对人的意志力不予信任，其对人的不能自制的论述，显示了人的善的意志的薄弱。所以，在成德的过程中，思孟学派更重视人的内在精神动力，重视意志、志愿在德性实现中的作用，而亚里士多德只是认为德性出于人的意愿，肯定了意志在德性实现中的作用，但是意志的力量在他那里是薄弱的，较之意志，他更加相信理性的力量及外在的理性规范。

五　欲望、情感与理性

与情感和德性相关的另一种因素就是欲望。关于欲望，思孟学派与亚里士多德都有所论述。首先，对于欲望的具体所指，中西方基本上大同小异，都指的是人本能具有的生理需求，如中国传统上认为的：“六欲，生、死、耳、目、口、鼻也。”（《吕氏春秋·贵生》）即认为人的六种欲望指的是对生的期盼、对死的逃脱以及由耳、目、口、鼻形成的听觉、视觉、味觉、嗅觉所带来的生理需求。亚里士多德也认为，欲望来自于人的肉体感官，并且认为在耳、目、口、鼻、身所形成的感官直觉中，触觉和味觉所带来的性欲和食欲最容易过度并且对德性的危害最大，因此，亚里士多德认为，应该严格控制肉体欲望，特别是触觉和味觉所形成的欲望。

其次，我们要探讨思孟学派与亚里士多德关于欲望和情感的关系。《礼记·礼运》指出，人生而具有七种感情，那就是喜、怒、哀、惧、爱、恶、欲："何谓人情？喜怒哀惧爱恶欲，七者弗学而能。"也就是说，它认为欲望同高兴、愤怒、悲哀、恐惧、喜欢、厌恶一样是一种情感，而此处的情感指的是一种原始情感和感受。此外，《性自命出》认为："喜怒哀悲之气，性也"，而"情生于性"，也就是说，人生而具有一种自然情感和原始情感，这也是"性"，人类社会中具体的道德情感是源于自然情感并高于自然情感的。相对应地，亚里士多德认为，人的灵魂有三种状态：感情、能力和品质，而感情指的是"欲望、怒气、恐惧、信心、妒忌、愉悦、爱、恨、愿望、嫉妒、怜悯"等[①]，也就是说，亚里士多德也将欲望看作情感之一，而德性是理性指导下情感的适度，换言之，现实生活中的情感已不是自然状态下的情感，而是侵染了理性的道德情感和社会情感。因此，从欲望是一种需求的角度来说，欲望也可以是一种情感，但欲望与其他情感不同的是，欲望专指肉体的需求，是基于生理而导致的心理需求，其他情感更多地表现为一种心理活动。因此，对于思孟学派与亚里士多德来说，欲望都是一种情感，而且是一种特殊的、层次较低的自然情感。

此外，思孟学派与亚里士多德都主张通过理性来节制情感和欲望。亚里士多德认为，德性是情感和行为的适度，而这种适度是由理性规定的。相对应地，思孟学派主张通过礼来修情治义，反对情感和欲望的无限泛滥。但是，相对于亚里士多德来说，思孟学派更为注重情感的基础性作用，对他人的普遍的爱和关注是思孟学派德性论的基石，其理性是一种道德理性和情感理性，其情与理的冲突集中地表现为仁与义的冲突，如舜窃负而逃；而分析理性、客观理性是亚里士多德德性理论的支柱，没有认知理性的控制，其整个德性体系就会瓦解和坍塌，其情与理的冲突集中地表现为欲望与认知理性的冲突，如不能自制者。此外，思孟学派虽然也认为

---

① ［古希腊］亚里士多德：《尼各马可伦理学》，廖申白译，商务印书馆 2003 年版，第 1105b20—21 页。

欲望是人的自然情感之一，而情感又是德性的基础，但是，思孟学派比较排斥和压抑肉体欲望，更为突出肉体欲望的消极作用，而亚里士多德则正视和关注人的欲望，认为应该对肉体欲望进行理性控制并形成节制德性。

总之，在思孟学派与亚里士多德的德性论中，情感和理性共存于德性之中，并处于不可完全分离的状态，明智和思是德性实现的手段、方法和途径，欲望都是自然情感之一，而且德性是建立在人自愿、意愿的基础之上的。但是，双方也存在着明显的差异，其突出的表现就是儒家重情感而亚里士多德重理性：思孟学派以情感作为德性的基础和导向，亚里士多德以理性作为德性的依靠和凭借；思孟学派重视以情感为基础的人的内在精神动力，即意志力，反对过多的生理需求和物质需求对精神力量的滞后，亚里士多德在情感、意志、理性中更加注重理性的力量，并且以理性的外在表现形式，即法律，作为人的最为基本的行为准则，而且将守法作为总体上的公正德性。因而，情感与理性的侧重就成了中西德性论的重要区别之一。

第七章　快乐与德性

快乐是一种情感，是比较特殊、比较重要也颇具争议的情感，当然它与德性的关系也是思孟学派与亚里士多德关注的焦点之一。所以本章单独探讨“快乐”这一情感，并重点阐释思孟学派与亚里士多德思想中快乐的性质及其重要性。

一　快乐分析

思孟学派与亚里士多德都谈论快乐，双方所认定的快乐内涵是什么、种类有哪些是此节论述的基础。在《论语》中，孔子提到学习之乐、朋友交往之乐、教育之乐以及道之乐、德之乐等，如“学而时习之，不亦说乎？有朋自远方来，不亦乐乎？人不知，而不愠，不亦君子乎？”（《论语·学而》）认为学习了一定的道理，然后在一定的实践中实习它是一件很快乐的事；有志同道合的朋友从远方来也是一件非常令人快乐的事；君子的气度表现在对别人的谅解和宽容上。另外，看到学生的成长和进步对孔子来说也是很快乐的，如“闵子侍侧，誾誾如也；子路，行行如也；冉有、子贡，侃侃如也。子乐”（《论语·先进》）。闵子骞站在孔子身旁，表现出恭敬而正直的样子；子路表现出很刚强的样子；冉有、子贡表现出温和而快乐的样子，孔子看了很高兴。孔子的高兴表现为教育之乐。

此外，对于孔子来说，最大的快乐就是行道、修德之乐，即我们通常所说的“孔颜乐处”。孔子志于道，将得道、成仁看成人生的最高境界，认为“不仁者不可以久处约，不可以长处乐”（《论语·里仁》），也正因为此，孔子在乱世之中、贫贱生活里仍能忧道、体道、践道，做到“饭疏食，饮水，曲肱而枕之，乐亦在其中矣”。“发愤忘食，乐以忘忧，不知老之将至尔！”（《论语·述而》）孔子的这种道之乐、德之乐被其学生颜回很好地践行了，在《论语·雍也》中，孔子称赞颜回的修养，称其为贤，其原因就是“一箪食，一瓢饮，在陋巷，人不堪其忧，回也不改其乐”。也就是说，孔子关于快乐的种类是多种多样的，但是，其基础和内涵是德之乐、道之乐，因为其学习的内容是圣人之德、朋友交往，教育的基础是道德修养。因此，对孔子来说，快乐是一种情感体验，它表现在生活的各个方面，但是“孔子称量自我人生的价值所用的砝码是具有崇高美的天下之利和万世之名的社会价值”①，他所追求的是庄重的人文道德境界，因而，他的快乐也就集中地表现为道之乐、德之乐。这种思想也被思孟学派所吸收和发展了。

子游认为，对道德的共同喜好是君子交往的基础，如“同悦而交，以德者也”（《性自命出·十六章》）。子思也认为，追求德性的人会以闻道、得道而快乐，如“闻道而悦者，好仁者也。闻道而畏者，好义者也。闻道而恭者，好礼者也。闻道而乐者，好德者也”（《五行·二十八章》）。两人都从德性的角度论述快乐。孟子对快乐的论述比较全面，他提出君子三乐：“君子有三乐，而王天下不与存焉。父母俱存，兄弟无故，一乐也；仰不愧于天，俯不怍于人，二乐也；得天下英才而教育之，三乐也。”（《孟子·尽心上》）认为天伦之乐、道德之乐、教育之乐是君子的三大快乐。此外，孟子认为，应该考虑老百姓的利益，以天下之乐为乐，以天下之忧为忧，如“乐民之乐者，民亦乐其乐；忧民之忧者，民亦忧其忧。乐以天下，忧以天下，然而不王者，未之有也”（《孟子·梁惠王下》），表现了孟子的民本思想和志士胸怀。但是孟子也认为，最大的快乐也是道之乐、德之乐。

孟子说：“万物皆备于我矣。反身而诚，乐莫大焉。强恕而行，求仁莫近焉。”（《孟子·尽心上》）认为最大的快乐是实现“诚”，而“诚”即为天道，即是善的道德本心，是君子修养的最高理想境界。而且孟子认为：“广土众民，君子欲之，所乐不存焉；中天下而立，定四海之民，君子乐之，所性不存焉。君子所性，虽大行不加焉，虽穷居不损焉，分定故也。君子所性，仁义礼智根于心，其生色也睟然，见于面，盎于背，施于四体，四体不言而喻。”（《孟子·尽心上》）广袤的土地，大量的民众是君子想要得到的，但是君子并不以此为乐；居住在天下的中央，安定天下的百姓，君子以此为乐，

① 谢阳举：《道家哲学之研究——比较与环境哲学视界中的道家》，张岂之主编，陕西人民出版社 2003 年版，第 293 页。

但这却不是君子的本性之乐；君子的本性之乐是自足的，是不以外在情况的改变而改变的，是发自于内心而表现于颜容的，是使人一目了然的自然而然之乐，即所谓“尊德乐义，则可以嚣嚣矣”（《孟子·尽心上》）的德性之乐。这种快乐是人的本性之乐，也是人生最大的快乐。

因此，思孟学派也认为，快乐的种类是多样的，但是其基点和论述的主旨是穷达不变的本性之乐，即德性之乐。此外，对于思孟学派来说，“诚”之乐、本性之乐是人生最大的快乐，而“诚”即为天道，人性为天所赋予，因此，追求和实现“诚”之乐、本性之乐的过程就是同天乐天的过程，是一种实现人的道德、社会本性和本体的形上之乐，是儒家和思孟学派最高的情感境界。

亚里士多德从批判流行的快乐观点和实现活动的角度论述快乐。同时代比较流行的快乐观点有三种：一是由欧多克索斯提出的快乐是善的观点。欧多克索斯认为，快乐为所有的生命物所欲求，是与所有的生命物所躲避的东西（作为恶）的相反者，是没有自身之外的目的，是使善的事物更值得欲求的东西，所以，快乐是善，或者说，是善自身。[①] 二是斯彪西波关于快乐是恶的观点。他认为，一切快乐都是向着正常品质回复的感觉过程，而过程与其目的在性质上是不同的，而且节制的人都避开快乐，明智的人追求的是无痛苦而不是快乐，并且快乐会蒙蔽明智，是儿童和兽类喜欢追求的，往往会使人成为快乐的奴隶，因此，即使快乐不都是坏的，把它算作坏的也有利于我们的生活。[②] 三是柏拉图的观点。柏拉图在《斐莱布篇》中认为：善是最完善的东西，是一种混合物，因此，无论是理性还是快乐都不是善本身，因为它们都不是自足的，不具有令人满意的完善的性质。因此，他断定快乐不是善，不是善本身。但是他认为，在善的混合物中，无痛苦的快乐，即灵魂本身的纯粹的快乐是善的第五种组成部分，这种快乐主要指理智之乐以及与健康、节制等德性相伴随的快乐。也就是说，真正的快乐虽然不如尺度、理性等在善的组成中的地位，但也是善的不可或缺的一部分。[③]

在《尼各马可伦理学》第七卷第11—14章和第十卷第1—5章中亚

---

① ［古希腊］亚里士多德：《尼各马可伦理学》，廖申白译，商务印书馆2003年版，第290—291页。

② 同上书，第217—218页。

③ ［古希腊］柏拉图：《斐莱布篇》王晓朝译，《柏拉图全集》第3卷，中国人民大学出版社2003年版，第189—190、253—263页。

里士多德集中讨论了快乐的相关问题，他驳斥了快乐是恶的观点，他认为，快乐不是向着正常品质回复的感觉过程，而是正常品质“未受到阻碍的实现活动”①，正常品质回复过程中的快乐只是偶性上的快乐，不是真正的快乐，真正的快乐是使我们正常品质完善的那些快乐。因此，“即使大多数快乐是坏的或总体上是坏的，某种特殊的快乐仍然可以是最高善”②。对于快乐是善的观点，亚里士多德运用柏拉图善是一种完善的东西的观点进行了反驳，并且认为快乐是实现活动的完善，而“实现活动有好坏的不同，有的值得欲求，有的应当避免，有的既不值得欲求也不需要避免，他们各自的快乐就也是如此。因为，每种实现活动都有自身的快乐。所以，实现活动是好的，其快乐也是好的，实现活动是坏的，其快乐也是坏的”③，因此，他认为“快乐不是善。或者，并非所以快乐都值得欲求，只有那些在形式上和来源上与其他快乐不同的快乐自身才值得欲求”④，而快乐也有种类和高低的不同，“思想的快乐高于感觉的快乐，在思想的快乐之间，也有一些快乐高于另外一些快乐”⑤。

对于柏拉图，亚里士多德批判了其快乐不能是最高善的观点，认为某种特殊的快乐可以是最高善，这种快乐，亚里士多德指的是与最高幸福相伴随的快乐。此外，亚里士多德借鉴了柏拉图快乐不是善自身及德性之乐是善不可或缺的部分的观点，并将快乐与实现活动联系起来⑥，认为“快

---

① ［古希腊］亚里士多德：《尼各马可伦理学》，廖申白译，商务印书馆 2003 年版，第 1153b11—12 页。

② 同上书，第 1153b13—14 页。

③ 同上书，第 1175b25—28 页。

④ 同上书，第 1174a10—12 页。

⑤ 同上书，第 1176a1—2 页。

⑥ 对于快乐与实现活动的关系，亚里士多德的论述有前后不一致的地方：在《尼各马可伦理学》第 7 卷里，亚里士多德认为，快乐是正常品质未受阻碍的实现活动，将快乐和实现活动等同起来论述。而在第 10 卷里则认为，快乐是实现活动的完善，快乐是实现活动的伴随物，属于实现活动。虽然两卷中的论述都将快乐与实现活动联系起来，但第 7 卷注重快乐与实现活动的一致，而第 10 卷注重快乐和实现活动的不可分性及其对实现活动的作用，两处的不一致很明显。所以，有的学者如格兰特认为，第 7 卷是出于亚里士多德的学生欧台谟之手，而第 10 卷更能代表亚里士多德的观点，但是有的学者如爱尔温则认为，两卷都代表亚里士多德的观点，只是第 7 卷针对的是斯彪西波学派快乐是恶的观点，而第 10 卷针对的是欧多克索斯关于快乐是善本身的极端快乐主义观点，也针对斯彪西波的反快乐主义观点，两者似乎有所互补，而亚里士多德本人的观点在第 10 卷中表现得更为清楚。我们在此姑且不论第 7 卷到底是不是亚里士多德的观点，但第 10 卷更能代表亚里士多德的观点已被学术界广泛认同。因此，我们认为，快乐与实现活动的确切关系是快乐是实现活动的完善，快乐的种类和高低来源于实现活动的种类和高低。

乐则与实现活动联系紧密，难以分离”[①]，“没有实现活动也就没有快乐，而快乐则使每种实现活动更加完善”[②]，“快乐加强着实现活动，而加强着一种实现活动的快乐也就必定属于它”[③]，而“完善着完美而享得福祉的人的实现活动——不论是一种还是多种——的快乐就是最充分意义上的人的快乐。其他的快乐，也像其他的实现活动一样，只在此等的或更弱的意义上是人的快乐”[④]。也就是说，亚里士多德从实现活动的角度界定快乐，德性、幸福实现活动所伴随的快乐是最充分意义上的、真正的快乐。其快乐的主旨和内涵同思孟学派一样是基于德性的，所不同的是，思孟学派注重德性本身之乐，而亚里士多德注重德性活动之乐。

二 不乐无德

无论是思孟学派还是亚里士多德都认为，快乐是实现德性和幸福的必要条件，没有快乐就没有完满的德性和幸福。思孟学派的这一观点突出地表现在子思的《五行》中。

> 君子无中心之忧则无中心之智，无中心之智则无中心［之悦，无中心之悦则不］安，不安则不乐，不乐则无德。(《五行·二章》)
>
> 善弗为无近，德弗志不成，智弗思不得。思不精不察，思不长［不得，思不轻］不形。不形不安，不安不乐，不乐无德。(《五行·三章》)
>
> 不聪不明，［不明不圣］，不圣不智，不智不仁，不仁不安，不安不乐，不乐无德。(《五行·十一章》)

子思认为，心中没有忧虑和思索就没有智慧，没有智慧就没有喜悦之情，没有喜悦之情人就会不安和焦躁，如果不安和焦躁就不会有快乐，而没有快乐也就没有德性。因此，快乐是实现德性的必要条件。孟子也认

---

① ［古希腊］亚里士多德：《尼各马可伦理学》，廖申白译，商务印书馆 2003 年版，第 1175b31—32 页。

② 同上书，第 1175a21 页。

③ 同上书，第 1175a35—36 页。

④ 同上书，第 1176a25—28 页。

为："有天爵者，有人爵者。仁义忠信，乐善不倦，此天爵也；公卿大夫，此人爵也。"（《孟子·告子上》）对仁、义、忠、信等善德的喜欢是人的本性，也就是说，善本身是快乐的，快乐是善的内涵之一。换言之，快乐也就是实现完善的必要条件之一。但是，无论是子思还是孟子，其所谓的快乐不是德性、善之外所附加的快乐，而是德性与善本身所包含的和附带的快乐，这一点也是亚里士多德所认同和强调的。

亚里士多德认为："公正的行为给予爱公正者快乐，合德性的行为给予爱德者快乐。许多人的快乐相互冲突，因为那些快乐不是本性上令人愉悦的。而爱高尚［高贵］的人以本性上令人愉悦的事物为快乐。合于德性的活动就是这样的事物。这样的活动既令爱高尚［高贵］的人们愉悦，又自身就令人愉悦。所以，他们的生命中不需要另外附加快乐，而是自身就包含快乐。"①本性的、合于德性的快乐属于德性活动自身，其自身也就是目的。

此外，亚里士多德也认为，真正的快乐本身是值得欲求的，是实现幸福的必要条件之一。他说，"如果每种品质都有其未受阻碍的实现活动，如果幸福就在于所有品质的，或其中一种品质的未受阻碍的实现活动，这种实现活动就是最值得欲求的东西。而快乐就是这样的未受到阻碍的实现活动。从这一点来看，即使大多数快乐是坏的或在总体上是坏的，某种特殊的快乐仍然可以是最高善。正因为这一点，人人都认为幸福是快乐的。也就是说，人们都把快乐加到幸福上。这样看是有道理的。因此，既然没有一种受到阻碍的实现活动是完善的，而幸福在本性上是完善的，"② 那么，快乐或真正的、本性上的快乐必然是属于幸福的，或者说，幸福本身是快乐的，如果幸福的人不比不幸福的人更加快乐是完全没有道理的。也就是说，快乐属于德性与幸福的实现活动，"没有实现活动也就没有快乐"③，而没有快乐，实现活动本身就是不完善的，人们就不会幸福。

三　警惕快乐与寡欲

亚里士多德认为，快乐属于实现活动，实现活动的不同决定了快乐的

---

① ［古希腊］亚里士多德：《尼各马可伦理学》，廖申白译，商务印书馆2003年版，第1099a10—16页。

② 同上书，第1153b9—18页。

③ 同上书，第1175a21页。

不同，实现活动从总体上有德性的实现活动和肉体的实现活动两类，而德性的实现活动高于肉体的实现活动。“所以，由于实现活动不同，它们的快乐也就不同。视觉在纯净上超过触觉，听觉与嗅觉超过味觉，它们各自的快乐之间也是这样。同样，思想的快乐高于感觉的快乐，在思想的快乐相互之间，也有一些快乐高过另外一些快乐。”① 对于亚里士多德来说，思想的快乐、德性的快乐是本性上的快乐，不存在过度状态，越多越好，而肉体的快乐、感觉的快乐是偶性上的快乐，是存在过度状态的。他说：“尽管有些品质和过程在善这方面不存在过度，因而也不会有过度的快乐，但是有一些品质与过程中的确存在这种过度，因而会有过度的快乐。在肉体快乐方面存在过度。坏人所以成为坏人就是由于追求过度的而不是必要的肉体快乐。”② 因此，当肉体快乐处于适度的状态时就是善的，是我们应该追求的，而当其过度时就成为恶，是我们应当避免的，从这个角度出发，亚里士多德提出了警惕快乐的观点。

此外，我们之所以要警惕快乐，或者警惕肉体快乐，是因为肉体快乐的普遍性和过度的肉体快乐的强烈性，亚里士多德认为：“肉体快乐据有了快乐的总名。因为，它是我们接触得最多且人人都能够享受的快乐。所以，人们就认为只存在着这样的快乐，因为他们只知道这些快乐。”③ 因为肉体快乐为大众所拥有，而且可以轻易地享受，所以这种肉体的快乐常常湮灭了德性的快乐而成为人们追求的首选，而缺乏理性和德性的人们常常会因为肉体脱离理性的控制而使肉体的快乐趋向过度。而且“过度的痛苦使人们追求过度的快乐……由于与痛苦的鲜明反差，这种快乐显得十分强烈，所以人们追求它。”④ 但是这种过度的快乐是偶性上令人愉悦的，当情况发生改变时，以前的快乐也会成为痛苦的根源，如果之后为了消除痛苦而再追求过度的肉体快乐，就会使人陷入恶性循环中无法自拔，久而久之就会消泯人的本性而遁入兽性。所以警惕肉体快乐，通过教育和指导，让高尚的情趣、思想和德性的快乐占据人们的心灵，是实现德性和幸福的重要手段之一。

---

① ［古希腊］亚里士多德：《尼各马可伦理学》，廖申白译，商务印书馆 2003 年版，第 1175b36—1176a2 页。

② 同上书，第 1154a15—24 页。

③ 同上书，第 1153b35—1154a2 页。

④ 同上书，第 1154a29—32 页。

对应于亚里士多德，孟子提出了“寡欲”的观点。其实，减少欲望、勤俭节约是儒家一直以来的传统：孔子在《论语·季氏》中说：“丘也闻有国有家者，不患寡而患不均，不患贫而患不安。”认为寡和贫不是国家祸乱的根源，国家动乱是因为财产不均，人心不安，所以，将“固穷”作为君子的优秀品质。子思提出了对情感的“中节”观念，孟子继承了孔子、子思安贫乐道的思想，并且进一步强化了“寡欲”对实现人的本性的作用。他认为：“养心莫善于寡欲，其为人也寡欲，虽有不存焉者，寡矣；其为人也多欲，虽有存焉者，寡矣。”（《孟子·尽心下》）将人的物质欲望和人的道德本性对立起来论述，认为人的欲望少，所存善性必然就多，人的欲望多，所存的善性就必然会少。因此，特别强调人对外在事物缺乏的自足性，尤其反对外在事物即欲望，对人的内在本性的侵蚀。如他说：“有天爵者，有人爵者。仁义忠信，乐善不倦，此天爵也；公卿大夫，此人爵也。古之人修其天爵，而人爵从之。今之人修其天爵，以要人爵；即得人爵，而弃其天爵，则惑之甚者也，终亦必亡而已矣。”（《孟子·告子上》）认为为了公卿大夫等功名利禄而放弃仁、义、忠、信等道德本性必然会导致人的本性的消亡。因此，孟子特别强调“多欲”对人本性的损害及“寡欲”对实现德性的作用。

因此，无论是亚里士多德还是思孟学派都意识到过度的肉体快乐和过多的欲望对实现德性的阻碍作用，因此提出了警惕快乐和寡欲的观点。但是，亚里士多德所谓的警惕快乐主要是针对过度的肉体快乐，特别是触觉和味觉的肉体快乐，对于视觉、听觉、嗅觉等肉体快乐，亚里士多德往往持赞赏的态度，例如，他认为音乐、建筑、雕塑、绘画等肉体快乐有净化心灵的作用，可以完善我们的生活。在这一点上，思孟学派与亚里士多德是相同的。但是思孟学派寡欲的范围要广、程度要深，不仅强调对食欲、色欲等肉体欲望的控制和减少，而且强调对财富、利禄等外在事物的控制，往往强调外在缺乏下的内在自足，追求一种自得之乐。

四　痛苦与忧患

对于亚里士多德来说，不乐无德，没有快乐就没有完善的德性，因此，快乐是德性实现的必要条件之一。但是，并不是对所有人，并不是在所有的时候，德性的实现过程都是快乐的。德性之乐虽然属于德性自身，但是对于有些人，特别是青年人，在其德性还没有完全形成之前，德性的培养过程对他们来说是痛苦的。“如一个青年人不是在正确的法律下成长的话，很难把他培养成一个道德高尚的人。因为，节制和艰苦的生活是不为大多数人所喜欢的，特别是对青年人。所以要在法律的约束下进行哺育，在变成习惯之后，就不再痛苦了。然而，作为青年人只是正确的哺育还是不够的，就是在长大成人之后还应继续进行这种训练，并且养成习惯。我们还需要与此相关的法律，总的说来，关于整个一生的法律。”[①] 也就是说，德性自身携带着快乐，但是由于德性是后天养成的，其养成的过程伴随着痛苦。换言之，当一个人对某一德性活动不再痛苦而是能够享受其中的快乐时，我们才说其真正地获得了这种德性，能不能快乐地进行德性活动是是否具备该德性的标志。所以，在这种情况下，痛苦与快乐是相对的、相反的，痛苦的消失、快乐的形成是一德性完善的标志。

而且，这种相对立的情形还表现在不同德性的实现活动中，也就是说，一种实现活动的快乐对于另一种实现活动是痛苦的，对另一种实现活动起毁灭性作用，“自身的快乐和痛苦，也就是从一项实现活动本身产生的快乐和痛苦。而不同类属的快乐，如刚刚说过的，就相当于自身的痛苦。因为，它们毁灭实现活动，尽管不是以同样的方式”[②]。例如，爱听长笛的人听到长笛的演奏就无心继续谈话，因为他们更喜欢听长笛演奏而不是谈话，听长笛演奏的快乐妨碍了谈话活动，而这种快乐就相当于谈话活动自身的痛苦，它终止了谈话活动。一种活动的快乐是另一种活动的痛苦，快乐与痛苦在这种情形下既是对立的，也是相互转化的。

此外，对不道德行为的痛苦也是获取德性、实现德性的重要途径，也就是说，不仅喜欢德性、能够享受德性之乐是德性完善的标志，而且对于不合于德性行为的痛苦，也会促使人们回归到德性之中，这种痛苦对于德性的实现是有益的。所以“我们把快乐与痛苦当作教育青年的手段。而且，我们把爱所应当爱的，恨所应当恨的看作养成德性的品质的最为重要

---

① ［古希腊］亚里士多德：《尼各马科伦理学》，苗力田译，中国人民大学出版社 2009 年版，第 1179b34—1180a5 页。

② ［古希腊］亚里士多德：《尼各马可伦理学》，廖申白译，商务印书馆 2003 年版，第 1175b20—24 页。

的内容。快乐与痛苦贯穿于整个生命，对于德性与幸福至为重要”[①]。从这个角度来看，痛苦和快乐是相辅相成的，痛苦是为了快乐，快乐伴随着痛苦。

因此，在亚里士多德的伦理学中，快乐出现的地方就会有痛苦出现，快乐与痛苦对于同一种德性是相反对的，对于不同的德性既是相对立的又是相互转化的，而正当的痛苦、作为善的痛苦又是与快乐相辅相成的。在思孟学派的伦理学中，与乐相对立的有哀、悲等词汇，但是对于德性来说，思孟学派论述更多的是“忧”，如孔子的“忧道不忧贫”（《论语·卫灵公》），子思的“无中心之忧则无中心之智”（《五行·二章》），孟子的“忧以天下”（《孟子·梁惠王下》）等。但是与亚里士多德不同的是，思孟学派认为，德性是人的内在本性，所以德性不仅本身包含快乐，而且其实现过程是没有痛苦的，其所谓的“忧”不是指德性修养，而是指德之不成、德的缺失及天下之混乱。也就是说，思孟学派其实也承认“寡欲”不是每个人都能做到的，也不是每个人都能以贫为乐，都能享受德性的快乐的，但是他们不讨论德性修养过程中外在物质缺失的痛苦及某些德性，如节俭等在养成过程中的痛苦，而是认为君子应该“固穷”。所以，他们将痛苦聚焦在德的缺失及天下的混乱上，而这种“忧”与痛苦恰恰能够成全君子的德性之乐。换言之，思孟学派的“忧”与“乐”是两面一体的，“忧”德之不成是成德的动力，这种“忧”可以带来实现德性的快乐，所以，忧乐圆融是儒家及思孟学派追求的理想境界，而这种境界与亚里士多德正当的快乐与痛苦有一定的相似性，都注重快乐与痛苦相成的一面及其对德性的完善作用。所不同的是，亚里士多德的痛苦与快乐也有相对立的一面，而对于德性修养过程中的痛苦，思孟学派是缺而不论的。

但是，思孟学派也认为，人的生存和成长应该经历磨难和痛苦，如孟子认为，“天将降大任于斯人也，必先苦其心志，劳其筋骨，饿其体肤，空乏其身，行拂乱其所为，所以动心忍性，曾益其所不能”（《孟子·告子下》），而且告诫人们“生于忧患而死于安乐”（《孟子·告子下》）。也就是说，孟子认为干大事者必须要具备坚毅的性格和过人的才能，而这些

---

① ［古希腊］亚里士多德：《尼各马可伦理学》，廖申白译，商务印书馆 2003 年版，第 1172a20—24 页。

往往不是天生的，而是经过身心的磨砺和锻炼形成的，而这个过程也必然伴随着忧患和痛苦。因此，虽然思孟学派没有直接论述道德修养过程中的痛苦和煎熬，但是，如果我们承认，人的生存和成长过程和德性的修养过程具有一致性，那么，也就等于承认，德性的实现过程是心志经历磨难和痛苦的过程，德性之乐也是伴随着痛苦的，只是思孟学派更为强调德性本身及德性修养过程中的快乐，对痛苦的论述不如亚里士多德直接明了而已。

总之，思孟学派与亚里士多德都注重德性之乐，认为德性实现过程中的快乐是真正的、本质上的快乐，而最大的快乐就是完满德性的快乐，即幸福之乐和成德之乐；并且认为，快乐属于德性自身，快乐具有加强和完善德性的作用，没有快乐就没有完善的德性和真正的幸福，快乐是实现德性的必要条件之一。此外，亚里士多德认为，肉体的快乐存在着过度，而过度的肉体快乐对德性的实现有阻碍作用，所以应该警惕快乐，特别是味觉与触觉上的肉体快乐；思孟学派也认为，过多的欲望会湮灭人的善的本性，所以提出寡欲，只是在程度和范围上，思孟学派的寡欲要比亚里士多德的警惕快乐强烈。关于痛苦与忧愁、忧虑的问题，亚里士多德的立论比较客观，注意到了痛苦与快乐各种不同的关系及痛苦的不同作用，而思孟学派更加注重人的精神作用，回避和间接论述了德性修养过程中的痛苦现象，只将忧与痛苦限定在德之缺失及天下混乱上，提倡忧乐圆融的精神境界。

第八章　外在善与德性

亚里士多德认为有三种善的事物，外在善、身体的善和灵魂的善，灵魂的善是内在善，是人的内在品质，外在善和身体的善属于外部的美好事物，与灵魂的善有内外之分，因此，亚里士多德常常将外在善和身体的善统称为外在善，或外在手段。所以，我们此处所说的外在善，除了财富、高贵出身、好运、朋友、可爱的子女等外在善外，还包括健康、强壮、健美等身体的善。思孟学派所谓的善主要指人的道德品性及由内而外的道德行为，属于内在善，但是，它也有关于德性与外在事物（如财富、利禄、地位等）的关系论述，集中表现在义与利、富贵与道的关系上。

一　外在不足与自足

孔子是儒家学说的开创者，他对义与利、义与富贵、道与外在财富的关系论证奠定了儒家重义轻利、以义为上的伦理富贵观的基础。

> 富与贵，是人之所欲也；不以其道得之，不处也。贫与贱，是人之所恶也；不以其道得之，不去也。(《论语·里仁》)
>
> 百姓足，君孰与不足？百姓不足，君孰与足？(《论语·颜渊》)
>
> 子适卫，冉有仆。子曰："庶矣哉！"冉有曰："既庶矣，又何加焉？"曰："富之。"曰："既富矣，又何加焉？"曰："教之。"(《论语·子路》)
>
> 善人是富。(《论语·尧曰》)
>
> 君子喻于义，小人喻于利。(《论语·里仁》)
>
> 君子之于天下也，无适也，无莫也，义之与比。(《论语·里仁》)

士志于道，而耻恶衣恶食者，未足与议也。(《论语·里仁》)

饭疏食饮水，曲肱而枕之，乐亦在其中矣。不义而富且贵，于我如浮云。(《论语·述而》)

贤哉，回也！一箪食，一瓢饮，在陋巷，人不堪其忧，回也不改其乐。贤哉，回也！(《论语·雍也》)

君子固穷，小人穷斯滥矣。(《论语·卫灵公》)

君子忧道不忧贫。(《论语·卫灵公》)

孔子的论述可以概括为以下几点：其一，财富和利禄是每个人都想得到的美好事物；其二，统治者不应该与民争利，而是应该尽力让老百姓富裕起来，并对之进行应有的教育，使其钱财用之有道；其三，统治者应该让“善人”，即有德性的人先富起来，国家的忧患不在于贫穷，而在于人心浮躁、社会动乱。其四，富贵虽然是每个人都想得到的，但是，君子爱财，取之有道，合乎道义的钱财应该尽量获取，不合乎道义的钱财，应该果断放弃，道义是获取富贵的前提和标准；其五，当富贵与道义、德性发生矛盾时，君子应该“以义为上”，应该“杀生以成仁”，追求完美的、高尚的理想人格。其六，当富贵不能获取时，君子应该“固穷”，安于贫困。

因此，孔子其实从三个角度论述了外在善：一是从普遍的人性来看，财富、利禄是每个人的所愿、所想、所需，是无可厚非的，并且是应该积极获取的，富贵的获得同时是人的能力的标志之一；二是从统治者和民众的角度来论述财富，认为让老百姓富裕并进行教导是统治者应尽的义务，统治者不应该与民争利，而是应该让有德之人先富起来，并且避免社会贫富悬殊过大，导致社会动乱；三是从君子即理想人格的角度来论述富贵与道、义的关系，认为君子的目标应该是“义”，是“仁”，自我的完成和修养是君子的第一要务，因此，君子应该“见利思义”，应该“忧道不忧贫”，将道与义作为获取钱财的标准，在无法正当的获取钱财时，能够固守贫困，圆融自得、缺失自足。在这三个方面中，孔子着重论述第三方面，所以，孔子虽然并不否弃富贵，但是却重义轻利，以义为本、以德性为本。这一点也被曾子、子思继承和发展。

曾子曰：“晋楚之富，不可及也；彼以其富，我以吾仁；彼以其爵，我以吾义，吾何慊乎哉？”（《曾子全书·晋楚》）将富贵与仁义对举，突出了仁义的重要性和优越性。《礼记·表记》为子思所作，主要论述君子之德，其中有言曰："子曰：'事君可贵可贱，可富可贫，可生可杀，而不可使为乱。'"朱熹注曰："乱，谓违废事君之礼。"吕舆叔注曰："贵贱、贫富、生杀，君所操以御臣之具也。故臣之事君，无所逃乎天地之间，东西南北，惟命之从。及违于理义，则臣得以争于君。故君以我为贤，则可处之以富贵；以我为不肖，则可处之以贫贱；以我为无罪，则可生；以我为有罪，则可杀。其不可夺者，理义而已。故凡违乎理义者，皆乱了。"[①] 也就是说，富贵贫贱、生杀存亡是天地间正常的事，也是臣子侍候君主可能得到的结果，因此，富贵贫贱、生杀存亡不应成为我们行为取舍的依据，我们的依据只有一个，即理义。我们既不能因为富贵和生存而违废理义，也不能因为贫贱和死亡而违废理义，理义是君子应坚持的根本原则，此与孔子的"无求生以害仁，有杀生以成仁"（《论语·卫灵公》）异曲同工。此外，《缁衣》也认为，富贵和贫贱不应成为人与人交往的凭借，人们交往的原则应该是礼义。如"子曰：'轻绝贫贱而重绝富贵，则好贤不坚，而恶恶不著也。人虽曰不利，吾不信也。诗云：'朋友攸摄，摄以威仪。'"贤者不必然贫贱，恶者不必然富贵，以富贵和贫贱为标准进行交往，追求的必然是利益而已。所以，朋友之间的交往应该以礼义为准，以礼义为本。

《表记》和《缁衣》都认为，君子应该重义轻利、以义为本，将理义、道义、礼义作为君子为人处世的根本原则，必要之时应做到"以身殉道"、"杀生成仁"。而"君子固穷"、缺失自足也是儒家伦理富贵观的主要内容之一，这一点也被子思继承和发展了，主要表现在竹简《穷达以时》中。《穷达以时》认为，"遇不遇，天也"，人的飞黄腾达和困窘低迷往往不是人自身能够决定的事，而且我们行为的目的也不是求取功名利禄，所以"动非为达也，故穷而不[怨。隐非]为名也，故莫之知而不吝"，"穷达以时，德行一也"。所谓"死生有命，富贵在天"（《论语·颜渊》），而且富贵本身也不是君子追求的目的，君子以"人道"、"天道"、"成人"为其奋斗目标，所以，无论是困穷还是腾达，无论是贫贱还是富贵，君子的内在品性和外在德行是不会有所改变的。也就是说，君子穷时故穷，富时固富，富贵和贫贱不足以影响君子的品性和德行，无论

---

① （清）朱彬：《礼记训撰》（上、下），饶钦农点校，中华书局 1996 年版，第 797 页。

在何种条件下，君子都以“道”作为自身的原则而无丝毫动摇。忧乐圆融、缺失自足是儒家及思孟学派追求的理想境界，而这种境界突出地表现了思孟学派对利、对富贵的轻视。

曾子、子思主要继承和发展了孔子关于利与义论述的第三个方面，孟子则对其三个方面都有所继承，并且进一步强调了义的优先性、自足性以及义与利的矛盾性，重义轻利的色彩比孔子、子思更浓。首先，孟子认为富贵是人心之所同，而且善于理财者往往能够安然地度过自然灾害，获得安定的生活，如“欲贵者，人之同心也”（《孟子·告子上》），“人亦孰不欲富贵”（《孟子·公孙丑下》），“周于利者凶年不能杀”（《孟子·尽心下》）。其次，孟子认为，基本生活资料的有无和多寡会影响到人们的心理状态和社会安定，所以主张制民之产，让民众有富足的生活，然后对其进行礼义、道德教育。

> 富岁，子弟多赖；凶岁，子弟多暴，非天之降才尔殊也，其所以陷溺其心者然也。（《孟子·告子上》）
>
> 民之为道也，有恒产者有恒心，无恒产者无恒心。（《孟子·滕文公上》）
>
> 今也制民之产，仰不足以事父母，俯不足以畜妻子；乐岁终身苦，凶年不免于死亡。此惟救死而恐不赡，奚暇治礼义哉？（《孟子·梁惠王上》）
>
> 人之有道也，饱食、暖衣，逸居而无教，则近乎禽兽。（《孟子·滕文公上》）

孟子认为，对于民众来说，有恒产者才会有恒心，如果人们吃不饱、穿不暖，是没有心情接受道德教育的，因而社会就有陷入荒蛮之境的危险。因此，统治者应该尽力让人们衣食无忧、丰衣足食。但是，孟子同时又提出，统治者应该以仁义治国，让百姓富足是国君仁爱百姓的表现，统治者本身不应该追求自己的私利，并且应该大力提倡仁义。如“孟子见梁惠王，王曰：‘叟！不远千里而来，亦将有以利吾国乎？’孟子对曰：‘王！何必曰利？亦有仁义而已矣。’”（《孟子·梁惠王上》）孟子认为，如果统治者以利益为目标，必然会导致“上下交征利而国危矣”（《孟子·梁惠王上》）。只有在国内大力倡导仁义，才能上下相合，秩序井然。

所以，无论从百姓的角度还是从统治者的角度，仁义治国是其必然的选择，维护百姓的利益，让其富足也是为了社会的长治久安。

因此，孟子虽然注重仁义，但是也并不完全排斥利益，只是认为，义先利后，以仁义为本。当利与仁义、道发生矛盾时，选择道与义而放弃利，这一点孟子同孔子、子思是相同的。

> 大人者，言不必信，行不必果，惟义所在。(《孟子·离娄下》)
>
> 生亦我所欲也，义亦我所欲也；二者不可得兼，舍生而取义者也。(《孟子·告子上》)
>
> 饮食之人，则人贱之矣，为其养小以失大也。(《孟子·告子上》)
>
> 非其道，则一箪食不可受于人；如其道，则舜受尧之天下，不以为泰。(《孟子·滕文公下》)
>
> 有天爵者，有人爵者。仁义忠信，乐善不倦，此天爵也；公卿大夫，此人爵也。古之人修其天爵，而人爵从之。今之人修其天爵，以要人爵；即得人爵，而弃其天爵，则惑之甚者也，终亦必亡而已。(《孟子·告子上》)

但是，由于孟子对仁义的过度强调，使其轻利的倾向更加明显。首先，他虽然认为富贵是人心之所同，但是当他将人性确定为善时，就从理性上将“利欲”排除在人性之外。他认为：“口之于味也，眼之于色也，耳之于声也，鼻之于臭也，四肢之于安佚也，性也，有命焉，君子不谓性也。仁之于父子也，义之于君臣也，礼之于宾主也，知之于贤者也，圣人之于天道也，命也，有性焉，君子不谓命也。”(《孟子·尽心下》)口对于美味，眼对于美色，耳对于好听的声音，鼻对于芬芳的气味，四肢喜欢舒服，这些都是天性，也属于命运，但是君子不将人的这些自然本性当作人的特有之性，而人区别于禽兽的本有特性就是仁、义、礼、智等道德德性。因此，君子的目标就是成人，成为一个真正的、德性完满的人，这自然就将“利欲”放入更加轻忽和对立的位置。

其次，和孔子相比，孟子更加强调“义”和“利”之间的矛盾性，而忽视两者之间的相容性，如“为富不仁矣，为仁不富矣”(《孟子·滕文公上》)。孟子对这句话的肯定，表明他认为发财致富和行仁义是不可兼得的。此外，在论及如何培养人的道德品性时，孟子说："养心莫善于寡欲，其为人也寡欲，虽有不存焉者，寡矣；其为人也多欲，虽有存焉者，寡矣。"（《孟子·尽心下》）认为清心寡欲、不重视物质财富是道德修养的最佳途径。如果一个人淡泊名利，即使不够完美，差距也不会大；如果其重色、重欲，注重外在富贵，即使有很高的修为，离完善的境地还很遥远，强调了"义"与"利"、"道"和"富贵"的不可兼容性和矛盾性。

另外，孟子说："尊德乐义，则可以嚣嚣矣。故士穷不失义，达不离道。穷不失义，故士得己焉；达不离道，故民不失望焉。古之人，得志，泽加于民；不得志，修身见于世。穷则独善其身，达则兼善天下。"（《孟子·尽心上》）孟子认为，只要崇尚德、喜欢义就可以自得其乐。穷困之时不失掉义，就可以守住本我之性善，自然乐在其中；得意时，能够推行仁政、德政，兼善天下，自然也乐在其中。所以只要尊德乐义，无论穷达，我们都可以乐在其中，强调了道、德性的优越性和自足性，是对孔子的"君子固穷"和子思的"穷达以时，德行一也"精神的传承。并且提出了"富贵不能淫，贫贱不能移，威武不能屈"（《孟子·滕文公下》）的大丈夫精神，显示了孟子的内在精神特质。

因此，无论是孔子还是思孟学派，都没有否定外在善，没有否定外在物质财富的必要作用。但是他们都认为，道和义是获取富贵的依据，如果富贵是合于道义的，那么，就应该积极获取；如果不符合道义，就应该果断地予以放弃。并且认为道和义应该是君子追求的目标，无论穷达，都应该坚持自身的道德修养，显示了重义轻利、以义为本的特色。此外，孟子往往将义和利放在对立的位置上进行对立选择，突出了两者之间的矛盾性和不相容性，进一步强调了德性的优越性和自足性，将儒家德性论的内在精神特征提到了那个时代的顶点。

二　必要条件

思孟学派的善主要指内在善以及由内在善而发的外在道德行为，而亚里士多德的善，除了灵魂的善即内在善之外，还提出了身体的善和外在善，并且认为，外在善是实现灵魂善的手段，但是这种看法并不是亚里士多德的首创。苏格拉底最先将善与财富联系起来论述，提出了伦理财富观，即财富位于伦理之下，如他说："财富不会带来美德（善），但是美德（善）会带来财富和其他各种幸福，既有个人的幸福，又有国家的幸福。"[①] 将善和财富并举，强调善的优先性和涵盖性。其后，柏拉图对这一理论进行了进一步发展，他在《法律篇》中说：每个立法者制定的每项法律的目的是获得最大的善，这种善不是对外战争也不是对内战争获得的利益，而是人们之间的和平和善意，所以，法律的制定应该以整体美德为基础和目标。同时他认为，能够对个人和国家的幸福帮助最多的应该给予最高的荣誉，因此提出三分法，将精神财富放在首位，其中良好的判断力最重要，其次是节制、正义和勇敢；将身体的善放在第二位，其中健康占首位，其次是漂亮和力量；将财富放在第三位，并且强调精神财富，即德性的优先地位，认为后两者取决于前者，如果一个人得到了前者就意味着他也得到了后两者。[②] 他的这种对德性的过分强调以及以德性涵盖一切的论断也表现在其《国家篇》中。他认为，最理想的国家是将私有财产观念从生活中彻底根除的国家，在这个国家中朋友之间真诚地共享一切，是一个共妻、共儿童、共产的社会，[③] 这种社会完全依靠道德和法律维持其秩序，财富的作用只是维持人的生命，实现幸福生活的手段。因此，就更加淡化了财富等外在善的意义，重德轻利的倾向非常明显。

亚里士多德继承了苏格拉底和柏拉图的伦理财富观，认为灵魂的善是幸福生活的基础和关键，外在善（包括身体的善）是实现灵魂善的手段。换言之，德性是目的，外在善是手段。但是与两位前贤不同的是，亚里士多德虽然强调德性，但并不轻视财富等外在善，并不认为获得了德性就自然可以获得财富，获得了德性就必然会幸福，他在定义"幸福是灵魂合于完满德性的实现活动"的同时，也强调外在善是实现德性和幸福的必要条件。他在《政治学》中说："财产既然是家庭的一个部分，获得财产也应该是家务的一个部分；人如果不具备必需的条件，他简直没法生活，更说不上优良的生活。"[④] 因此，他集中探讨了致富的方式，认为农、牧、

---

① ［古希腊］柏拉图：《申辩篇》，王晓朝译，人民出版社 2002 年版，第 30b1—4 页。

② ［古希腊］柏拉图：《法律篇》，张智仁、何勤华译，孙增霖校，上海人民出版社 2001 年版，第 6—11、99 页。

③ ［古希腊］柏拉图：《国家篇》，王晓朝译，人民出版社 2003 年版，第 439 页。

④ ［古希腊］亚里士多德：《政治学》，吴寿彭译，商务印书馆 1965 年版，第 1253b23—25 页。

渔、猎是自然的合乎正义的致富方式，应该得到赞成和鼓励，而商业、借贷业和雇佣劳动是非自然的不合乎正义的致富方式，应该受到指责，其中尤以借贷业最为令人憎恶。① 也就是说，亚里士多德支持正义基础上的积极致富，在强调德性的优先性的同时，肯定财富等外在善的积极的、必不可少的作用。关于德性与外在善的关系，在其著作《尼各马可伦理学》中有集中、明确的论述。

幸福是亚里士多德伦理学的目的，"灵魂合于完满德性的实现活动"就是幸福。因此，亚里士多德的伦理学是德性伦理学，幸福生活的本质在于德性的实现。此外，亚里士多德还谈论了幸福与外在善的关系：

> 不过，如所说过的，幸福也显然需要外在善。因为，没有那些外在的手段就不可能或很难做高尚［高贵］的事。许多高尚［高贵］的活动都需要有朋友、财富、权力这些外在手段。还有些东西，如高贵出身、可爱的子女和健美，缺少了它们福祉就会暗淡无光。一个身材丑陋或出身卑贱、没有子女的孤独的人，不是我们所说的幸福的人。一个有坏子女或坏朋友，或者虽然有过好子女和好朋友却失去了他们的人，更不是我们所说的幸福的人。所以如所说过的，幸福还需要外在的运气为其补充。这就是人们把它等同于好运（不过另一些人把它等同于德性）的原因。②
>
> 但是，人的幸福还需要外在的东西。因为，我们的本性对于沉思是不够自足的。我们还需要有健康的身体、得到食物和其他的照料。但尽管幸福也需要外在的东西，我们不应当认为幸福需要很多或大量的东西。因为，自足与实践不存在于最为丰富的外在善和过度之中。做高尚［高贵］的事无需一定要成为大地或海洋的主宰。只要有中等的财产就可以做合乎德性的事（人人都看得到，普通人做的公道的事并不比那些有权势的人少，甚至还更多）。有中等的财产就足够了，因为，幸福生活就在于德性的实现活动。③

---

① ［古希腊］亚里士多德：《政治学》，吴寿彭译，商务印书馆 1965 年版，第 31 页。

② ［古希腊］亚里士多德：《尼各马可伦理学》，廖申白译，商务印书馆 2003 年版，第 1099a29—1099b6 页。

③ 同上书，第 1178b31—1179a7 页。

对于亚里士多德来说，一个幸福的人，首先是一个有完满德性的人，其次他应该充分地享有朋友、子女、财富、好运、健康等外在善，一个只具有完满的德性，而不具有外在善的人，我们不能称其为“幸福”的人。因此，亚里士多德的确是从德性的角度论述幸福的，德性是幸福的本质和基础，但是，德性不是实现幸福生活的充要条件，离开了一定的外在善，幸福也会黯然失色。亚里士多德在强调德性的同时，也强调了外在善对于幸福和德性的必要性，相对于思孟学派和柏拉图，亚里士多德更加注重外在善的作用。

此外，亚里士多德虽然注重外在善，但是他认为沉思是最高善，沉思的生活是最幸福的，其原因在于，沉思中含有我们所说的最多的自足。智慧的人当然也需要生活的必需品，但是其活动本身是自足的，而其他德性，如慷慨，就需要一定的物质财富，公正的人还需要其他某个人接受或帮助他做出公正的行为。因此他认为：“德性的实践需要许多外在的东西，而且越高尚［高贵］、越完美的实践需要的外在的东西就越多。但是一个沉思的人，就他的这种实现活动而言，则不需要外在的东西。而且，这些东西反倒会妨碍他的沉思。然而作为一个人并且与许多人一起生活，他也要选择德性的行为，也需要那些外在的东西来过人的生活。”① 这种对沉思自足性的强调与思孟学派对德性自足性的强调有相同之处，都突出了德性的优先性和重要性。但是思孟学派往往将义与利放在对立的位置上进行对立选择，并强调德性在外在善缺失的情况下的缺失自足，而亚里士多德虽然也将最为自足的沉思命名为最高善，但是，并没有忽视沉思的人同样需要过“人”的生活，同样需要一定的外在善这一事实。也就是说，亚里士多德从客观的、理性的、实践的角度出发，给予外在善一定的地位和作用，认为人要过人的生活就需要一定的外在善，而思孟学派往往从主观的、精神的、理想的角度出发，强调德性的绝对优势和缺失自足。

另外，在外在善中，比较特殊的一种善就是朋友，亚里士多德认为，朋友有三种：有用的朋友；能带来利益的朋友；德性的朋友。前两种朋友是一种外在善，是实现德性和幸福的手段，但是德性的朋友本身是值得拥有的，这种朋友是另一个自己，其本身也是目的。因此，亚里士多德非常

① ［古希腊］亚里士多德：《尼各马可伦理学》，廖申白译，商务印书馆 2003 年版，第 1178a35—1178b6 页。

注重朋友和友爱，认为“朋友似乎是最大的外在的善”[1]，而且“如果一个朋友就在于给予而不是接受，如果好人或有德性的人就在于行善举，如果施惠于朋友比施惠于陌生人更高尚［高贵］，那么一个好人就需要一个承受其善举的人。正因为这样，人们才会提出一个人在好运时还是在厄运时更需要朋友的问题。因为人们认为，处于厄运中我们需要有人对我们行善举，处于好运中我们又需要有人承受我们的善举”[2]。因此他认为，把享得福祉的人想象成孤独的人是荒唐的。如果只能孤独地享有，就没有人愿意拥有所有的善。因为“人是政治的存在者，必定要过共同的生活。幸福的人也是这样”[3]。

因此，思孟学派和亚里士多德都坚持伦理财富观，认为道、义和德性是我们追求的目标，也是获取财富的依据；如果是合乎道义的、正义的财富，我们应该积极地获取；如果是不合乎道义的、非正义的财富应予以放弃并对之加以指责。对于外在善和德性的关系，思孟学派从事实的角度肯定了一定生活资料的必要性和前提性作用，但更强调“利”与“义”的对立选择和德性的缺失自足；而亚里士多德虽然也强调沉思活动本身的自足性和德性的优越性，但是认为人要过幸福的生活就必须有一定的外在善，强调了外在善的不可或缺性。此外，思孟学派的外在善主要集中在两个方面：一是财富；二是社会地位，即官位，而且没有明确地将其称为“善”，而是将其作为和德性有关的事物进行论述；亚里士多德则明确地提出了外在善的概念，而且其范围也比思孟学派要广，除了财富和高贵的出身外，还包括朋友、好运、健康的身体等，从这个角度也可以看出亚里士多德伦理学的客观性、实践性特色。

三　补充说明

如上所述，外在善是亚里士多德提出的概念，是与灵魂的内在善相对应而提出来的，指的是品质之外的外在美好事物，而思孟学派虽然有关于“仁内义外”的讨论，但是，他们并没有明确地将财富、地位、利禄命名

---

① ［古希腊］亚里士多德：《尼各马可伦理学》，廖申白译，商务印书馆 2003 年版，第 1169b10 页。

② 同上书，第 1169b10—17 页。

③ 同上书，第 1169b19—20 页。

为外在善，上文关于义与利关系的讨论主要是想通过类比的方式反映中西方关于德性与外在利益关系看法上的不同旨趣，这也是中西方德性论的区别之一。而与德性相关的外在事物，除了亚里士多德提到的身体的善和财富、美貌、朋友等外在善之外，习俗和法律也是非常重要的。当然，相对应地，中国的礼法也应该是讨论的内容之一。

亚里士多德没有将习俗和法律确定为外在善，也许是基于以下两个方面的考虑：一是亚里士多德认为习惯成自然，习俗和习惯本身就具有内外两方面的性质，因此，不能将习俗确定为外在善；二是除了朋友之外，财富、地位和美貌等外在事物本身都不具有道德性和阶段性，也就是说，对于所有的人、在所有的历史时期，外在善都是一种善，当然包括朋友在内，而习俗和法律却具有现实性和历史性，在一定阶段，一定的习俗和法律是好的，而在另一个阶段，它们也许是坏的，因此，从这个角度而言也不能将习俗和法律确定为外在善。但是，在特定的历史时期，一定的习俗和法律对德性的形成确实会起到非常重要的作用，它们对于内在德性来说，也是外在的美好事物。因此，正是在这个意义上，我们将习俗和法律放置在外在善的视角下进行谈论。

思孟学派的礼与亚里士多德的习俗具有相似性。孔子认为"克己复礼为仁"，要做到仁就要遵守外在的礼法制度，这说明外在的礼法制度本身就是仁德的外在形式，也说明礼是仁的实现途径和手段，孔子的礼虽然具有内在性的一面，但主要指外在的礼仪规范；思孟学派更加注重从内部解释礼，认为礼是恭敬、辞让之心的表现，是一种内在德性，但是他们也无法否定礼的外在形式的存在。也就是说，礼具有社会行为规范的作用，具有外在的礼法规则和形态，而且对于内在德性和整个德性来说，礼具有外在规范的意义，是人们行为的主要外在依据。因此，正是在这个意义上，我们将礼与习俗并举，将其放置在外在善的行列中。

因此，虽然思孟学派与亚里士多德在财富、地位等外在美好事物上的观点并不相同，前者虽然承认外在事物的必不可少性，但更为强调人的内在精神作用，强调外在事物缺失情况下的德性保持，后者更为强调外在事物对于德性自身存在和养成的必不可少的作用。但是，双方对习俗和礼的看法却很相似：都承认习俗与礼的内外双面性，及习俗与礼在德性形成过程中的重要作用。所不同的是，礼除了是整体性的规范之外，还是儒家的四主德之一，作为一种德性被强调，而且思孟学派更为强调礼的内在性，在一定程度上弱化了礼的外在规范作用；此外，古代中国是礼法社会，古希腊是法律社会，所以，习俗主要起的是环境性作用，而礼却具有一定的规范性作用。

第九章　最高目的与特色

思孟学派与亚里士多德伦理学的最高目的与各自的特色在前几章中已有所提及，但只是部分的和针对具体章节进行的一些论述，还不是很系统和清晰。下面我们将系统地、专门就双方的最高目的与特色进行进一步的分析、概括和总结，并探索形成各自最高目的与特色的社会原因和文化原因，以期进一步从整体、宏观的角度解析双方的伦理学。

一　最高目的

思孟学派与亚里士多德的伦理学都是目的论下的伦理学，或者说，他们是价值预成论者，他们预先为人类设定了特定的目的和方向，然后设计了通向这个目的的道路和方法。对于思孟学派来说，最高目的就是实现天人合一，实现君子之道、圣人之道，而亚里士多德的最高目的是实现完满的幸福，但是，其矛头都指向德性，德性是实现最高目的（目标）的关键。下面我们将从最高善的角度对双方的伦理学进行解析。

（一）至善与天道①

1. 至善

《大学》的首章曰："大学之道，在明明德，在亲民，在止于至善。"朱熹将"止"解释为居，"止于"就是居于的意思，"止于至善"就可以解释为居住在最高善里；同时，"止"也可以解释为停止，"止于至善"

---

① "天道"是形而上的范畴，此处用作伦理学的最高目的基于两个方面的考虑：一是儒家的形而上是道德形而上，"天道"的实际内涵与至善和至德是一致的；二"天道"是一概括性范畴，"诚""中""德""至善"等伦理学的最高范畴都可以用"天道"来表述，再加上《大学》中明确提出"止于至善"的概念，故此处将思孟学派伦理学的最高目的概括为至善与天道。

就是以最高善作为停止的地位。换言之，我们可以说，曾子认为，最高善应该是人们追求的目标和最终归结地。那么，什么是他所认为的最高善，就是要进一步追究的问题，《大学》第三章曰："为人君，止于仁；为人臣，止于敬；为人子，止于孝；为人父，止于慈；与国人交，止于信。"曾子将仁、敬、孝、慈、信五种德性分别作为君、臣、子、父、国人的基本道德修养，但是，人的角色是多方面的，一个人既可能是儿子，也是父亲，当然也是国人，所以曾子所例的五种德性是人类共同的基本德性，是人类都应该具有的基本道德修养。所以，他所认为的"至善"就不是单一的某一种德性，如信，而是人类应该具有的所有的德性的有机组合。在这个组合里，每一种德性作为个体都应该达到最佳状态，而作为整体的一员，都应该致力于整体德性的和谐，从这个角度我们也可以说，至善与"中"、"诚"、"天道之德"、"圣人之道"、"君子之道"的内涵是一致的。

2. 天道

(1) 诚与德

子思的《中庸》以"中"、"诚"、"善"等范畴为中心，探讨了天道之"中"与人道之"诚"、人类之"善"的关系，虽然"中"、"诚"、"善"等范畴并不能简单地画上等号，但是却存在着逻辑一致性。换言之，天道之"中"就是天道之"诚"，而人道之"诚"来源于天道之"诚"，人通过"善"的修养可以达到人道之"诚"，最后达到天道之"诚"，最终实现天人合一。"善"是比"诚"、"中"低一级的概念，但却是两者的主要内涵，也是通向两者的途径。也就是说，天道与人道既不是一，也不是二，人之"善"不是天之"诚"，但也不是其他，从"诚"含有宇宙本然之性的含义看，"诚"的内涵要比"善"广，但是，如果从伦理学的角度，仅仅从人的实现的角度讲，天道之"诚"与"善"是相同的。也就是说，从《中庸》的形而上本体论角度来看，天道之"诚"是其宇宙万事万物的本原，而从伦理学的角度来看，来源于天道之"诚"的人道之"诚"是其最高目的，也是圣人之道、君子之道的本质。也就是说，"诚"本身代表了天人合一的思想，而人道之"诚"的内涵是人类之"善"，具体的善德是通向最高善的途径和方法。在这一点上，亚里士多德也是相同的。

《中庸》是形而上色彩比较强的篇章，所以在探析其伦理学的最高目的时往往比较纠结，而《五行》篇虽然也是在天人关系的框架下进行论述的，但是伦理学的特色比较明显，其中明确提出了“善，人道也。德，天道也”的命题，并且认为，仁、义、礼、智、圣五行和谓之德，仁、义、礼、智四行和谓之善。也就是说，人道与天道、德与善是统一的，其内涵都是具体德性的和谐，所不同的是天道比人道层次要高。此外，德与善的另一个区别是内与外的区别，德指的是人的内在德性，善指的是人的外在德行，所以“君子之为善也，有与始，有与终也。君子之为德也，有与始，无与终也”[①]。外在的道德行为是有开始和结束的，但内在的德性修养是有开始没有结束的，天人合一的实质是人朝着最高德性目标即天道的不断的道德修养。因此，我们可以说，天道之德是《五行》揭示的伦理学的最高目的，也是成为君子和圣人的充要条件。而德与诚都是天道，所不同的是，德虽是天道，但其实质是人的德性的完满状态，而诚却具有形而上的宇宙本原的含义。

（2）诚与善

孟子吸收了子思将“诚”作为天道的思想，但是在子思那里，宇宙本体之诚与心体本然之诚，也就是天道之诚与人道之诚还存在着逻辑上的先后性和相继性，而孟子取消了这种隔阂，通过善，将心、性、天等范畴直接联系了起来，使天的义理性更加凸显。也就是说，孟子也将“中”、“诚”、“至善”、“天道”、“圣人之道”和“君子之道”作为其伦理学的最高目的，但是，他更加注重由下而上、由内而外地推演，注重人类之善德与道德本体的一体性，提高了“善”在思孟体系中的地位。换言之，以人为本位的思想更加明显，显示了以人合天的思想特色。

（二）幸福

1. 幸福与德性

幸福是亚里士多德命名的最高善，也是其伦理学追求的最终目的。对于亚里士多德来说，幸福是灵魂合于完满德性的实现活动，换言之，完满德性的实现是幸福的关键。完满对于亚里士多德来说具有两个方面的含义：一是最高层次的实现；二是最完整的实现。德性中最高的层次是纯粹理性，而且，亚里士多德认为活动比状态更为重要，所以，沉思就是最完满的实现活动，是最高的幸福，其原因除了努斯（纯粹理性）是我们身

---

① 魏启鹏：《简帛文献〈五行〉笺证》，中华书局2005年版，第256页。

上最高等的部分外，还因为沉思是最为纯净、最为持久、最为自足、最为闲暇的仅仅因自身之故而进行的活动。因此，首先，从德性的层次上讲，沉思是最幸福的活动，是亚里士多德伦理学的最高目的。其次，完满德性的实现就是最完整的德性的实现，而德性包含两个方面的内容，除了理智德性外，还有道德德性，所以，要实现完满的幸福，道德德性的实现就是必不可少的内容之一。因此，从德性整体的角度来看，最完满的幸福应该是所有德性的实现及所有德性的合理结构的实现。

2. 幸福与外在善

幸福是建立在德性的基础之上的，或者说，德性是幸福的内涵，但是从现实的角度来看，如果仅仅拥有德性，我们还不能说拥有了幸福的生活，必要的外在善和身体的善是幸福的外在条件和必要条件。也就是说，德性虽然是幸福的关键，但不是幸福的充要条件，亚里士多德认为，一个幸福的人除了具有完满的德性之外，还应该具有中等资产，能够有一定的社会地位和能够享受天伦之乐和朋友之乐。幸福是伦理学的目的，也是人的目的，人的最终目的所关注的人不应该是理论的、纯粹的人，而应该是现实中的、关系中的人。所以，从现实的角度来看，外在善（包括身体的善）是幸福生活必不可少的条件之一。

3. 幸福与快乐

关于快乐，本书第七章有详细论述，此处要强调的是快乐与幸福的关系。首先，一个幸福的人肯定是快乐的，如果一个人不快乐，我们就不能说他获得了真正的幸福；其次，快乐不等于幸福，但却可以加强幸福的实现活动，而完善着完美而享得福祉的人的实现活动的快乐就是最充分意义上的人的快乐。也就是说，使人获得真正幸福的快乐是最高的快乐，而最高幸福的实现本身也伴随着快乐。快乐完善着幸福，幸福体现着真正的快乐。

总之，我们可以从两个方面理解亚里士多德的幸福定论：一是从德性的层次、从理论的角度来理解，可以得出沉思是最高善、最高幸福的结论；二是从德性的构成、从幸福的实现条件来说，现实的幸福、整体的幸福是以德性为主要内容的所有善的组合及所有善的合理结构。也就是说，如果一个人在一生中都进行着德性的实现活动，并在这种活动中伴随着快乐的情感和感受，并且充分地享有外在善，我们就可以说，他是最幸福的人。

二　主要特色

思孟学派与亚里士多德德性伦理学的特色在前面的章节中已有部分论述，本章在前文的基础上，集中、概括地阐释双方的不同特色。

（一）整体特色

1. 辩证和形式

不同的思维方式往往会导致不同的理论视野，思孟学派是中国儒家的重要学派，重点体现和采用了中国传统的辩证思维方式，这不仅表现在天人合一的思维模式中，也表现在儒家重视人伦关系，重视人的动态发展，重视人与人、人与自然、人与社会的整体和谐上，注重从整体的视角、从终极目的的角度来统一丰富和繁杂的社会人生，而且其整个理论体系是建立在天人合一的动态思维模式之下的，所以我们说，辩证思维是思孟学派的一个理论起点和基点，也是其主要特色之一。而亚里士多德的理论起点是形式逻辑，是关于本体和存在的判定和定义，对于伦理学来说，是对人的“是其所是”、人的本质的定义和判定，“人是什么”是其理论的逻辑起点，所以，对人的静态的分析和把握以及由此所形成的“人应该怎样”的探讨是亚里士多德伦理学的核心论题，这两个论题的逻辑起点是形式逻辑，这是亚里士多德伦理学的重要特色之一。

2. 先天与后天

此外，思孟学派与亚里士多德德性伦理学最主要的不同点之一是双方在德性起源问题上的见解不同。思孟学派的成员认为，德性是人的本质属性，德性与人性是统一的，而人性是天赋予的，即“天命之谓性”，所以，德性就具有了先天性，是人先天内在的本质属性。亚里士多德认为，人的功能即人的德性是理性活动，道德德性是人的第二属性，是通过后天的习惯和教育形成的。正是对德性起源的见解不同，导致双方在德性的修养、德性的实现等问题上有不同的看法。

3. 德性与德行

思孟学派与亚里士多德德性伦理学的第三个不同点是德性与德行的偏重点不同。对于双方来说，德性与德行都是不可完全分离的，德性的扩展和实现需要外在的道德行为，而外在的道德行为需要内在的德性与道德动机作为支持。但是，在内在与外在、德性与德行的强调上双方是不同的，思孟学派注重人的内在修养，他们认为，德性是人的内在的本质属性，是人先天本有的，所以从内而外的扩充就成为他们逻辑上的必然首选；而亚里士多德认为，德性是通过习惯和教育后天养成的，通过做有德性的事然后成为有德性的人，所以在逻辑上，亚里士多德必然重视外在的道德行为。在状态与活动上，思孟学派更注重人的品质状态，而亚里士多德更注重人的行为活动，这在他将幸福定义为德性的实现活动中可见一斑。

4. 情感与理性

情感与理性的侧重是思孟学派与亚里士多德德性伦理学的第四个不同点。在德性中，情感与理性并存、情感与理性不可分离是双方的共同认识，但是，对于情感与理性在德性中的定位双方是不同的。思孟学派认为情感是德性的基础，仁爱之心是整个伦理大厦的根基，而亚里士多德认为，道德德性是关于情感和行为的正确，没有理性的指导，我们是没有办法获得德性的。双方都追求中道，都追求情感与理性的和谐，但是在何谓和谐、如何达到和谐的理解上是不同的，前者更注重情感的基础作用，后者更注重理性的指导作用。

5. 统一与基础

对于思孟学派和亚里士多德来说，伦理学都不是孤立的，而是与其形而上学、政治学密切相关的，但是在其具体关系上，双方又是不同的。对于思孟学派来说，其伦理学与形而上学是统一的，伦理学是其政治学的基础；对于亚里士多德来说，其伦理学与政治学是统一的，形而上学是其伦理学的基础。在此，有必要做一简短的说明和论证。

思孟学派的伦理学与形而上学是统一的，此处的“统一”主要指不可分。思孟学派的伦理学是建立在“天人关系”基础之上的，天道与人道是统一的，人通过不断的道德修养可以达到与天为一。换言之，思孟学派的形而上学是道德形而上学，如果去掉道德的内含，其形而上学就是空的；而其伦理学是形而上的伦理学，如果去掉“天”的赋予性与“天道”的最终归结性，其伦理学就失去了理论根基，成了一盘散沙。当然，从某种意义上我们也可以说，思孟学派的形而上学是伦理学的基础，伦理学是建立在其形而上学基础之上的，但说两者是统一的、不可分的可能更为准确，更符合思想实际。思孟学派的伦理学是其政治学的基础，仁政、德政等理论必须以其伦理学为依据，这一点已成为学术界的共识，不再赘述。

亚里士多德的伦理学与政治学是统一的，此处的“统一”主要指两种学科的目标是相同的。对于亚里士多德来说，其政治学与伦理学有着共同的目标，即善和幸福。

> 政治学考察高尚［高贵］与公正的行为。①
>
> 城邦不仅为生活而存在，实在应该为优良的生活而存在。②
>
> 凡订有良法而有志于实行善政的城邦就得操心全邦人民生活中的一切善德和恶行。所以，要不是徒有虚名，而真正无愧为一“城邦”者，必须以促进善德为目的。③
>
> 显而易见，最优秀的政体必然是这样一种体制，遵从它人们能够有最善良的行为和最快乐的生活。④

因此可以说，政治学追求城邦的善和城邦的整体幸福，伦理学追求人的善和人的幸福，而人的善和城邦的善的内涵是统一的，只是角度和着眼点不同而已，前者基于个人的角度，讨论个体的善和幸福生活，后者基于城邦的角度，即整体的角度，讨论城邦的整体的善和幸福。个体和整体是不可分离的，个体是整体的组成部分，而整体是由个体组成的。也就是说，个人的善就是城邦的善，个人的善是城邦的善的内容，城邦的善是个人的善的展现及实现个人善的外部条件，从这个意义上我们说，亚里士多德的政治学与伦理学是统一的，亚里士多德本人也将其伦理学称为政治学，认为伦理学是政治学的一部分，其着眼点就是两者的最终目标相同。

但是，政治学也有其自身的具体内容，首先，亚里士多德的政治学主要从政体的角度论述善，城邦的善依然是人的善，城邦的目的依然是以人的优良的生活即幸福生活为目的。但是，伦理学侧重于德性本身进行论述，而政治学侧重于德性的外部环境进行论述，亚里士多德在其《政治学》中总共讨论了六种政体，并根据政体所面向的利益的不同而将其分

---

① ［古希腊］亚里士多德：《尼各马可伦理学》，廖申白译，商务印书馆 2003 年版，第 1094b14—15 页。

② ［古希腊］亚里士多德：《政治学》，吴寿彭译，商务印书馆 2008 年版，第 1280a30—31 页。

③ 同上书，第 1280b5—7 页。

④ ［古希腊］亚里士多德：《政治学》，颜一、秦典华译，中国人民大学出版社 1996 年版，第 1324a24—25 页。

为正宗和变态两类。正宗的政体有一人统治的君主政体、少数人统治的贵族政体及多数人统治的共和政体；变态的政体有君主政体的变态——僭主政体，贵族政体的变态——寡头政体及共和政体的变态——平民政体。[①]亚里士多德认为，不管是一人统治还是多数人统治，凡是以城邦公民的共同利益为宗旨的就是正宗政体，否则就是变态政体，其主旨在于通过对各种政体的优劣分析，以建立最好的政体和最完善的法律来保证人的完满的实现和最幸福的生活。

其次，形而上学是其伦理学的基础，这主要表现在三个方面：目的论；实现理论；人的自然、本性及功能理论。这三个方面是与其伦理学相关的形而上学的三个主要内容，而且这三个方面是相互关联的。人的自然就是人的本性及特有功能，当然也是其形式，这种形式又决定了其目的，而人的实现就是人的自然本质的实现。亚里士多德的伦理学就是建立在这些理论之上的，他认为，人的德性即人的特有功能就是理性活动，而包含理性及理性所指导的道德德性的总体德性是人的本性，这种本性决定了充分实现这种本性即德性就是人的目的，也是伦理学的目的，这个目的就是幸福，即人的德性的完满实现。因此，亚里士多德的伦理学是建立在其形而上学基础之上的，是以幸福即人的完全的实现为目的的德性伦理学。

6. 合一与分离

上述统一和基础的前提是将思孟学派的学说按照西方的学术体系进行对等的划分，也就是说，是以将其学说分成形而上学、伦理学、政治学等独立的学科为前提的，我们这样做是为了细化这两种思想体系内部的不同特色，应该是具有一定的学术价值的。但是，对思孟学派的思想体系能够做这样的明确划分吗，我们能够明确地指出思孟学派的著作中哪个部分是专门讲述形而上学的，哪个部分是专门讲述伦理学和政治学的吗？恐怕很难划分，就算强行分之，恐怕也是费力不讨好的事情。究其原因就在于其学说的起点和追求都是统一、合一和整体，在这一点上，思孟学派与亚里士多德是很不相同的。

统一、合一是思孟学派学术的着眼点，也是其思想的终结点，而分离、对立是亚里士多德思想的起点和着眼点。亚里士多德也追求一种和谐和统一，但是在分离、对立基础上的和谐与统一，不仅其伦理学是如此，

---

① ［古希腊］亚里士多德：《政治学》，吴寿彭译，商务印书馆2008年版，第135—137页。

其整个思想体系也是如此，他的整个思想体系就是由其思维方式、本体论、自然哲学和实践哲学等各个不同的思想体系组成的，各个学科之间虽然有密切的联系，但是各个学科的研究对象和内容是很明确的，也是不相同的，可以做分离的独立的研究和探讨，在分离基础上的统一是其特色。而思孟学派和整个儒家的思想是以“人”为核心的，在天人合一的模式中探讨人的超越、人的实现、人的社会理想，“人”学中包含丰富的形而上思想、伦理思想和政治思想，但各个部分之间很难分离。或者说，离开了一方的另一方也将不是其本身，所以合一是其特色。这种整体的特色和分离的特色根源于双方不同的思维方式，即辩证思维和形式思维。

（二）结构特色

1. 德性结构与人性结构

本书第二章、第三章对思孟学派与亚里士多德的人性结构及人性与德性的关系都有所论述，在此，我们再做一简要的概括：无论是对于思孟学派还是亚里士多德，其人性与德性、人性结构与德性结构都是统一的。换言之，成人就是成德，人的实现就是德性的实现，德性各个部分的组成机构就是人性的基本结构。对于思孟学派来说，人的本质属性就是德性，仁、义、礼、智等德性的修养与完满就是人自身的实现，其德性结构与其混合球体式的人性结构是统一的；反过来也可以说，德性、善是人的本性，人实现自身的途径就是成德，其混合球体式的人性结构特征也是其德性存在方式的特征，即德性结构特征。也就是说，德性与人性、德性结构与人性结构是统一的，这一点对亚里士多德同样适用。亚里士多德认为，人有两种本性，第一本性是理性或理智德性，第二本性是道德德性，而且道德德性是一种混合本性，是在第一本性的指导下养成的。所以，他所构建的人性结构就是级层式的，其原因就在于，对他来说，人性与德性是统一的，人性结构是建立在其对人性的界定即德性的命名层次上，所以，德性的存在状态及层次关系即德性的结构就成为其构建人性结构的依据和基础，又因为人性的内涵就是德性，所以，也可以说，其人性结构与德性结构是统一的、一致的。

2. 学派结构与张力结构

思孟学派是一学术流派，而一学派要能够称得上一个学派，其关键点在于两个方面：一是师承渊源；二是学术宗旨。也就是说，学派是由具有师承渊源的、学术宗旨相同或相近的一群人或一些人组成的学术团体，此团体具有一定的特征，我们将这种团体特征称为学派结构，主要表现在三个方面：学术思想的传承性、学术宗旨的一致性、个体思想的差异性。

首先，思孟学派具有学术思想的传承性。我们是不能将孔子归于思孟学派的，但是，孔子是儒家思想的开创者，也是思孟学派得以产生的思想源头。孔子思想体系中出现了性与天道、人性与德性、德性与德治等理论问题，孔子对这些问题从不同的侧面给予了不同的解释。其后的弟子往往吸收了其思想中的一个方面，并对这一方面进行进一步的强化和延伸，这就使得思孟学派的产生成为可能。曾子、子游继承了孔子学说中内在化的一面，使心性问题即性与天道问题成为其思想的核心问题；子思使这一问题进一步明朗化，并针对这一问题推演出一套比较严密的逻辑体系；孟子以“性善论”为基石，使这一派的核心问题得到了明确的解决，也使其内在化的倾向达到了一个极端。也就是说，思孟学派的各个成员面对的是相同的学术问题，在这一问题的解决上，表现出前后相继的学术传承性。

其次，思孟学派的学术宗旨具有一致性。思孟学派由不同的成员组成，每个人都有不同的思想倾向，但是，在大的学术宗旨上学派成员具有一致性。例如，在人性的界定上，虽然直到孟子才明确提出“人性善”这一命题，但是，子思“天命之谓性”“德，天道也”等命题其实就已经蕴含了人性善的断定。再如，在人性与德性、情感与理性、先天与后天、德性与德行的关系上，思孟学派的成员之间也形成了比较一致的看法，也只有在此基础上，我们才能够谈论思孟学派的整体特色问题。

最后，思孟学派具有个体思想的差异性。如前所述，学派是一个学术团体，由不同的学者组成，而每一位知名学者都因其独特性而著称于世。所以，思孟学派从整体上说具有学术宗旨的一致性，但是，从个体上说，每个人的思想都有一定的差异性，特别是学派中的关键人物。曾子提出了“内省”“忠恕”“修身”“至善”等范畴；子游提出了“心志”“心思”等范畴及“性自命出”等命题；而子思综合发展了前贤的思想，创造了《中庸》《五行》等重要篇章，使思孟学派的天人问题、心性问题、内外问题、情理问题都得到一定程度的解决，并且具有综合多元的倾向。也就是说，他为人确定了天的依据，有明确的价值选择性和目的性，坚持以内为本、以情为本的逻辑定位，但是，他同时为外在的道德行为和理智德性留有很大的发展空间和很高的逻辑定位。换言之，他的思想体系既具有很强的导向性，又是多元的、综合的，我们将这种体系特征称为张力结构。孟子继子思之后，将子思的多元、张力结构单一化，弱化了子思思想体系中智德、外在德行的地位，强化了人的内在性，这一特征既使得思孟学派的核心问题得到根本上的明确解决，又使得思孟学派的学术路径更为狭窄。

亚里士多德的伦理学展现出明显的张力结构。首先，他将善作为伦理学的目的，认为最高善就是幸福，是人的德性的完满实现，具有很强的目的性和导向性，但是在对德性的界定上，亚里士多德显示出多元、综合的倾向，一方面他将理性活动界定为人的本性、人的德性或功能；另一方面，他又将道德德性作为人的第二本性，作为其伦理学研究的主要内容。其次，在对幸福的界定上，这种张力结构也很明显，一方面，他认为沉思是最高的幸福；另一方面，他又认为幸福是一种整体的和谐状态，是理智德性、道德德性以及身体的善、外在善的完美组合。这种张力结构导致了一体系内部的紧张关系，容易引起认识上的偏差，但是这种结构也可以容纳更多的信息量，使体系内部的各部分之间形成有机的相互关系，具有综合多元的特色，避免出现特别极端和褊狭的理论导向。

三　特色探源

中国处于大陆海岸型地理环境中，三面内陆东面临海，而且海域特别宽广，以当时的航海条件，通过海洋与外部交流是十分困难的，所以，陆路交通比较发达。再加上土地肥沃、资源丰富，非常有利于农业发展，久而久之就形成了比较发达的农业文明。在这种文明下，人们逐渐形成了不喜迁徙、爱好安静平和的生存状态的特性，人们喜欢通过内部调解、内部争端的方式来解决自身的矛盾，而内在的道德修养是解决社会争端的有利方式之一。相对应地，古希腊处于三面环海式半岛型地理环境里，位于地中海的中心，而且内陆土地比较贫瘠，不适合发展农业，因此海洋文明和商业文明特别发达，这种文明导致了古希腊人善于通过外部战争和对外贸易解决内部争端和经济问题，因而形成了其比较注重人的外部行为的特色。

其次，古代中国社会实行的是血缘宗法等级制，以家庭为本位、家国同构，呈现的是一种大一统的格局，这就自然形成了以情感为基础的集体伦理观念和以德治国的政治理念，与古希腊相比，更为注重人的自我约束和自我管理，希望通过修身而达到齐家、治国、平天下，即“内圣外王”；而古希腊各个城邦之间是相互独立、相互竞争的，为了维护城邦各自的利益，外部强有力的管理措施，如健全的法律是非常必要的，而且，商业经济和海洋贸易的发达也需要健全的法律规范作为保证，因此与古代中国相比，古希腊实行的是城邦民主制，非常注重法律，注重外部规则，注重人的理智德性。

最后，从宗教的角度来看，中国以天为上，“皇天无亲，惟德是辅”，德是天的本质和功能，此德当然包括道德德性与理智德性两个方面，但是，基于情感的仁爱之心是中国德性的根基。换言之，德性与天是统一的，德性具有先天性，德是天赋予人的基本功能，而成德之教的目的是与天为一。早期古希腊的神都不是完美的、全能的，神也具有人的弱点和特性，而古典时期的神已经被赋予了完美的特性，主宰着人世间的一切，是理性和德性的表率，但是，神身上最为神圣的东西是智慧和秩序，所以，努斯（纯粹理性）是属于神的，是人的本质属性，而道德德性是后天通过习俗养成的。也就是说，理智德性是人的先天本质属性，而道德德性不具有先天性，这一观念的形成也与古希腊的宗教有关。

总之，特定的思想是形成于特定的社会传统之上的，思孟学派和亚里士多德德性伦理学所呈现的特色是有其社会历史原因的，主要表现在双方地理环境、社会制度等方面的差异上。不同的文明也会演绎出不同的伦理思想，农业文明下容易形成中国思孟学派式的重内、重情的伦理思想，而商业文明下容易形成亚里士多德式的重外、重理的伦理思想。

第十章　伦理与政治

在《尼各马可伦理学》一开篇，亚里士多德就说明了“善”是所有事物和活动的目的，而最高善必然是属人的善，研究这种善的科学就是政治科学，而且说明了这种善包含两个部分，即个人的善和城邦的善，并且认为，城邦的善具有更高贵和神圣的意义。也就是说，亚里士多德将研究个人的善的伦理学划归为广义的政治学，而且是广义的政治学中较低层次的学说。也正是在这种意义上，卡恩斯·劳德（K. Lauder）认为：“至关重要的一点是要认识到，伦理学构成了广义政治学的不可缺少的一部分，而且亚里士多德的伦理学作品显然不是作为独立的论文，而是作为政治学研究的绪论被构想的，因此，倘若不将视野扩展到其伦理论文的学说以及这种学说与《政治学》的关系上，那么对亚里士多德政治科学的讨论就是不完备的。”[①] 反过来也可以说，如果我们不将研究视野扩展到亚里士多德的政治学说以及这种学说与其伦理学的关系上，那么对亚里士多德伦理学的讨论也是不完备的。此外，对于思孟学派来说，其伦理学与政治学也是密切相关的，对其伦理学与政治学关系的更进一步探讨以及与亚里士多德的相应比对能够帮助我们进一步了解双方伦理学的特点和优劣。

一　君子与公民

（一）君子

在儒家和思孟学派的学说中，圣人、君子、贤人、士是其主要人物范畴和形象，其中圣人是理想人格的典范，体现了儒家最高的道德标准，而

---

① ［美］施特劳斯（L. Strauss）、克罗波西（J. Cropsey）主编：《政治哲学史》，李洪润等译，法律出版社 2009 年版，第 110 页。

君子是现实人格的典范，是儒家现实社会中道德行为和社会行为的榜样和表率。因此，本节希望通过对君子内涵、君子身份及君子与政治关系的论述来管窥思孟学派伦理与政治的关系。

对于君子的内涵及什么样的人可以称得上是君子，儒家和思孟学派的论著中比比皆是，这里择其要而论之。孔子曰："文质彬彬，然后君子。"（《论语·雍也》）《大学·十章》曰："君子先慎于德。"《中庸·二章》曰："君子中庸。"《五行·三章》曰："五行皆形于内而时行之，谓之君子。"《性自命出》曰："君子身以为主心。"孟子曰："君子莫大乎与人为善。"（《孟子·公孙丑上》）概言之，德与善是君子的内涵，而且君子应该做到内与外、身与心、人与我的完美统一。也就是说，君子是儒家和思孟学派的现实道德典范，儒家所提倡的所有德性和德行都应该为君子所拥有。同时，也可以说，道德性是君子的特性，君子首先而且从根本上来说属于道德范畴，是一种道德身份。那么，进一步说，在现实社会中，哪一个社会阶层有可能成为君子呢？从孔子的有教无类的思想来看，无论是农民还是士人，只要努力学习各种本领，不断进行道德修养，都有可能成为君子。换言之，君子必然是有知识、有文化、具有很高道德修养的人，但是，却可以不论其出身，出身卑微之人不论其政治体制如何，社会状况如何，只要其具备君子的德性和德行要求，就有望获取君子的头衔，这也就从另一个角度证实了君子的道德性和道德身份。

但是，儒家的为德与为政是统一的，"正"即"政"也，换言之，道德修养本身就是实行和实现仁政的基础和前提，即所谓"学而优则仕"（《论语·子张》），"劳心者治人，劳力者治于人"（《孟子·滕文公上》），而"学而优"者与"劳心者"的典范就是君子。因此，儒家和思孟学派非常积极地入世为政，以期实现自己的政治理想和道德理想，而且也期望君子和有德者能够得到最高统治者的认可，成为现实中优秀的政治家和管理者。换言之，君子首先是一种道德身份，同时他也可以拥有政治身份。当君子以政治身份出现时，就成为社会和国家中的官僚和仕。在此要讨论的另一个相关问题是，儒家和思孟学派是如何处置君子的双重身份的，即当道德性与政治性发生冲突时该如何抉择？这个问题在儒家经典中有明确的答案，如孔子说："邦有道，则仕；邦无道，则可卷而怀之。"（《论语·卫灵公》）"邦有道，则知；邦无道，则愚。"（《论语·公冶长》）子思认为，君子应"穷达以时，德行一也"（《穷达以时》）。孟子也认为，

“穷则独善其身，达则兼济天下”（《孟子·尽心上》），这应为君子的处世之道。也就是说，君子和有德者虽然应该积极入世为政，但是，当作为官僚身份应负的职责和君子本身的德性发生冲突时，君子应该退而避世，以保全自我的道德修养和人格完善。换言之，儒家和思孟学派认为道德性应为君子和世人的根本属性，政治性应处于从属的地位，而且政治的完善应依靠和来源于道德的完善。或者说，儒家将政治问题转化为道德伦理问题，希望通过人的道德修养来实现天下太平和社会秩序。这种伦理本位性是儒家和思孟学派的特性，也是其伦理和政治关系的根本导向。

（二）公民

在亚里士多德的伦理学中，具体德目的内涵和实现是其论述的重点，因而就出现了以德目为代表的人物形象，如公正的人、勇敢的人、明智的人等，但是没有像儒家那样具有普遍道德意义的典范形象，如君子。但是在其《政治学》中，亚里士多德重点阐释了公民及好公民这一范畴，在此将通过对公民身份、公民内涵及好人与好公民关系的论述来探讨亚里士多德伦理学与政治学的关系。

什么是公民，什么样的人可以成为公民，是我们首先要解决的问题，亚里士多德认为：“公民的一般意义原来是指一切参加城邦政治生活轮番为统治和被统治的人们。至于就他的特别意义说，则公民在个别的政体中就各有不同；在一个理想的政体中，他们就应该是以道德优良的生活为宗旨而既能治理又乐于受治的人们。”① 从中可以看出，公民首先是一个政治身份，政治自由、政治权力、参加政治生活是公民成为公民的表征，但是在不同的政体中，公民身份的界定、公民参与政治生活的方式及其政治职权的分配各不相同。如亚里士多德所言，在理想的城邦中，农民、工匠、商人等都不具有公民资格，只有拥有产权并且有充裕的时间进行道德修养的人才具备公民资格。在这些公民中间，按照年龄的差别，青年人担任士兵，履行保卫城邦的职责；中年人执政，履行议事和司法职权；老年人担任祭司，履行神权。在这种理想的“扩大了贵族的贵族制”中，实现了公民轮番为治的政治模式。也只有在这种政体中，好公民和好人是一

---

① ［古希腊］亚里士多德：《政治学》，吴寿彭译，商务印书馆 2008 年版，第 1283b41—44 页。

致的，公民虽然是一个政治身份，但是道德优良（或者潜在的道德优良）也是一个公民必须具有的条件。

但是在现实中，不同的政体对公民资格的界定并不相同，而且，就算是同一种政体，根据城邦情况的不同，对公民资格的要求也会有所改变。总体来说，平民制是以自由身份为标志的，所以，极端的平民制将会将所有的具有自由身份的人都纳入公民之中；寡头制是以财产为标志的，所以，将会划定一定的财产份额，以此作为拥有公民资格的标准，因此在寡头制中，许多商人具有公民资格。也就是说，公民是一个政治身份，在不同的政体中，拥有公民资格的标准并不相同，而且职权的分配也不相同。换言之，并不是所有的人都可以被称为君子，也并不是所有的人都可以成为公民，君子的内涵是德性，被誉为君子的充要条件也是德性，虽然士阶层是可能成为君子的主要群体，但是儒家并不排除其他阶层和身份的人成为君子的可能。亚里士多德在其理想城邦中，将农民、工匠、商人等都排除在公民之外（原因是他们阻碍德性或无暇修德），而在其他现实政体中，却是按照自由身份、财富、血统等界定公民资格的。也就是说，亚里士多德虽然将城邦的善、优良的生活作为政治学的目的，但是，善却不是其现实城邦中实体公民资格的充要条件，甚至不是其必要条件。那么，我们就有必要进一步讨论好人与好公民之间的关系了。

如上所述，亚里士多德将城邦分为理想的城邦和现实的城邦，政体也分为理想的政体和现实的政体，绝对的贵族制是亚里士多德渴望的理想政体，这种政体是以才德为依据和宗旨的，因此，在这种政体中，好人和好公民是一致的。但是，在现实的城邦中，公民是其所属的政治体系的一员，他的品格就应该符合这个政治体系。也就是说，具有不同职责的公民就应该具有不同的德性，明哲是统治者所应专备的品德，而信从则应为被统治者专备的品德，因而作为一个好公民不必人人都具有一个好人所应有的品德。而且亚里士多德认为："并不是所有的好公民全都是善人，只有其中单独或共同领导——正在领导或才德足以领导——并执行公务的人们，即政治家们，方才必须既为好公民而又是善人。"[①] 换言之，亚里士多德看到了现实政体中好公民与好人的不同之处，也认为这种不同是正当

---

① ［古希腊］亚里士多德：《政治学》，吴寿彭译，商务印书馆 2008 年版，第 1278b2—5 页。

合理的。也就是说，亚里士多德的公民是基于现实政治的，是特殊境遇下特定的人，而好人是基于普遍的人，是一般状况下人的完满实现，因此，好公民也是一个勇敢的公民、公正的公民和节制的公民，等等，但是不同的政体对勇敢、公正及节制的要求会有不同。也就是说，好人是好公民的参照，好公民不能脱离“善”的体系而自称为“好”，而好人在现实社会中也只有通过好公民才能得以体现。此外，亚里士多德认为，好人（善人）为政治家和统治者专有，而他所设想的最好的政体是所有公民都为统治者和被统治者，即所有公民都有望成为好人。换言之，亚里士多德的政治学是以善为目的的，而对于个人是好的生活，对于城邦也必然是好的生活，那么，成为好人（善人），过幸福的优良的生活，应该就是城邦政治努力的目标，因而成为完善意义上的好人也应该是城邦公民的努力目标。或者说，城邦公民应该通过德才修养，成为优秀的政治家和统治者，最终成为一个完善的人。

也就是说，亚里士多德的政治学从根本上来说是一种伦理政治学，因为他追求城邦的整体的善。但是，他同时认识到了普遍的善只有存在于特殊的善之中才能成就善，而好人只有通过好公民，才能最终成为好人，即伦理的、善的目的只有通过政治化、社会化才能实现，亦即“人天生是政治动物”，城邦政治生活是人完善的必然选择。而且，从某种意义上来说，做一个好公民更具有现实的和普遍的意义。正是从这个意义上讲，政治学不仅是伦理学的高级形态，也是伦理目标得以实现的必然路径。即伦理必须落实到政治、社会的层面，才能真正实现善的目标，即便政治和社会现实不尽如人意，好公民和好人不能尽同，政治生活本身依然是一种有价值的生活方式。这就是儒家及思孟学派与亚里士多德在伦理与政治关系上的根本区别：儒家和思孟学派以伦理为本位，德性不仅是目标也是手段，并且倾向于将一切政治和社会问题伦理化；对于亚里士多德来说，虽然善和幸福是目的，但是，善的实现必须通过政治的途径，即好公民不一定是好人，但要成为好人必须经过城邦良好的公民教育。也就是说，亚里士多德将善的实现进一步实际化、现实化，将善和幸福牢牢地扎根于现实的土壤之中。儒家和思孟学派虽然也注重推行仁政，将善推往社会政治之中，但其更强调善的本根性和自主性，君子入世的态度和抉择就是其明显的例证。

二 宗法王国与民主城邦[①]

儒家及思孟学派伦理学和政治学形成的基础是现存的宗法王国，其伦理学和政治学的基本导向也是宗法王国，即维护和建立一个类似于西周王朝的宗法制王国是儒家和思孟学派的政治构想。而亚里士多德明确提出"人是政治动物"，城邦是社会进化到高级而完备的境界的必然成果，在城邦中人可以完全自给自足，过上最优良的生活，因而城邦就是自然的产物，在本性上优于个人和家庭（虽然在程序上后于个人和家庭）。所以，建立一个优良的城邦，并基于城邦的自然、社会条件建立一套符合该城邦的良好政体就是亚里士多德基本的政治思想。故本节将从王国和城邦的社会构成、政治体制、社会生活等方面论述儒家思孟学派和亚里士多德伦理学与政治学关系的异同。

（一）道德伦常与专业职能

宗法制原本就是一种等级制，在宗法制王国中，社会等级或社会阶层非常明确，首先分为劳心者和劳力者即统治阶级和被统治阶级，然后从上往下依次是国王、诸侯王、大夫、士、农、工、商等，这种划分糅合了血缘和职业两种因素，在统治阶级中依据血缘的正宗来确定政治地位和社会地位的高低，在被统治阶级中依据职业的特性来确定其社会地位。其中士是比较特殊的社会阶层，他们是知识和文化的拥有者，也处于统治者和被统治者的交汇处，即他们既可能成为统治者和管理者，也可能是被统治者和受理者。也就是说，在宗法制王国中，既存在着明确的阶层划分也有明确的职业分类，但是，对其整个社会构成起规划作用的不是基于职业分类的专业技能，而是基于自然血缘的道德伦常。也就是说，父子有亲、君臣

① 通常学者将亚里士多德的平民制译为民主制，因为平民政体是以自由身份为标志的，对公民身份的认定最为宽泛，而且也赋予一般民众最高的政治权力。从这个角度讲，平民制含有最高的民主成分，将其确定为民主制是有一定道理的。但是亚里士多德虽然肯定了群体的力量，但平民制对其来说并不是一个正宗政体，即其建制的宗旨不是为了全邦所有公民的利益，而是为了平民的利益，因而亚里士多德并不称许平民制，甚至反对极端的平民制。所以，笔者倾向于从正宗，即公共利益的角度来理解民主。换言之，民主不是平民掌握政权，而且政权形式考虑到了城邦整体的利益和所有人的良好生活。正是在这个意义上，亚里士多德的正宗城邦或优良城邦可以称为民主城邦。

有义、夫妇有别、长幼有序、朋友有信五伦和君仁、臣忠、父慈、子孝、兄友、弟恭、夫义、妇顺、朋实、友信十义是调解和规划政治关系和社会关系的基本准则，这些准则在宗法王国中具有很强的普遍性。换言之，无论是统治者还是被统治者，无论是诸侯大夫还是士农工商、贩夫走卒都应该遵守这些伦常。也就是说，道德伦常是社会构成的潜在尺度，即无论你是什么身份，如农民，你都是一个潜在的儿子、父亲、兄弟和朋友，规定你行为的除了专业技能之外，更重要的是你的伦常关系。儒家和思孟学派就是试图通过道德伦常来进行整个社会构成的规划。

对于亚里士多德来说，政治自由和专业职能的结合则为理想城邦的本质特征。对于城邦的社会构成，《政治学》不同章节对其论述不尽相同：如在卷三第十二章中，亚里士多德认为，财富和自由是城邦所由存在的基本条件，而正义的品德和军人的习性（勇毅）是城邦乞求获得优良生活的条件。在卷四第四章中，亚里士多德又认为，城邦是由两大类别组成的：一个类别类似于动物的躯体，另一个类别类似于动物的灵魂。前一个类别包括农民、工匠、商人和小贩、农奴（佣工）和武士，后一个类别包括军事人员、富人、行政人员、议事人员和审判人员。在卷七第八章中，亚里士多德所列举的城邦组成部分依次是农民、工匠、武装部队、有产阶级、祭司和一个集行政、议事和司法为一体的政治团体。换言之，亚里士多德对于城邦的社会构成在不同地方的论述存在着差异，但总体来说，他认为，城邦应为自给自足的社会组织，因而城邦应该包含所有能够达到自足（缺此就无法自足）的因素和成分，而这些构成部分因其职能和分工不同而拥有了不同的社会地位和政治地位，如粮食供应是城邦生存的基本条件，所以农民必然是城邦的重要组成部分。但是，对于一个优良的城邦来说，农民相当于动物的躯体，而动物的灵魂，如行政人员、司法人员应该拥有更高的社会地位和政治地位，所以，在亚里士多德所设想的理想城邦中，农民是没有公民资格的，原因就是其只供应身体而不供应灵魂，而灵魂是处于主导地位的。也就是说，亚里士多德的城邦是按照专业职能规划的，各司其职、各具其能、各有其德是城邦良性发展的基础。也正是在这个意义上，公民或者说负担不同职责的组成部分各自培养自己的职德就具有了非常重要的意义。换言之，好公民就现实意义而言大于一个抽象的好人。

(二) 仁政与共和制

严格地说，仁政并不是一种政体，政体指的是政权的分配形式，周王朝政权的分配形式是宗法制和分封制，而无论是孔子还是思孟学派，他们都提倡法先王，即在政体上维护西周的宗法制和分封制，因此，在狭义的政治理论方面，他们并无多大建树，其主要政治贡献就是推行仁政，即突出人的道德自主性，将仁爱之德和仁爱之性推广到社会的各个方面，包括政治制度、经济制度和礼乐制度等，比如道之以德、制民之产。也就是说，孔子和思孟学派的主要政治思想就是将“仁”引入政治之中，是一种突出的伦理政治学。亚里士多德的政治学也追求善和德性，也是一种伦理政治学，所不同的是这种善和德性是建立在亚里士多德所构建的现实政治制度之上的。

在《政治学》中，亚里士多德根据统治人数的多少和政权的服务宗旨，将现存的政体分为六类：一人统治的正宗政体君主制及其变形僭主制；少数人统治的正宗政体贵族制及其变形寡头制；多数人统治的共和制及其变形平民制。亚里士多德认为，君主制和僭主制基本上不能算作一种政体。而绝对的贵族制，即仅以德才为选拔统治者依据的贵族制是亚里士多德向往的最理想的政体①，在这种政体中公民不仅轮番为统治者和被统治者，而且好公民和好人是完全一致的。但是，亚里士多德也认识到，政治学不仅要构想理想的生活方式和理想的最优良的政体。而且要构建现实中能为大多数城邦切实可行的最优良的政体，这种政体就是以中产阶级为主的共和政体。亚里士多德认为，构建政体的三个主要因素是财富、自由和德才，共和制其实是平民制和寡头制的混合，即财富和自由的混合、穷人和富人的混合，而以中产阶级为主的共和制能够很好地制衡寡头和平民，中产阶级既不像穷人那样贪图别人的财产，也没有富裕到会被别人觊觎财产的地步，是城邦中最稳定的因素。而且，贤良之士即具有德才之人往往出身于中产阶级，所以，以中产阶级为主的共和制是最好的政体。也就是说，“亚里士多德和柏拉图一样，出于对实际的考虑，不得不退回到

---

① 亚里士多德虽然将政体分为六类，但是，在现实当中政体大多不是仅仅包含一种要素，而是多种要素的混合，如贵族制就有绝对的贵族制，也有混合的贵族制，即以德才为主兼及财富和自由的政体，这种政体也称为贵族制。

以财产代替美德的观点。这两位思想家在原则上都不认为财产是善的标志，但两人都得出这样的结论：为了政治的目的，财产提供了最适用的接近于善的标准”[1]。换言之，亚里士多德认为，善是城邦的目的，因而善就应该是构建城邦政体的必要因素，但是，亚里士多德所构建的以中产阶级为主的最优良的共和制却是以财产为标准的，这就在一定程度上使政治偏离了伦理的制约而更接近于现实化。

此外，亚里士多德的《政治学》还分析了政变和革命的原因以及相应的救治方法，并且提出了建立稳定的平民制和寡头制的方法。也就是说，中产阶级执政虽然是可行的、最好的执政方式，但是，并不是所有的城邦都适合建立以中产阶级为主的共和制。要建立这种共和制，其现实条件就是中产阶级要具备一定的规模，至少在人数上要超过寡头或者平民，所以，在希腊社会中，这种共和制依然是一种理想，而大多数城邦施行的是平民制或寡头制。所以，亚里士多德立专章讨论建立、维护和完善平民制和寡头制的方法。更进一步说，亚里士多德立足于现实，企图通过对现有制度的改良使其能够考虑到更多人的利益，以期逐步实现整体的优良生活和城邦整体的善。因此我们可以说，虽然思孟学派和亚里士多德都主张一种伦理政治学，但是，亚里士多德的政治学更现实、更具体，甚至在某些方面偏离了伦理主题，而思孟学派的仁政虽然也提出了一些具体的措施，但更多的是一种政治理想和政治理念，而这种政治措施、政治理想和理念完全是围绕着“仁”即善德构建的。

（三）内圣外王与公民教育

上节我们分析了思孟学派与亚里士多德的政治思想及政治理想，那么，如何实现这种政治思想及理想就是本节要讨论的问题。其实，在这个问题上，思孟学派与亚里士多德的思路是一致的，即通过教育，但是在具体进程和具体措施上，双方却有很大的不同。《大学》历来被称为儒家的政治经典，原因是《大学》提出了格物、致知、诚意、正心、修身、齐家、治国、平天下八个条目。这八个条目既可以看作是道德修养的方法，也可以看作是实现天下太平的政治理想的具体路径。或者说，儒家及思孟

---

① ［美］乔治·霍兰·萨拜因（George H. Sabine）：《政治学说史》，盛葵阳、崔妙因译，商务印书馆 1986 年版，第 147 页。

学派的政治路径和道德路径原本就是统一的，实现政治理想的根本方法就是“修身”，即“内圣外王”。在这一点上，思孟学派内部的观点是完全一致的，孟子也认为，“天下之本在国，国之本在家，家之本在身”（《孟子·离娄上》），而身之本在心，注重个体的心性修养。也就是说，思孟学派将仁政的最终实施和实现落实到统治者的道德修养上，而这种道德修养就是成德之教。

对于亚里士多德来说，不论是其伦理学还是政治学，最后都要回归到教育的问题上，特别是在其《政治学》卷七的后半段和卷八中，亚里士多德集中讨论了公民的教育原则、教育规划、教育方法及教育内容等问题。如他认为，公民的教育应该起始于婴儿，因此，夫妇双方应注意体格锻炼以确保婴儿有先天的良好基础，并且从婴儿到成年公民的每个成长阶段都应该配合以适当的教育和管理，并将算术、绘画、音乐和体操确定为儿童教育的四个主要科目。也就是说，亚里士多德认识到城邦的实体是公民，城邦的政体及一切社会制度都是由城邦公民制定的，因此，优良政体的建立及运行最终要落实到公民自身的素质上，所以，应该制定一套以善为目的的，以统治者的才德和被统治者的才德兼备的教育体系。也就是说，思孟学派与亚里士多德都认识到教育是理想政治得以实现的关键要素，但是，思孟学派倾向于内在的道德修养，而亚里士多德虽然也重视个人和家庭的道德训练，但是他更倾向于整体的公民教育，即如何做一个好的统治者和被统治者，而“内圣外王”的道德王思想类同于柏拉图的“哲学王”，具有很强的理想色彩而欠缺普遍的实效性。

（四）道德生活与政治生活

亚里士多德认为，政治学旨在探讨人类最好的政治制度和最优良的生活方式，而伦理学的主题也是“我们应该怎样生活”，所以，生活方式也应该是探讨思孟学派与亚里士多德伦理学与政治学关系的一个视角。对于双方来说，人都是群居动物，或者说人是社会性动物，而一个文明的社会必然是由各种组织、各类团体协调组合而成的，因而个体的人必然会在群体之中过着各种各样的社会生活，如家庭生活、道德生活、政治生活、哲学生活等。家庭在任何社会形式中都是最基本的社会单位，而家庭生活也是人们普遍接受的生活方式，不管是思孟学派还是亚里士多德都看到了这一点。所不同的是，中国古代宗法制盛行，血缘和家庭具有本位的性质，无论是西周还是此后漫长的封建社会，“家天下”都是一个普遍的社会政治观念。因此，儒家和思孟学派非常注重家庭教育和人伦关系，在五伦中有三伦是关于家庭成员的，而又将君臣比作父子，将朋友比作兄弟。

也就是说，儒家和思孟学派通过将个人转化为社会关系（特别是家庭关系）网中的一员来规划和要求人的正当行为，而家庭关系中所应具备的慈、孝、友、恭、义、顺及家庭关系的扩展所应具备的仁、忠、实、信等德性就成为人们应该而且本该遵守的道德德性。换言之，儒家和思孟学派将一个普遍的家庭生活转化为社会的道德生活。或者说，对于儒家和思孟学派来说，家庭就是一个小的社会，所以说“国之本在家”，思孟学派又将家往下延伸，将这些家庭德性、政治德性和社会德性看作是人所本有的善，故家教又演化为个人的心性修养，即“内圣”。因此，我们可以说，当思孟学派将善看作人的本性而追求人的完满实现时，其实就是将人的家庭生活、政治生活和其他社会生活转化成一种道德生活。或者说，在思孟学派构建的国家中，道德生活是其他生活方式的准则和参照。

亚里士多德将善作为其伦理学和政治学的目的，因此可以说，道德生活必然是亚里士多德非常注重的生活方式，但是对于亚里士多德来说，单纯的道德生活只存在于观念之中，或者说，绝对的善人只是普遍意义上的概念性的人，现实中的人都具有一定的或特定的身份，如农民、商人等。也就是说，亚里士多德认为，道德生活或者以德性为本的生活应该有其现实的表现形式，因此，他才会提出和讨论这样的问题，即“以善德为本的生活应取怎样的方式？参加政治活动而实践世务，还是谢绝一切外物和俗事而独行于所谓修静（沉思）的生活——照有些人的论断，惟有玄想才是一个哲学家的事业？这里，我们可以说，在今世以及上代，一切以善德为尚的诚笃的贤者，他们的生活有两种不同的方式——政治生活和哲学生活”①。换言之，亚里士多德认为，道德生活或以善德为本的生活在现实中有两种表现形式，即政治生活和哲学生活，他所要讨论的是这两种生活哪一种更值得选取。

亚里士多德关于人的本性有两种论断：其一，人是理性动物；其二，人是政治动物。在其伦理学中，亚里士多德主要运用了人是理性动物这一

① ［古希腊］亚里士多德：《政治学》，吴寿彭译，商务印书馆 2008 年版，第 1324a26—31 页。

论断，产生了德性是情感和行为的正确这一观点，并且认为，最高的幸福就是沉思，即哲学生活。而在其政治学中，亚里士多德又极力论证人天生是政治动物，城邦是自然的产物这一论题。根据这一论题，政治生活应该是也必然是人最应该选取的生活，因而政治生活和哲学生活的较量实质上就是人的两种本性的冲突。但是，对于亚里士多德来说，这两种本性是不冲突的，人是理性动物指的是普遍的人，人是政治动物指的是现实中的人。因此，亚里士多德认为，沉思是人的最高德性即纯粹理性的实现活动，应该是最完满的最高尚的生活，当然是最值得选取的。但是，对于现实中的人来说，只有极少数的人适合过哲学式的生活，也只有极少数的人可以达到德性的极致，而更多的人是德性实现过程中的人。好公民是成为好人的途径，政治生活是德性生活的最好的载体，因此，对于大众来说，政治生活应该是最适宜的，也就是最好的生活方式。

因此，我们可以说，思孟学派和亚里士多德都认为，道德生活或合于德性的生活是最有价值也是最值得选取的生活方式，但是思孟学派倾向于将德性本体化、本位化和形上化，通过将德性作为一切生活方式的准则来实现最美好的生活，而亚里士多德倾向于将德性实际化、现实化、政治化，通过将德性置于现实社会政治之中的方式来实现最美好的生活。因此，儒家和思孟学派崇尚君子和圣人，而亚里士多德虽然也崇尚哲学家，但是他更加重视好公民在美好生活中的作用。

三　德治与法治

德治就是将道德教化作为主要的治国手段，追求社会的道德协调，运用道德的内在约束力来达到社会的和谐稳定。对于儒家和思孟学派来说，德治就是人治、礼治，是儒家政治体认的固有模式，也是其仁政思想的必然导向。而法治就是将法律作为维护社会秩序的最主要的手段，提倡法律至上的思想和信念，是一种具有强制力的外在规范。对于任何一个国家，不论是古代还是现代，中国还是西方，只要存在政权的地方就存在着强制力量，只是这种强制力量的存在方式和占有的地位有所不同而已。换言之，孔子和思孟学派虽然强调德治、礼治，但是，法律或法治也依然是现实社会的一种主要治理方式，西周时期礼法一体，出礼入法，礼具有法律的实际意义，而孔孟时代，随着奴隶社会宗法制的崩坏，百家争鸣，法家和依法治国的思想登上舞台，强调严刑峻法。与此相反，儒家和思孟学派强调德治、礼治，主张德主刑辅。也就是说，儒家和思孟学派也看到了法律的不可或缺性，只是他们强调以仁爱治国，强调道德的内在规范作用和道德习俗以及道德规范对人性塑造的可行性。或者说，他们倾向于相信人的力量和人的自我管理能力，在人治和法治中选择人治，也就是选择仁政和德治、礼治。

对于亚里士多德来说，法治总体上优于人治。虽然亚里士多德本身也是非常重视道德教育和道德修养的，重视道德在整个社会生活和政治生活中的地位和作用，而且他也看到了法律的缺陷，即对于一些具体事例，法律可能规定得并不周详，无法作断，这个时候就需要立法者和执法者根据法律原则和精神做出人为的判断。也就是说，一个好的法治国家，不仅需要优良的法律以及人们对法律的服从，还需要运用法律的人有良好的法律修养和道德修养，能够及时地发现和弥补法律的缺口。但是亚里士多德更倾向于相信法律，因为“法律恰恰正是免除一切情欲影响的神祇和理智的体现”①，是没有情感的智慧，是公平和正义的体现。即便是道德优良的人，也往往没有办法完全摆脱情欲的影响而做出公正无私的裁定。亚里士多德还认为，人特别是青年人的道德修养离不开法律，如果一个人不是在健全的法律下成长，就很难使他接受正确的德性，即德性离不开法律，德治也应该是在法治的体系中进行的。

此外，亚里士多德还认为，现实的法律都是根据城邦的政体建立的，因此，法律也有良法和劣法，正宗的法律和变态的法律的区别，依据正宗的政体为了公共利益而建立的法律是良法和正宗的法律，而依据变态的政体为了某个人或团体的利益而建立的法律是劣法和变态的法律。所以，亚里士多德在强调法律在维护社会秩序方面的作用的同时，也非常注重良好法律的建立，即法律的建立也是以城邦的良好的生活为宗旨的，是以促进德善为目的的。换言之，亚里士多德虽然重视法治，认为法治在总体上优于人治和德治，但是，法治和德治都是以善为目的的，这就从另一个角度阐释了思孟学派与亚里士多德在伦理学和政治学关系上的异同。

总的来说，思孟学派不仅将德善作为目的也将德善作为手段，因而将

① ［古希腊］亚里士多德：《政治学》，吴寿彭译，商务印书馆 2008 年版，第 1287a32—33 页。

伦理和德性本位化、本体化、形上化，将君子作为社会道德典范，并企图在宗法制王国中推行仁政，进行德治，希望通过统治者自身的道德修养来实现天下太平的政治构想，不仅将道德放置在根本的位置上，还倾向于让道德成为一切社会行为和生活的主线，即将一切问题转化为道德问题予以解决。这种方式予以道德太重的压力，在宗法制和君主专制的社会中可以盛行，但在提倡个体自由和民主的今天，善应该以何种方式存在呢？（对此下一章将进行讨论）相比较而言，亚里士多德则更为实际一点，他虽然也将善作为其伦理学与政治学的目的，但是，他倾向于目的与手段的分离。或者说，政治学阐释了实现善的具体途径和方法，即通过建立优良的政体、法律、教育体系来培养好的统治者和被统治者即好的公民，通过让更多的人成为好的公民的方式让其成为好人。换言之，从个体和整体的角度，政治学是伦理学的高级形态，而从一般与特殊的角度，政治学是伦理目的得以实现的凭借和方式。也就是说，亚里士多德将善政治化、特殊化了，通过对其政治实体公民的教育及其成长来最终实现善的目的，这种方式更为现实，也更适宜于当今社会。

第十一章　德性伦理学与儒家伦理学的未来走向

德性伦理学与儒学的复兴是20世纪两大重要的学术事件，而儒学的重中之重是伦理学。为了探讨这两种复兴的学术意义和现实意义，本书前几章从微观的角度将德性伦理学的代表——亚里士多德与儒家的重要学派——思孟学派的伦理学放置在德性伦理的视域下对其主要内容和相关方面进行了分析和比较。本章将从宏观的角度探索德性伦理与儒家伦理的主要特征、当前两种伦理学复兴的价值和意义以及两种学说的未来走向。

一　德性伦理与儒家伦理的主要特性

（一）以"德"为本的价值定位

本书将亚里士多德的伦理学与思孟学派的伦理学进行比较的平台是德性伦理，也就是说，"德"或者"德性"是双方伦理的基础和根本。判断一种伦理学是怎样的伦理学，是德性论伦理学还是义务论伦理学，抑或是功利主义伦理学和角色伦理学的依据是"何者为先"、"何者为主"。一种成熟的理论一般都包含丰富的内容，德性伦理学并不是否定和抛弃规范，而是认为德性优先于规范，人的内在品性是道德追求的终极目的，其研究的核心问题是"我们应该做怎样的人"而不是一般的道德原则和规范，它以"行为者"为核心，而不是以"正当行为"为核心。亚里士多德的伦理学正是以人的"德性"的完满实现作为伦理学最高目的的，将人的德性和功能作为伦理学的起点和基点。正是从这个意义上，我们认为亚里士多德的伦理学是典型的德性伦理学，但是，这并不意味着亚里士多德不注重规范、制度和原则，不注重人的道德行为，反而他认为，只有做道德的事才能成为有道德的人，德性是在良好的社会习俗和规范中逐渐培养起来的。所以他非常注重规范和原则，但是我们不能因此就断定他的伦理学是规范伦理学，其原因就在于，对他来说，德性具有根本的、最终的地位和价值，处于主导地位，而规范是德性得以完满实现的有力手段和工具，处于从属的地位。也就是说，一种成熟的德性伦理学有可能包含义务论、角色论、功利论等伦理因素，但是，它们肯定都坚持以“德”为本的价值定位，“德性”是其伦理学的基点和核心，亚里士多德如此，儒家也依然如此。

中国儒学的核心是一种德性伦理学，儒学的复兴在很大程度上是德性伦理的复兴。孔子是儒学的开创者，他的思想核心是“仁”，即“爱人”，他提倡的道是“仁道”，也是“人道”和“忠恕”之道。换言之，儒学及德性伦理学从起点上就是以人为中心的，以“人道”“人之德”为根本的，它以人的自然情感——爱亲人为基础进行扩充，以求达到爱天下人的目标，最终实现社会的和谐稳定以及人自身。孟子继承和发展了孔子的思想，从逻辑上解决了“泛爱众”的可能性，提出了“性善论”，既然人在本性上是善的，具有仁、义、礼、智等德性，那么，德性修养就是人自身的本能需求。也就是说，德性是人的本质属性，人因为具有德性而成为人自身，“人”是孟子思想的核心范畴，“人之德”的实现是“人”得以实现的依据和旨归，集中体现了儒学及德性伦理学以人的内在“德性”为本的思想特性。

当然，儒学是含蕴极广的学术，儒家的伦理学也包含丰富的内容，也就是说，儒家的伦理学虽然是德性伦理学，坚持以“德”为本的价值定位，但是其中也包含角色伦理、义务论、功利主义等因素。如儒家提倡的“父慈子孝”、“君仁臣敬”等观念就包含角色伦理的因素；坚持将“义”作为人们行为的道德依据，认为“非其义也，非其道也，禄之以天下，弗顾也；系马千驷，弗视也。非其义也，非其道也，一介不以与人，一介不以取诸人”（《孟子·万章上》）就包含义务论的因素；认为“有恒产者有恒心，无恒产者无恒心”（《孟子·滕文公上》）就包含功利主义的因素。但是，我们不能因此就认为儒家的伦理学是角色伦理学或规范伦理学，原因就在于，儒家虽然将“义”作为人们的行为规范，但是“义”本身就是一种德性，而且是总德“仁”的实现路径，它是德性本身及德性实现的方法而不是德性的依据和根本，而义务论伦理学坚持规范的主导地位，认为德性来源于道德规范和原则，是规范和原则的附属，因此，儒家的伦理学虽然非常强调“义”的重要性，却不是义务论伦理学。同理，孟子虽然认识到物质利益和外部环境对德性形成的重要作用，但是，他并没有将利益作为评判德性的依据，与功利主义的根本原则有着本质的差别。所以我们认为，尽管亚里士多德的伦理学与儒家思孟学派的伦理学包含其他伦理学的某些因素，但是究其根本，德性是其基点和核心。也正是在这个意义上，我们认为，双方的伦理学是德性伦理学。

（二）利人与利己完美统一的意识形态

儒家德性伦理学的自我具有双重含义：一是普遍的、抽象的自我，如人性善、天人合一等命题中出现的自我范畴；二是实际的、关系的自我，如君臣、父子、夫妇、兄弟、朋友等称谓中出现的自我范畴。这两种自我不是分离的，而是相辅相成的，前者是后者理想的、本质的状态，后者是前者生活中的、现实的状态。也就是说，儒家的德性学说是一种理想的精神追求，同时，它也面向生活，面向社会现实，将人与人之间的和谐关系作为其主要问题，它的德性普遍地面向他人，如仁者爱人，义者公正地待人，礼者恭敬地待人，智者正确地待人，同时，自我德性的拥有也是成人、成德的表现，是儒家追求的最高目标。因此，我们可以说，追求人与人之间的人际和谐，将人放入社会当中，从人的角色和关系当中确定人的行为尺度，利人中成己，使利人与利己达到完美统一是儒家根本的意识形态。在这一点上，亚里士多德也是类同的。

亚里士多德认为，人类在本性上是一个“政治动物”，是生活在一定的社会群体之中的，做一个好公民强过做一个好人。也就是说，人虽然具有普遍的一面，但现实中的人必定不能脱离一定的社会现实，其德性的养成及幸福生活的实现必定是基于其生活的社会现实的。所以，亚里士多德虽然认为幸福就是人的灵魂的德性的完满实现，但是其德性本身包含对他人的关注。如他将公正作为其最主要的德性，而公正就是处理人与人之间关系的尺度和标准。因此，亚里士多德的伦理学虽然从抽象的人出发界定其最高目的，但是，成己中利人，使人与己完美统一也是其伦理学的根本思路。此外，亚里士多德所谓的沉思就是最为自足、对外界需求最少的德性，这种德性从理想的状态及理论的角度来讲，是完全自我的理性状态，但是，亚里士多德本身也认为，作为不能脱离社会而独立生活的人来说，沉思者本人也需要良好的人际关系和社会环境，处理好人与人之间的关系是沉思者得以沉思的现实条件之一。因此，虽然亚里士多德与儒家在界定自我和德性时不尽相同，但是都考虑到人的普遍性、现实性和社会性，将利人与利己完美地统一在德性之中是双方构建其伦理学的根本思路之一。

（三）理想社会的政治诉求

儒家的政治学是建立在其伦理学基础之上的，孔子认为，“政”即“正”也，也就是说，政治的根本在于治理者的德性，而对德性实现外部环境的考虑也必然会导致对理想社会的政治诉求。《大学》的八条目是格物、致知、诚意、正心、修身、齐家、治国、平天下，在这八条目中“修身”是根本，要治国平天下，国家的治理者必须进行良好的道德修养，当然也包括“智”德的提升，而“平天下”，实现良好的社会理想也是有德之人应有的社会目标。之后，孟子直接提出了“仁政”的政治理论，认为统治者应该爱护百姓、与民同乐，并且提出“制民之产”、“役民以时”等政治主张，注重将道德理念运用到社会制度的建设之中。也就是说，儒家的社会理想是建立在伦理德性的基础之上的，而要实现个体的德性，以这种德性为基础构建起来的理想社会就成了必然的政治诉求，儒家如此，亚里士多德也是如此。

亚里士多德的政治学不仅是建立在伦理学基础之上的，而且他认为其伦理学本身也是政治学，是政治学的初级阶段，其伦理学和政治学都是以善和幸福为目标的，所不同的是，伦理学关注的是个人的善和幸福，而政治学关注的是城邦整体的善和幸福。要实现个体的善，就必然要求有良好的外部环境，所以，善政的城邦、正宗的政体就是亚里士多德政治学主要探讨的内容。对于亚里士多德来说，公正是城邦首要遵守的原则，善政的城邦就得操心全邦人民生活中的一切善德和恶行，最为正宗也就是最为公正的政体，应该不偏于少数（好人和富人），也不偏于多数（平民），而以全邦公民的整体利益为依归。也就是说，德性伦理学，不论是中国的还是西方的，都注重群体的利益，注重社会的整体和谐，注重个体德性实现的外部环境，因此理想社会就成为其伦理学必然的政治诉求，而这种将伦理原则和理念运用到政治领域，并以此构建社会制度的做法与现代应用伦理学也有相同之处。也就是说，德性伦理学与儒学本身就包含着很强的实践性、制度化诉求，这也为当代德性伦理学与儒学的复兴与发展提供了理论条件。

二　德性伦理学与儒学复兴的价值和意义

（一）德性伦理学复兴的背景及意义

在近代西方，以康德为代表的义务论和以边沁、穆勒为代表的功利论等规范伦理学是其主流。虽然功利论追求的是“最大多数人的最大利益”，而义务论认为“自由只能以自由为限制”，但是两者的前提是相同的，都是个体的平等的自由权利；而且，与传统的德性伦理学相比，它们都立志于普遍的道德原则和规范的建立，并且认为道德原则和规范是德性的依据，人们的行为如果符合普遍的道德原则和规范就是道德行为，就是善。这是以自由、平等、个体、理性为特征的现代性的伦理产物，也适应了资本主义发展初期的道德需求。到了19世纪末期，西方社会内部的矛盾日益加剧，在哲学领域出现了以尼采为代表的意志论者，他反对理性、反对宗教，质疑一切道德标准，认为应该对一切价值进行重新评估，对西方的理性主义和规范伦理提出了挑战。此后，随着两次世界大战的爆发，道德原则和道德规范被肆意践踏，与此同时，规范伦理学的主流地位也被元伦理学和存在主义的虚无哲学所替代，而元伦理学注重通过语言分析、逻辑分析、概念分析来解决道德理论问题，虚无哲学更导致道德的虚无主义论调，无法解决第二次世界大战之后复兴和重建所带来的道德问题。

在这种情况下，传统理性主义的复兴和新型伦理学的诞生就成了历史的必然，现代自由主义罗尔斯的《正义论》既是规范伦理学复兴的代表作。也是制度伦理学（应用伦理学）的代表作。他运用理性建立道德原则，并将这种原则应用于社会的整体机构建设，追求制度的正义和程序的正义，坚持在个体自由不受侵犯的前提下运用差别原则，即对弱势群体予以政策倾斜，在一定程度上考虑到了社会的整体和谐。但是，这种和谐是基于制度、程序的公平和正义，不是人内在的德性关注所要达到的内在和谐，所以这种和谐就非常的冷漠和脆弱。而且极端自由主义的代表诺齐克坚持权利的公正，反对财富的再分配，认为政府以社会公正的名义对财富的再分配是对个人权利的侵犯。这种以个体自由权利为前提的自由主义，特别是以诺齐克为代表的极端自由主义带来了许多社会问题与伦理困境，如极端孤立的个人、理性自大狂的出现、以自我为中心的社会面貌，人们之间难以达成共识，也没有公众的思想交流，导致了人与人之间的冷漠与分裂，而且财富的不再分配必然导致贫富差距加大，社会的和谐与稳定发展也必然会成为一大问题。

基于对罗尔斯等新规范伦理学或应用伦理学的反驳，以麦金太尔、桑德尔等为代表的哲学家倡导德性伦理学的复兴，他们以亚里士多德、托马斯等传统德性论为基点，强调道德的终极目的性，强调善（德性）对于权利和规则的优先性及整体对于个体的优先性。他们更为关注行为者本身的善而不是行为的善，更注重从人的内部品性出发关注和解决道德问题，在一定程度上弥补了规范伦理学外部自律的缺陷。可以说，在当代西方，德性伦理学之所以能够复兴，其实现原因在于规范伦理学所导致的弊端，特别是极端自由主义的弊病。

此外，德性伦理学在当代复兴是有其根本原因的，它是社会和谐稳定发展的必然要求。在市场经济的驱动下，在人类个体解放的发展中，追求个人的自由平等权利，坚持个性发展和独立自我是一种必然趋势，本身也标志着人类的发展和进步。但是，个人是生活在群体之中的，如果将个人的权利和自由无限制的扩大而不顾及整体和他人的权益，个体的权利也会失去保证。法律是维护个人权利的最佳凭证，但是，如果没有良好的道德素养和内在的自我约束，法律的维护是不可想象的。德性伦理正是以其独特的魅力，通过自我友善的方式维持人与人之间的和谐，维护法律的神圣不可侵犯性；通过寻求个体和整体利益的最佳契合点来维护社会的和谐稳定，来促进社会的可持续发展。德与法是一个社会的两翼，缺一不可，人的内在德性修养层次是一个社会发展程度高低的标志之一。

（二）儒学复兴的背景及意义

现代儒学的复兴可分为三个阶段。第一个阶段是 20 世纪初期，以梁漱溟、熊十力、马一浮等为代表。此时，中国正处于内忧外患之际，内部封建军阀割据混战，外部帝国主义虎视眈眈，中国有毁国灭种的危险，再加上西方思想的传入和热化，中国的传统文化也存在着毁灭的危险。在这种情况下，对中国及中国文化有着极大热情和了解的学者开始倡导儒学的复兴，坚持儒学的主导地位。新中国成立之后，由于受到社会主义本质观、马克思主义的阶级斗争观及集权主义思想的影响，国内形成了一种个人绝对服从集权利益，只讲奉献不讲回报，“宁可要社会主义的草，不要资本主义的苗”等绝对道义论的道德风尚，特别是在“文化大革命”期间，人的生命受到摧残，人的权利受到漠视，人性被无情的扭曲，当然，整体国家和社会也陷入混乱中。在这种情况下，解放思想、改革开放，建立新的经济制度和社会体系就成为必然之举。

市场经济是对西方经济模式的借鉴和引入，与市场经济相对应的西方权利思想、自由思想、法律思想等文化传统受到欢迎，传统的儒家文化受到批判和质疑，这是中国社会转型的必然结果，也是市场经济良性发展的必然要求。但是，这种转型也带来了道德上的“信仰危机”，旧的传统被遗弃了，新的传统一时很难形成，人们处于无阻、徘徊和焦灼状态；而且，随着现代化步伐的加快，个人利益与整体利益的关系、人的发展与生态环境的关系、人的道德冷漠等道德问题成为人们必须面对和解决的重要问题，而对这些问题西方传统的规范伦理学是难以完满解决的。在这种情况下，儒学复兴的第三个阶段成了学术界探讨的热点之一，对我国传统文化予以分析和考量，取其精华，弃其糟粕，进行“道德重建”就成为必然的举措。而儒学虽然有过时的一面，但其思想精髓是我们的优良传统，对于解决当前的社会和道德问题有很大的基础性作用，这也是儒家德性伦理学在当代复兴的根本原因之一。

三　德性伦理学与儒家伦理学的未来走向

（一）西方德性伦理学的未来走向

1. 以规范伦理学为主导

为了更好地理解西方伦理学的发展情况，我们将规范伦理学分为以康德、穆勒为代表的旧规范伦理学和以罗尔斯为代表的新规范伦理学①，旧规范伦理学是与西方的经济体制、政治体制及社会体制相对应的，是西方个体解放和私有制的产物，在当今资本主义社会体系整体不变的情况下，以个人的自由平等权利为基础的规范伦理学仍然而且必将是其伦理学的主导学说。但是随着社会的不断发展，旧规范伦理学的弊端也越来越明显，集中表现在普遍原则与现实问题的无法对接及道德悖论的存在上，因此，罗尔斯的平等原则与差别原则相结合的公正理论，以及麦金太尔的整体善优先于个人权利的社群主义理念的提出都是社会和伦理思想发展的必然结果。但是，在西方自由、平等、权利等传统观念的影响下，在资本主义体系里，随着时代的发展，规范伦理的形态也许会不断发生变化，但是规范伦理学必将仍然是伦理学界的主导。

2. 规范伦理学与德性伦理学相互兼容的未来图景

现代应用伦理学最早在20世纪60年代出现在西方，随后传入我国，是目前中西方比较热门的研究话题。应用伦理学研究的教材和专著不断出现，以其为主题的会议和研究中心也不断增加，但是对于应用伦理学的界定，学术界存在着很大的争议。有的学者认为，应用伦理学是对传统伦理学，特别是规范伦理学的应用，因此，不是一门独立的学科。例如，彼得·辛格（Peter Singer）就持有这种观点，将应用伦理学归入规范伦理学。有的学者认为，应用伦理学是一个正在形成的全新的研究领域，与传

---

① 罗尔斯的伦理学是制度伦理学、应用伦理学，对此学术界已基本上达成共识，但是对于制度伦理学和应用伦理学的性质和特征，学术界还存在着争议。有的学者认为，应用伦理学是伦理学的现代形态，其根本特点就在于关注伦理冲突和道德悖论、探究道德难题，具有应用性和学科交叉性。因为这种特性，特殊道德境遇的判断、伦理规范的选择以及伦理道德行为的实施技巧都应当是其研究对象。应用伦理学虽然是基于应用和实践的，但是，伦理规范的选择和判断必定也是其内涵之一，所以，应用伦理学必定不能完全脱离规范伦理学、元伦理学、描述伦理学以及德性伦理学等传统伦理学，蕴含着对传统伦理学运用的一面。但是，应用伦理学并不是对原则、规范的简单运用，而是对传统规范的超越和扬弃，是相对于普遍道德原理的探究、分析和描述。应用伦理学更注重自下而上的、平等宽容基础上的伦理商榷的建立，更注重实际问题的解决，所以说，应用伦理学是社会现代形态下的新型伦理学，有其独特性和创新性，笔者也同意这种看法。但是，应用伦理学是发展中的学术，上述特性既是学者对已成形的应用伦理学的概括，也包含着学者对应用伦理学未来发展模式的期盼和界定。从存在的应用伦理学著作来说，有的倾向于应用伦理学的方法论研究，有的倾向于分类研究，有的倾向于特殊领域的道德问题的分析，有的倾向于伦理规范的确立和实践应用，罗尔斯的《正义论》就属于这种著作。这种研究也最接近规范伦理学，是规范伦理学的新形式。也正是在这种意义上，我们认为，罗尔斯是新规范伦理学的代表。

统的伦理学有较大的差异，因而是一门独立的学科。持这种观点的有卡拉汉（John C. Callahan）等中西方学者。还有的学者的观点比较客观和折中，既考虑到应用伦理学与传统伦理学的关系，即“应用什么”的问题，又考虑到应用伦理学的学科交叉性及广泛性，即“应用于什么”的问题，认为应用伦理学应该既包含理性的思考和价值的判断又包含特殊领域实际问题的探讨。目前学术界比较倾向于这后一种观点，笔者也赞同这种观点。就是说，虽然学界对应用伦理学的理解和界定有所不同，但是，应用伦理学已是伦理学界不可忽视的学术现象，也是我们探讨德性伦理学未来走向必须面对的问题。

如上所述，应用伦理学必须面对“应用什么”的问题，不管是普遍道德原则的实践运用，还是通过権商和交谈形成道德共识和道德约定，道德问题的解决必定蕴含一定的原则、规范和理念。因此，在西方，理论伦理学，特别是规范伦理学必定是应用伦理学应用的主体理论，或者说，规范伦理学必定是应用伦理学蕴含的内容之一。因此，从这个角度出发，将应用伦理学理解为新的规范伦理学也有其一定的道理。在应用伦理学繁荣的今天，将德性论与应用伦理学结合起来，使德性理论成为应用伦理学的理论导向也许是西方德性论的发展前景。规范伦理基于人必须遵守的道德原则，基于人免于……的个体自由，而德性伦理基于人的内在道德修养，基于人去做……的主体自由，前者寻求一种道德底线，探究人类必须遵守的道德义务，而后者追寻一种道德理想，探究人类美好的生活境界，前者是消极的，后者是积极的。在个体自由社会中，前者是必须的，是维护社会稳定的基本依托；而在人类不断发展进步的今天，后者也是必要的，它是人类长远发展和幸福生活的必备品。因此，以应用伦理学为载体，将规范伦理学和德性伦理学结合起来，将内在德性与外在规范统一起来，将是一种完美的前景，而且，德性伦理学本身具有很强的实践性和包容性，这就为其发展提供了自身的依据。

（二）儒家伦理学的未来走向

要解决这一问题，我们就要弄清楚以下三个问题：其一，儒家伦理学的优点；其二，儒家伦理学的缺点；其三，现存伦理问题的根本原因。其实，在本章开头和其他章节中，我们已经不止一次地提到过儒家伦理学的特点、优势及缺陷，在此，再做一简要的论述：儒家伦理学是以人性善作为论述基础的，善是人的本性的逻辑必然，德是其基础的价值定位，善的实现与人的实现是统一的，因而德性的实现就是也本该是人的目的和理想。也就是说，儒家伦理学具有很强的目的性和理想性。此外，伦理学是以人的生活状态为研究对象的，即人应该过怎样的生活，什么样的生活是最有价值的，儒家伦理学对这个问题的解答是，人应该过一种道德生活，或者道德生活是最具有价值的生活方式。为了实现这种生活方式，儒家特别是思孟学派倾向于人的内在道德修养，倾向于利人与利己的完美统一，即将外在的社会价值内在化、自我化，通过对自我的约束以达到人与人、人与社会的安定和谐，因而就具有了很强的内在性、和谐性和整体性。此外，理想社会的政治诉求也使儒家的伦理学具有一定的社会性和现实性。

一种理论的特点和优势往往也是其缺点和劣势。儒家伦理学以其独到的方式得到了历代统治者的认同和赞许，成为中国漫长的封建社会的主流文化，但是它对关系自我的界定，对整体的强调使个体自我被消解，这种方式在宗法制和君主专制的社会中可以盛行，但却是民主社会的一颗毒瘤；而且，儒家伦理学强调伦理本位化和心性本体化，即将一切社会问题转移到道德视线上，希望通过道德修养，特别是心性修养加以完美解决。这种方式过于理想化和专断化，因而就具有一定的虚幻性和非实效性。此外，儒家伦理学强调以仁爱为先，突出情感在道德及整个社会生活和政治生活中的地位，这就无形中减弱了理智、正义、法律等德性和规范的社会作用，容易导致情感专断主义的产生。也就是说，儒家伦理学中有些曾经具有很强生命力的因素却是我们今天不得不抛弃和革除的赘疣，而当今的伦理需求将是我们革除和继承的重要依据。

据笔者分析，现存伦理问题的根本原因是伦理边缘化，特别是德性伦理边缘化。施特劳斯（L. Strauss）认为，“政治科学是最基本的社会科学”①，原因是政治的核心是统治权的问题，一旦一种政体被确定，这种政体就可以通过强制和权威的规劝使人们服从于一定的生活方式，所以，从政治学与伦理学的关系中往往可以看出一个时代的社会导向。在古典时期，无论是思孟学派还是亚里士多德，其政治学都是从属于道德的，即政治学都是以善为目的的，一种整体的美好生活都是政治学追求的最终目

---

① ［美］克罗波西（J. Cropsey）、［美］斯特劳斯（L. Strauss）主编：《政治哲学史》，李洪润等译，法律出版社2009年版，第925页。

标，而在当今社会，道德是从属于政治的，政治的理念就是道德的理念，政治的权利和义务就是善的标准和原则，这种方式至于极端，就完全消解了国家应具有的内在道德价值，仅仅成为一种具有强制力的专断力量。也就是说，儒家及思孟学派伦理学的最大弊端是伦理本位化，伦理成了一切社会生活的主导，而当今社会最大的伦理问题就是德性伦理边缘化甚至被消解，人主动放弃或无意中放弃了自我的崇高、完美和卓越而自甘卑微、堕落和渺小，如果说儒家的理想太过高远，以致使人望而却步并最终成了水中之月，那么如今的人们因放弃理想而浑浑噩噩，最终成了池中之物。而其中最可回首和凭借的也许就是亚里士多德式的明智和中道。

因此，儒家伦理学也许应该放弃自身的优越感，敞开胸怀、扩展视野，审视当今社会的弊病，倾听当今人们的心声，放弃伦理本位化，重新调整情与理的关系，继续保持整体性、和谐性优势，借鉴亚里士多德伦理学与政治学关系的处理模式，既不放弃对美好生活的向往，又将伦理目标寄托于政治、经济、法律及教育等现实体系中。

在中国改革开放后的近30年来，伦理学界形成两大热潮：一是德性伦理学和儒学的复兴；二是应用伦理学的繁荣，可以说，这两大学术热潮都是伦理困境和时代发展的必然。德性伦理因规范伦理主体的消极自律和无限膨胀而复兴，应用伦理学则因规范伦理对现实的道德难题无法圆满解决而繁荣。在中国，关于应用伦理学的研究专著和学术论文不断出现，科研机构不断增加，将儒学应用于规章制度的建设之中，遍及生活的方方面面，已经成为应用伦理学和儒学研究者共同的见识和旨趣。

应用伦理学分为制度伦理学（政治伦理学）、经济伦理学、法伦理学、生态伦理学、生命伦理学、职业伦理学、教育伦理学等，将儒学的基本思想和理念灌注于国家经济、政治制度的建设之中，使制度伦理化和伦理制度化结合起来，形成制度儒学。比如“以人为本”“以德治国”“可持续发展”等政策方针的制定，就是儒学发展的方向之一。此外，在法律、生态、职业等方面都存在着道德问题和伦理难题，因此，才会出现法伦理学、生态伦理学、职业伦理学等专门伦理学科，将儒学思想与这些专门学科结合起来，成为专门学科的伦理指导，也是儒学发展的目标之一。此外，儒学如果想在当今的社会中发挥作用、求得生存，就应该走出书斋，通过标语、广告等形式将其先进的核心理念和思想渗透于人民的生活和头脑之中，形成生活儒学，或者将儒学生活化。也就是说，要想儒学的现实性和精神性在当代中国和未来社会中得到不断的体现，使中国传统文化有其充盈的现代价值，儒学就应该保持开放的态势，使精神儒学和世俗儒学并行驰骋。

总之，德性伦理学与儒家伦理学具有以“德”为本的价值定位、利人与利己完美统一的意识形态以及理想社会的政治诉求三大特性，这些特性使其对当代规范伦理所造成的困境与问题有所解决与缓和，对社会的和谐稳定发展具有很大的基础性作用，因此可以说，当代德性伦理学与儒学的复兴是社会与伦理思想发展的必然结果。此外，规范伦理模式下两者兼容的西方前景和精神儒学与世俗儒学并行的中国前景将有可能成为德性伦理学与儒学的未来走向。

结　　语

比较研究是学术研究的一个重要方法。以自身研究自身固然能够加强认识，获得理解，可是，如果在相对平等和开放的原则下，将一思想或现象与其他文化环境下相关的思想或现象进行比较，我们也许可以获得新的认识和更为深入的理解。谢阳举教授在《论比较原理与比较思想史》中探讨了三种类型的比较：一是比较的态度和信念，就是消除中心化和绝对化的文化信念，将各种思想放入世界文化的范围之内，进行平等、开放的比较；二是比较的主要内容，即特质比较，就是传统的辨析异同；三是比较的最高目的，就是在前两种比较的基础之上，建构系统的思想关系网络，最终建立“世界思想史”。[①] 本书就是在比较的信念下，以思孟学派与亚里士多德的德性伦理为比较对象，探讨其思想特质和异同，以期在一定程度上建构这两种德性论的相互关系，为最终实现“世界思想史”的目标勉尽微薄之力。此外，本书在微观比较的基础上进一步概括了中西方德性伦理的主要特征及优劣点，并力求探索出双方伦理学的未来走向。

通过上文的细致比较，我们发现这两种德性论呈现出三种关系：同中有异、异中有同、相互对立和特有德性。首先，同中有异是指两种德性论在大体方向上是相同的，但是其具体内涵不尽相同，有的甚至有很大的差异。如思孟学派与亚里士多德的德性理论都与人性、人的功能和特性有关，都认为成德与成人是一致的。但是，对于什么是人的特性，如何实现人性、德性，人性与德性的结构特征为何，双方有很大的区别。思孟学派认为，德性是人的特性，人本善；而亚里士多德认为，理性是人的本性，道德德性是在理性的指导下通过后天习惯养成的，是人的混合本性和第二本性。在如何实现人性与德性的问题上，前者注重由内而外的实现方式，

① 谢阳举：《论比较原理与比较思想史》，《湖南大学学报》2010 年第 6 期。

而后者注重由外而内的实现方式；前者人性与德性的结构特征是以仁为球心的混合球体形状，而后者的人性与德性结构特征是以纯粹理性为顶点的级层锥体形状。

再如，思孟学派与亚里士多德都将适度作为德性的标准，前者为中庸，后者为中道。或者说，双方都认为，德性是一种内在规范，适度往往表现为两个极端的中间，但其实质却是最好、最高的德性，所以，中庸是至德，中道是极端。但是，中庸和中道又有很大的不同：其一，中庸既是至德又是全德，包含所有德性，而中道只是针对道德德性，理智德性本身就是善的，越多越好，不存在适度的问题；其二，中庸的主导机制是情感，以仁为基础和旨归，而中道的主导机制是理智，理性是中道得以实现的保证和凭借；其三，双方的获得方式和导致的结果也有差异，中庸注重存在状态和由内而外的实现方式，而中道注重活动和由外而内的实现方式，而且前者容易导致人治和专制，而后者容易导致法治和民主。

又如，思孟学派与亚里士多德的德性论都是目的论下的德性论，至善、最高善都是其最高目的，德性都是其善的本质内涵，成己利人都是其贯彻的方针。但是，对于什么是最高善，德性的具体内容及如何做到成己利人，双方又有很大的差异。首先，思孟学派的最高善是仁道、天道、圣人之道、君子之道，追求的是天人合一，其实质是完满地实现儒家的仁、义、礼、智等德性；亚里士多德的最高善是幸福，包括涵盖论的幸福即整体幸福，理智论下的幸福即沉思是最高的幸福以及辩证论下的幸福即整体和谐、尽善尽美的幸福。其次，思孟学派的德性包含实践理性和道德德性两部分，而亚里士多德的德性除了这两者外还包含纯粹理性，如科学、努斯等。最后，思孟学派追求的是利人过程中的成己，而亚里士多德追求的是成己过程中的利人。或者说，思孟学派既将利人作为目的，又将其作为成己的手段，而亚里士多德将成己和利人都作为目的。换言之，当人成为手段时，个体往往被集体所掩埋，只有当人不论是自己还是他人只作为目的时，个体才能既位于集体又独立于集体。

此外，思孟学派与亚里士多德都认为不乐无德，但是前者认为，成德的过程中没有痛苦，而后者认为，成德的过程中伴随着痛苦，快乐是拥有德性和运用德性的内涵之一。而且某些具体的德性，如勇敢和节制，都为思孟学派与亚里士多德所追求，但是勇敢和节制的具体所指又有所不同。总之，既然思孟学派与亚里士多德的伦理学都是德性伦理学，那么，他们之间存在着相同性和相似性就是必然的，但是，双方却很少有完全相同的一面，同中有异是双方德性论的一大关系特征。

其次，异中有同。异中有同是指这两种德性论有不同的侧重点和不同的特色，但是，在不同之中又有些相同的地方。如思孟学派以辩证思维为其主要思维方式，但是对于人性善恶的分析、人的本质的探讨本身也具有形式逻辑的因素，而亚里士多德虽然是以形式逻辑为基础的，但是其潜能与实现理论及其目的论思想中也包含着很强的辩证逻辑。此外，德性的先天性与先验性是思孟学派德性论的重要特色之一，但是，思孟学派也非常注重德性的后天培养和经验层面上的论证。亚里士多德虽然在道德德性的来源上认为其是后天的和习惯养成的，但是，在人的德性、功能、自然和形式的界定上，亚里士多德也坚持一种先验的形式原则和目的论原则。

再如，思孟学派重德性，重人的内在精神状态，而亚里士多德重德行，重人的实践活动，但是，双方都认为德性与德行是不可分的，由内而外和由外而内实现德性的两种方式缺一不可。另外，思孟学派重情感，以情感为德性的基础和导向，而亚里士多德重理性，以理性为德性的导向和凭借，但是，双方都认为德性中包含着情感和理性，两者缺一不可。

对于思孟学派和亚里士多德而言，其伦理学和政治学、形而上学的关系是不同的。对于思孟学派来说，其伦理学与形而上学是统一的，而伦理学是其政治学的基础；对于亚里士多德来说，其伦理学与政治学是统一的，而形而上学是其伦理学的基础。但是，对于双方来说，有一点是共同的，那就是其伦理学与其思想体系中的其他学说有着紧密的关系。更进一步讲，对于思孟学派与亚里士多德的整个思想体系来说，思孟学派注重整体、注重合一，而亚里士多德注重各个思想学科的不同特色，但是亚里士多德也追求一种分离、对立基础上的统一和整体的和谐。就伦理学与政治学的具体关系来说，思孟学派注重伦理本位化和政治伦理化，而亚里士多德注重伦理政治化和政治的实效性，但是双方的政治学都是一种伦理政治学，或者以善为目的的政治学。

此外，思孟学派主要表现出一种学派结构特色，而亚里士多德则表现出一种张力结构特色，但是子思的思想体系也体现出一定的张力结构，如仁与圣智的关系。最后，这种异中有同的关系特征还表现在具体德性中，如对于财物的消费，亚里士多德主张慷慨，而思孟学派则倾向于俭约，但是，在应该施惠于人方面，双方又有一致的地方。

最后，相互对立和特有德性。相互对立是指双方在同一问题上持相互对立的观点。如在德性的起源问题上，思孟学派认为，德性是天赋的，是人内在本有的东西，特别是孟子，直接将人的本性确定为善和德性；而亚里士多德认为，德性（道德德性）不是人先天本有的东西，而是后天通过习惯养成的。双方在这一点上针锋相对，不可调和。这种对立的特征还表现在具体的德性中，如在语言的交流中，亚里士多德认为，需要适度的消遣，即需要机智的品质，但是思孟学派认为，语言应该是严肃的、谨慎的，所以强调慎和讷的品质，而且认为辩论只应存在于不得不辩的情况下。此外，双方明显的差异还表现在为一方特有而对方所无的特有德性上。如思孟学派的孝悌、忠恕、勤敏等，亚里士多德的科学、技艺、智慧、大方、大度等。这些相互对立的观点和特有的德性很好地体现了双方在社会体制、文化传统、地域风情等方面的差异。

总之，两种伦理学由于当时的各种条件和差异，形成了同中有异、异中有同及相互对立的关系特征。在当今社会，德性伦理所存在的环境和状况也不尽相同，因此，其存在形态、社会地位及具体内涵也就会有各种差异，但是，德性本身是永远不会过时的。思孟学派与亚里士多德的伦理学都意味着对善的、美好的、高尚的事物的追求，也许对何谓善、何谓美好、何谓高尚，彼此的界定是不同的，但是对真善美的向往和追求却是不分国别和时代的。如果两种伦理学有完全一致的地方，那就是对于善无限追求的信念和态度。在这一点上，我们可以说，德性永恒！

德性是永恒的，德性伦理的复兴也是必然的，但是我们研究和倡导德性伦理的目的并不是取代和消除其他伦理，如规范伦理、元伦理、应用伦理等，而且在当代社会中其本身也无法做到一枝独秀。如果人类自身的自由和解放是我们追求的永恒目标，那么个体的自由、平等和权利就是人类必然寻求的东西，而全人类中个体和整体的关系也必将是人类自始至终要考虑的一个问题。当整体或以整体为幌子的群体和个人完全侵蚀了个体的自由和权利时，个体的解放和自由必然会成为人类追求的目标，而相应产生的现代规范伦理学就有着无与伦比的先进性和优越性。这种以个体的自由和权利为起点又以个体的自由和权利为终点的伦理学，必然无法产生人类整体内在的和谐与全面发展。因此，以内在性、和谐性、整体性、目的性等为特征的德性伦理学必然会成为未来伦理学关注的目标之一，而传统的规范伦理学与德性伦理学、应用伦理学的关系以及建立一个怎样的伦理学体系和如何构建一个适合人类发展总体目标的新的伦理学体系将是我们面临的重要伦理学课题。

与西方几百年的现代化进程相比，中国推翻帝制刚刚100年，改革开放才30多年，加快现代化进程，实现人的自由平等权利仍然是我们的主要奋斗目标。因此，实现各个领域的制度化、体系化、规范化依然是我们的主要任务，道德底线的持有和道德规范的建立也是当务之急。同时，在现代化进程中，极端个人主义的泛滥，道德虚无主义的衍生等西方国家的道德问题也在中国频频出现。因此，中国如何将制度化、规范化、体系化与德性的内在化、和谐化、整体化结合起来，建立既有利于国家的经济制度建设，又有利于国家的安全稳定发展的新型伦理学体系，是我们必须面对的重要课题；应用伦理学与儒家德性伦理学的结合，使德性伦理制度化和制度伦理化，也许是中国未来伦理学和德性伦理学发展的基本方向。

参考文献

一 论文

庞朴:《中庸评议》,《中国社会科学》1980 年第 1 期。

刘蔚华:《中庸之道是反辩证法的思想体系》,《武汉大学学报》1980 年第 5 期。

金岳霖:《中国哲学》,《哲学研究》1985 年第 9 期。

罗祖基:《试论我国儒家中庸与希腊中庸之异同》,《吉林大学社会科学学报》1987 年第 2 期。

邓红昔:《试论先秦儒家中庸范畴的哲理化》,《孔子研究》1987 年第 3 期。

王泽应:《亚里士多德与荀子的伦理思想之比较》,《人大复印资料 · 伦理学》1988 年第 1 期。

温克勤:《西方伦理学史上的公正范畴》,《齐齐哈尔师范学院学报》1992 年第 6 期。

杨适:《"友谊"观念的中西差异》,《北京大学学报》(哲学社会科学版)1993 年第 1 期。

余涌:《简论正义范畴在亚里士多德伦理学中的作用》,《中州学刊》1993 年第 2 期。

陈跃文:《论中道——中庸思想的起源》,《孔子研究》1993 年第 3 期。

温克勤:《先秦儒家合理人生观述评》,《齐鲁学刊》1994 年第 1 期。

刘伏海:《孔丘与亚里士多德的中庸学说比较》,《湖南师范大学学报》1994 年第 5 期。

孙以楷、谢阳举:《儒学"自我"的发展历程》,《学术界》1994 年第 5 期。

王海明、孙英:《几个伦理学难题之我见》,《北京大学学报》1994 年第 6 期。

罗祖基:《论中和的形成及其发展为中庸的过程》,《南京大学学报》1995 年第 3 期。

葛晨虹:《儒家德性思想的血缘根基》,《史学集刊》1996 年第 2 期。

田光辉:《论儒学的价值与中国社会的发展》,《贵州社会科学》1996 年第 2 期。

陶万辉:《公平观与公平的概念界定》,《哲学研究》1996 年第 4 期。

黄寅:《论传统文化之"中"与中庸之道》,《浙江大学学报》1996 年第 9 期。

李景林:《中西文化研究系列之三——思孟五行说与思孟学派》,《吉林大学社会科学学报》1997 年第 1 期。

胡念耕:《孔子"中庸"新解》,《社会科学战线》1997 年第 2 期。

邓红蕾:《试论先秦儒家中庸范畴的哲理化》,《孔子研究》1997 年第 3 期。

孙以楷、谢阳举:《儒家的精神表现及其现实意义》,《长白论丛》1997 年第 4 期。

杨涯人:《中庸思想的历史定位及现代意义》,《理论探讨》1998 年第 2 期。

葛楚英:《还中庸之道以本来面目》,《理论探讨》1998 年第 2 期。

廖明春:《郭店楚简儒家著作考》,《孔子研究》1998 年第 3 期。

陈楚佳:《论人性与德性》,《武汉大学学报》1998 年第 3 期。

庞朴:《孔孟之间——郭店楚简的思想史地位》,《中国社会科学》1998 年第 5 期。

龚群:《回归共同体主义与拯救德性——现代德性伦理学评价》,《哲学动态》1998 年第 6 期。

李隼:《东西方"中庸"之比较研究——儒家与亚里士多德"中庸"伦理思想比较》,《现代哲学》1999 年第 3 期。

李素霞:《古希腊早期和谐思想初探》,《河北师范大学学报》1999 年第 3 期。

肖群忠:《规范与美德的结合:现代伦理的合理选择》,《伦理学》1999 年第 11 期。

陈科华：《中庸之为“至德”的意涵浅析》，《广西师范大学学报》2000年第1期。
王善超：《论亚里士多德关于人的本质的三个论断》，《北京大学学报》2000年第1期。
应奇：《正义还是德性——自由主义/社群主义之争的一个侧面》，《哲学动态》2000年第2期。
宋希仁：《论伦理关系》，《中国人民大学学报》2000年第3期。
韩旭辉：《“郭店楚简与历史文化”学术座谈会论点综述》，《西安联合大学学报》2000年7月。
樊浩：《当代伦理精神的生态合理性》，《中国社会科学》2001年第1期。
杨国荣：《道德的形上内蕴》，《华东师范大学学报》2001年第5期。
孙君恒：《西方美德伦理学的复兴》，《广西大学学报》2001年第6期。
廖申白：《公民伦理与儒家伦理》，《哲学研究》2001年第11期。
盆根洪：《论亚里士多德中道观与先秦儒家中庸观的异同》，《社会科学辑刊》2002年第1期。
黄克剑：《“正”、“义”与“正义”——中西人文价值趣求之一辨》，《福建论坛》2002年第2期。
[美] 安乐哲、郝大维：《〈中庸〉新论：哲学与宗教性的论释》，《中国哲学史》2002年第3期。
廖申白：《全球化进程中的国际干预伦理》，《中国人民大学学报》2002年第3期。
戴兆国：《德性伦理何以可能》，《南京晓庄学院学报》2002年第5期。
郑国华：《论人的德性》，《江西社会科学》2002年第6期。
刘余莉：《西方美德伦理的当代复兴》，《玉溪师范学院学报》2003年第1期。
戴兆国：《孟子与亚里士多德德性伦理之比较》，《安徽师范大学学报》2003年第2期。
[美] 余纪元：《亚里士多德论幸福：在柏拉图的〈国家篇〉之后》，朱清华译，《世界哲学》2003年第3期。
黄显中：《亚里士多德论公正》，《玉溪师范学院学报》2003年第3期。
张传有：《正义的困境》，《山东大学学报》2003年第4期。
赵敦华：《孔子的“仁”和苏格拉底的“德性”》，《北京大学学报》2003

年第 4 期。
廖申白：《〈正义论〉对古典自由主义的修正》，《中国社会科学》2003 年第 5 期。
何元国：《孔子的“仁”与亚里士多德“友爱”之比较》，《北京师范大学学报》（哲学社会科学版）2003 年第 6 期。
寇东亮：《“德性伦理”研究评述》，《哲学动态》2003 年第 6 期。
皮家胜：《幸福与德性及其关系新探》，《湖北社会科学》2003 年第 7 期。
曲蓉：《亚里士多德与孔子友爱观的比较》，《玉溪师范学院学报》2003 年第 9 期。
冯颜利：《公正（正义）研究评述》，《哲学动态》2004 年第 4 期。
东方朔：《德性论与儒家伦理》，《天津社会科学》2004 年第 5 期。
路晓军：《儒家德性论》，《理论探讨》2004 年第 6 期。
李承贵：《生活儒学：当代儒学开展的基本方向》，《福建论坛》（人文社会科学版）2004 年第 8 期。
李兰芬：《以德治国：路径功能框架》，《哲学研究》2004 年第 12 期。
孙君恒：《亚里士多德分配正义论》，《中国海洋大学学报》2005 年第 1 期。
何霜梅：《20 世纪 90 年代以来社群主要研究评述》，《教学与研究》2005 年第 1 期。
王泽应：《论中国传统德育思想的基本特征》，《湖南师大学报》2005 年第 3 期。
王永平：《郭店楚简研究综述》，《社会科学战线》2005 年第 3 期。
唐热风：《亚里士多德伦理学中的德性与实践智慧》，《哲学研究》2005 年第 5 期。
陈真：《亚里士多德美德伦理思想评述》，《江海学刊》2005 年第 6 期。
陈真：《美德伦理学和道德建设》，《江苏社会科学》2005 年第 6 期。
戚福康、施建平：《子思学源辨正》，《湖南科技学院学报》第 31 卷第 1 期。
李兰芬、王国银：《德性伦理：人类的自我关怀》，《哲学动态》2005 年第 12 期。
陈来：《竹简〈五行〉篇与子思思想研究》，《北京大学学报》2007 年第 2 期。

李锐：《古代中西方的“学派”观念比较——兼论“思孟学派”的问题》，《中国哲学史》2007年第4期。

廖申白：《亚里士多德的“实践的正确”观点》，《道德与文明》2007年第5期。

奚刘琴：《第三代新儒家对儒学的诠释与创新》，《现代哲学》2009年第3期。

奚刘琴：《第三代新儒家与普世伦理》，《社会科学家》2009年第4期。

常俊贤：《国内外儒学现代化研究现状评述》，《法制与社会》2010年第2期（上）。

谢阳举：《论超越的荣辱观及其文化创新功能》，《西安财经学院学报》2007年第1月。

谢阳举：《论比较原理与比较思想史》，《湖南大学学报》2010年第6期。

叶蓬：《“诚”析》，《中国哲学史》1998年第1期。

鲁芳：《论儒家“诚”的起源》，《湖南师范大学社会科学学报》2004年第4期。

鲁芳：《论儒家“诚”与德性的关系》，《中国伦理史研究》2005年第5期。

卢风：《论儒家之“诚”的启示》，《哲学动态》2004年第2期。

卢风：《“诚”与“真”——论儒家之“诚”对当代真理论研究的启示》，《伦理学研究》2005年第5期。

张洪波：《〈中庸〉之“诚”范畴考辨》，《武汉大学学报》（哲学社会科学版）2007年第4期。

二 著作

（唐）孔颖达：《〈礼记正义〉〈十三经注疏〉》，北京大学出版社1999年版。

（唐）韩愈：《韩愈全集·原道》，上海古籍出版社1997年版。

（唐）韩愈：《韩愈全集·送王秀才序》，上海古籍出版社1997年版。

（宋）程颢、程颐：《二程集》，中华书局1981年版。

（宋）朱熹：《四书章句集注》，中华书局1983年版。

（宋）朱熹：《朱子语类》，中华书局2004年版。

（清）王夫之：《读四书大全》（卷二），中华书局1975年版。

（清）焦循：《孟子正义》，中华书局 1987 年版。
（清）朱彬：《礼记训纂》（上、下），饶钦农点校，中华书局 1996 年版。
（清）王聘珍：《大戴礼记解诂》，王文锦点校，中华书局 1983 年版。
（清）段玉裁：《说文解字注》，上海古籍出版社 1981 年版。
康有为：《康有为全集·万木堂口说》，上海古籍出版社 1990 年版。
康有为：《孟子微》，中华书局 1987 年版。
郭沫若：《十批判书》，中国华侨出版社 2007 年版。
辜鸿铭：《中国人的精神》，海南出版社 1996 年版。
杨伯峻：《孟子译注》，中华书局 1960 年版。
杨伯峻：《论语译注》，中华书局 1980 年版。
孔鲋：《孔丛子》，汪晫编：《曾子全书·子思子全书》，上海古籍出版社 1990 年版。
钱穆：《先秦诸子系年》，中华书局 1995 年版。
王德明主编：《孔子家语译注》，广西师范大学出版社 1998 年版。
高亨：《周易大传今注》，齐鲁书社 1998 年版。
李学勤：《十三经注疏》，北京大学出版社 1999 年版。
陈鼓应：《老子今注今译》，商务印书馆 2003 年版。
汪受宽：《孝经译注》，上海古籍出版社 2004 年版。
侯外庐等：《中国思想通史》，人民出版社 1957 年版。
侯外庐：《中国古代社会史论》，河北教育出版社 2000 年版。
侯外庐等主编：《宋明理学史》（三册），人民出版社 2005 年版。
任继愈主编：《中国哲学发展史（先秦）》，人民出版社 1983 年版。
朱贻庭主编：《中国传统伦理思想史》，华东师范大学出版社 1989 年版。
张岂之：《儒学·理学·实学·新学》，陕西人民教育出版社 1994 年版。
张岂之主编：《中国思想史》，西北大学出版社 2005 年版。
张岂之主编：《中国思想学说史·先秦卷》，广西师范大学出版社 2008 年版。
陈来：《古代宗教与伦理——儒家思想的根源》，三联书店 1996 年版。
陈来：《古代思想文化的世界——春秋时代的宗教、伦理与社会生活》，三联书店 1996 年版。
杨国荣：《伦理与存在——道德哲学研究》，上海人民出版社 2002 年版。
徐复观：《中国人性论史·先秦篇》，上海三联书店 2001 年版。

杨儒宾：《德之行与德之气——帛书〈五行篇〉、〈德圣篇〉论道德、心性与形体的关系》，钟彩钧主编：《中国文哲研究的回顾与展望论文集》，台湾中研院中国文哲研究所筹备处，1992年。

魏启鹏：《简帛〈五行〉笺释》，台湾万卷楼图书有限公司2000年版。

丁四新：《郭店楚墓竹简思想研究》，东方出版社2000年版。

《中国哲学》编辑部、国际儒联学术委员会合编：〈郭店楚简与儒学研究〉（《中国哲学》第20、21辑），辽宁教育出版社2000年版。

李零：《郭店楚简校读记：增订本》，中国人民大学出版社2007年版。

梁涛：《郭店竹简与思孟学派》，中国人民大学出版社2008年版。

山东师范大学齐鲁文化研究中心、美国哈佛大学燕京学社编：《儒家思孟学派论集》，齐鲁书社2008年版。

余英时：《中国思想传统的现代诠释》，江苏人民出版社2003年版。

庞朴：《浅说一分为三》，新华出版社2004年版。

牟宗三著，罗义俊编：《中国哲学之会通十四讲》，上海古籍出版社2007年版。

牟宗三著，罗义俊编：《中国哲学的特质》，上海古籍出版社2007年版。

陈鹏：《现代新儒学研究》，福建人民出版社2006年版。

王国银：《德性伦理研究》，吉林人民出版社2006年版。

陈赟：《中庸的思想》，三联书店2007年版。

康宇：《儒家美德与当代社会》，黑龙江大学出版社2008年版。

张岱年：《心灵与境界》，陕西师范大学出版社2008年版。

张岱年：《中国伦理思想研究》，江苏教育出版社2009年版。

陈满铭：《中庸思想研究》，（台北）文津出版社1989年版。

唐君毅：《中国文化之精神价值》，广西师范大学出版社2005年版。

唐君毅：《中国哲学原论·原性篇》，中国社会科学出版社2005年版。

蒙培元：《情感与理性》，中国人民大学出版社2009年版。

北京大学哲学系外国哲学史教研室编译：《古希腊罗马哲学》，三联书店1957年版。

周辅成：《西方伦理学名著选辑》，商务印书馆1994年版。

苗力田主编：《亚里士多德全集》，中国人民大学出版社1996年版。

包利民：《生命与逻各斯——希腊伦理思想史论》，东方出版社1996年版。

刘红星：《先秦与古希腊》，上海古籍出版社 1999 年版。
汪子嵩等：《希腊哲学史》（全三册），人民出版社 2004 年版。
廖申白：《亚里士多德友爱论研究》，北京师范大学出版社 2009 年版。
黄显中：《公正德性论：亚里士多德公正思想研究》，商务印书馆 2009 年版。
冯友兰：《中国哲学史》（上、下册），华东师范大学出版社 2000 年版。
胡适：《中国哲学史大纲》，东方出版社 1996 年版。
汪子嵩：《亚里士多德 · 理性 · 自由》，河北大学出版社 2003 年版。
赵祥禄：《正义理论的方法论基础》，中央编译出版社 2007 年版。
李晨阳：《道与西方相遇：中西比较哲学重要问题研究》，中国人民大学出版社 2005 年版。
聂敏里选译：《20 世纪亚里士多德研究文选》，华东师范大学出版社 2009 年版。
刘述先：《全球伦理与宗教对话》，河北人民出版社 2006 年版。
陈根法：《德性论》，上海人民出版社 2004 年版。
赵汀阳：《论可能生活——一种关于幸福和公正的理论》，中国人民大学出版社 2004 年版。
王海明：《新伦理学》，商务印书馆 2008 年版。
俞可平：《社群主义》，中国社会科学出版社 2005 年版。
黄建中：《比较伦理学》，山东人民出版社 1998 年版。
陈瑛、廖申白主编：《现代伦理学》，重庆出版社 1990 年版。
韦政通：《儒家与现代中国》，上海人民出版社 1990 年版。
杨向奎：《宗周社会与礼乐文明》，人民出版社 1992 年版。
罗光：《中国哲学认识论》，台湾学生书局 1995 年版。
夏甄陶：《中国认识论思想史稿》（上、下），中国人民大学出版社 1992 年版。
蔡元培：《中国伦理学史》，东方出版社 1996 年版。
陈来：《现代中国哲学的追求——新理学与新心学》，人民出版社 2001 年版。
谢阳举：《道家哲学之研究——比较与环境哲学视界中的道家》，陕西人民出版社 2003 年版。
陈鼓应：《老子今注今译》，商务印书馆 2003 年版。

张茂泽、郑熊：《孔孟学述》，三秦出版社 2003 年版。

孙以楷、陆建华、刘慕方：《道家与中国哲学·先秦卷》，人民出版社 2004 年版。

马小红：《礼与法：法的历史连接》，北京大学出版社 2004 年版。

杜丽燕：《人性的曙光——希腊人道主义探源》，华夏出版社 2005 年版。

史广全：《礼法融合与中国传统法律文化的历史演进》，法律出版社 2006 年版。

白奚：《先秦哲学沉思录》，中国社会科学出版社 2007 年版。

刘余莉：《儒家伦理学：规则与美德的统一》，中国社会科学出版社 2011 年版。

郑熊：《宋儒〈中庸〉学研究》，陕西人民出版社 2011 年版。

方克立主编：《现代新儒学辑要丛书》，中国广播电视出版社 1992—1996 年版。

[美] 杜维明主编：《思想·文献·历史：思孟学派新探》，北京大学出版社 2008 年版。

[古希腊] 柏拉图：《法律篇》，张智仁、何勤华译，孙增霖校，上海人民出版社 2001 年版。

[古希腊] 柏拉图：《柏拉图全集》，王晓朝译，人民出版社 2003 年版。

[古希腊] 亚里士多德：《形而上学》，苗力田译，中国人民大学出版社 2003 年版。

[古希腊] 亚里士多德：《政治学》，吴寿彭译，商务印书馆 1965 年版。

[古希腊] 亚里士多德：《尼各马可伦理学》，廖申白译注，商务印书馆 2003 年版。

[古希腊] 亚里士多德：《尼各马科伦理学》，苗力田译，中国人民大学出版社 2009 年版。

[古希腊] 第欧根尼·拉尔修：《名哲言行录 》（上），马永翔等译，吉林人民出版社 2003 年版。

[古希腊] 色诺芬：《回忆苏格拉底》，吴永泉译，商务印书馆 1986 年版。

[英] 罗素：《西方哲学史》（上），何兆武、李约瑟译，商务印书馆 1963 年版。

[美] 杰克森：《亚里士多德〈尼各马可伦理学〉》第 5 卷，纽约阿尔诺出版社 1973 年版。

[日] 中村元:《比较思想论》，吴震译，浙江人民出版社 1987 年版。

[美] A. 麦金太尔:《三种对立的道德观探究》，万俊人等译，中国社会科学出版社 1993 年版。

[美] A. 麦金太尔:《谁之正义? 何种合理性》，万俊人等译，当代中国出版社 1996 年版。

[美] E. 博登海默:《法理学——法哲学及其方法》，邓正来、姬敬武译，华夏出版社 1987 年版。

[美] A. 麦金太尔:《追寻美德：伦理理论研究》，宋继杰译，译林出版社 2003 年版。

[美] 梯利:《西方哲学史》，美伍德增补，葛力译，商务印书馆 1995 年版。

[美] 约翰·罗尔斯:《道德哲学史讲义》，张国清译，上海三联书店 2002 年版。

[美] 加勒·汤姆森、马歇尔·米斯纳:《亚里士多德》，张晓林译，中华书局 2002 年版。

牟博编:《留美哲学博士文选：中西哲学比较研究卷》，商务印书馆 2002 年版。

[美] 赫伯特·芬格莱特:《孔子：即凡而圣》，彭国翔、张华译，江苏人民出版社 2002 年版。

[美] 史华慈:《古代中国的思想世界》，程钢译，江苏人民出版社 2003 年版。

[法] 卢梭:《社会契约论》，何兆武译，商务印书馆 2003 年版。

[德] 鲍吾刚:《中国人的幸福观》，严蓓雯等译，江苏人民出版社 2004 年版。

[美] 郝大伟、安乐哲:《通过孔子而思》，何金俐译，北京出版社 2005 年版。

[日] 沟口雄三、小岛毅主编:《中国的思维世界》，孙歌等译，江苏人民出版社 2006 年版。

[美] 倪德卫:《儒家之道：中国哲学之探讨》，美万白安编，周炽成译，江苏人民出版社 2006 年版。

[美] 史蒂文·卢坡尔:《伦理学导论》，陈燕译，中国人民大学出版社 2008 年版。

[美] 杜维明：《〈中庸〉洞见》，段德智译，林同奇校，人民出版社 2008 年版。

[德] 韦伯：《中国的宗教——儒教与道教》，简惠美译，广西师范大学出版社 2004 年版。

[法] 弗朗索瓦·于连：《圣人无意——或哲学的他者》，闫素伟译，商务印书馆 2006 年版。

[法] 弗朗索瓦·于连、狄艾里·马尔塞斯：《（经由中国）从外部反思欧洲——远西对话》，张放译，大象出版社 2005 年版。

[美] 牟复礼：《中国思想之渊源》，王立刚译，北京大学出版社 2009 年版。

[美] 卡尔·A. 魏特夫：《东方专制主义》，徐式谷等译，邹如山校订，中国社会科学出版社 1989 年版。

[美] 安乐哲：《和而不同：中西哲学的会通》，温海明译，北京大学出版社 2009 年版。

[美] 余纪元：《德性之镜：孔子与亚里士多德的伦理学》，林航译，中国人民大学出版社 2009 年版。

[美] 狄白瑞：《儒家的困境》，黄水婴译，北京大学出版社 2009 年版。

[美] 约翰·罗尔斯：《正义论》，林航译，中国人民大学出版社 2009 年版。

[美] 布鲁斯·昂：《形而上学》，田园、陈高华译，中国人民大学出版社 2005 年版。

[美] 路易斯·P. 波伊曼：《知识论导论——我们能知道什么》，龚汉鼎译，中国人民大学出版社 2008 年版。

[美] 德沃金：《至上的美德：平等的理论与实践》，冯克利译，江苏人民出版社 2003 年版。

[英] 简·艾伦·赫丽生：《古希腊宗教的社会起源》，谢世坚译，广西师范大学出版社 2004 年版。

[英] 厄奈斯特·巴克：《希腊政治理论》，卢华萍译，吉林人民出版社 2003 年版。

[英] 戴维·罗斯：《正当与善》，林南译，上海译文出版社 2008 年版。

[英] 亚当·斯密：《道德情操论》，蒋子强、钦北愚、朱钟棣、沈凯璋译，商务印书馆 1997 年版。

［英］斯威夫特：《自由主义与社群主义》，张晓春译，吉林人民出版社 2011 年版。

［美］丹尼尔·贝尔：《社群主义及其批评者》，李琨译，三联书店 2002 年版。

［英］摩尔：《伦理学原理》，长河译，商务印书馆 1983 年版。

［美］乔治·霍兰·萨拜因：《政治学说史》，盛葵阳、崔妙因译，商务印书馆 1986 年版。

［德］康德：《判断力批判》，邓晓芒译、杨祖陶校，北京出版社 2002 年版。

［美］施特劳斯、克罗波西主编：《政治哲学史》，李洪润等译，法律出版社 2009 年版。

［美］列文森：《儒教中国及其现代命运》，郑大华、任菁译，广西师范大学出版社 2009 年版。

Alexander Grant. *The Ethics of Aristotle*. London: Longmans, Green, and Co., 1885.

Christopher P. Long. *The Ethics of Ontology: Rethinking an Aristotelian Legacy*. New York: State University of New York Press, 2004.

C. D. C. Reece. *Practices Reason: Aristotle's Nicomachean Ethics*. New York: Oxford University Press, 1992.

Yearley. *Mencius and Apuinas: Theories of Virtue and Conceptions of Courage*. New York: State University of New York Press, 1990.

Rosalind Hursthouse. *On Virtue Ethics*. New York : Oxford University Press, 1999.

Michael Pakaluk. *Nicomachean Ethics: An Introduction*. New York: Cambridge University Press, 2005.

Claudia Baracchi. *Aristotle's Ethics as First Philosophy*. New York: Cambridge University Press, 2007.

三 学位论文

王美凤：《先秦儒家伦理思想研究》，西北大学 2001 年博士学位论文。

李彬：《走出道德困境——社会转型下的道德建设研究》，湖南师范大学 2006 年博士学位论文。

何良安：《为了幸福——亚里士多德德性伦理研究》，复旦大学 2007 年博士学位论文。

晁乐红：《中庸与中道——先秦儒家与亚里士多德之研究》，湖南师范大学 2008 年博士学位论文。

万光军：《孟子仁义思想研究》，华东师范大学 2008 年博士学位论文。

金建伟：《亚里士多德自然目的论思想研究》，浙江大学 2006 年博士学位论文。

曹峰旗：《理性与情感——孔子与苏格拉底伦理思想特点之比较》，浙江大学 2001 年硕士学位论文。

林志雄：《西方公正思想研究研究》，西南师范大学 2003 年硕士学位论文。

步如飞：《先秦儒家"诚"观念研究》，山东大学 2004 年硕士学位论文。

陈淑珍：《亚里士多德与孔子中庸思想比较》，江西师范大学 2006 年硕士学位论文。

陶雅娟：《试论孔子与亚里士多德的中庸思想及现代意义》，华中科技大学 2007 年硕士学位论文。

钟英战：《人性与德性：孟子与亚里士多德伦理思想比较》，华东师范大学 2007 年硕士学位论文。

马晓颖：《先秦与古希腊美德伦理思想比较研究》，河北师范大学 2007 年硕士学位论文。

李智群：《二程"诚"论研究》，中南大学 2009 年硕士学位论文。

孟耕合：《北宋〈中庸〉之"诚"思想研究》，复旦大学 2009 年硕士学位论文。

后　　记

本书是在我的博士论文《思孟学派与亚里士多德伦理思想比较研究》的基础上修改而成的。在本科和硕士研究生学习阶段，我沉迷和陶醉于中国的古典文学，虽然对中国思想的玄远绵长和西方哲学的博大精深心向往之，但总是望洋兴叹，可望而不可即。即便是稍有窥测，获得点滴感悟，也是欣喜若狂。工作之后，阴差阳错、机缘巧合，我非常有幸地进入西北大学中国思想文化研究所继续学习和深造，这是我一生的转折点，也是我学术生命的起点。在这里我开始了新的蜕变和成长。

作为一个学生，一个全新领域的探索者，我的步伐缓慢异常，这使我不得不提到一个人——我的导师谢阳举教授。他是一个让人尊敬的学者，更是一个让人怀念的老师：在我懒惰时他鞭策我前进；在我急躁时他开导我，使我平静；在我洋洋得意时他使我冷静；在我徘徊沮丧时他使我振奋，他使我从一个门外之人逐步向该学术领域接近。如果说我取得了一定成绩的话，那全是仰赖导师的悉心指导和关怀。特别是对于博士学位论文的写作，谢阳举教授付出了很多宝贵的时间和心血，从论文选题到基本框架，再到初次脱稿以及最后的定稿，每一个阶段都蕴含着老师的谆谆教导和真知灼见。对于本书的出版，谢老师也是一再垂询。可以说，我在学术道路上的每一点进步，都离不开导师的帮助和指导，在此谨表示诚挚的感谢。

此外，中国思想研究所的张岂之先生学识渊博、治学严谨、思路开阔，他不时对青年学生进行的学术指导和生活教导，让我感受颇多、受益匪浅。方光华教授、张茂泽教授有着深厚的学术积淀和丰富的教学经验，为我的学习和研究提供了很多启发和指导。刘薇老师亲切和蔼，为我的生活和学习提供了诸多方便。李江辉老师、郑熊老师、宋玉波老师、陈战峰老师、夏绍熙老师孜孜以求、不断奋进的学术态度是我今后学习和生活的榜样，在此对各位老师的辛劳表示感谢！

此外，我要感谢我的父母和家人，没有他们的鼎力支持和默默奉献，我将无法安心学习和写作，博士学位论文的完成就是不可能的，更何谈本书的出版。在此我要常常地祝福他们。同时，我要感谢西北大学和宝鸡文理学院，西北大学为我继续深造提供了场所和机会，宝鸡文理学院为我提供了基本的生活保证和精神支持，它们将作为我的母校和我奉献终生的地方铭记我心。

此外，我要感谢陕西省社会科学基金（13C071）以及陕西省教育厅人文社科重点研究基地基金（14JZ003）的赞助，感谢宝鸡文理学院“周秦伦理文化与现代道德价值研究中心”研究基地各位领导和成员的帮助。最后，我要感谢一切已经在我的生命中和即将在我的生命中留下印记的人，正因为他们的存在，才使我拥有丰富的人生。感谢他们，并祝愿人间无限美好！

此外，我还想交代最后一个问题，就是为什么将书名定为“德性之用：思孟学派与亚里士多德的伦理学”。如果采用“思孟学派与亚里士多德伦理思想比较研究”作为书名比较平实，也能概括本书的主要内容，但无法体现“德性”这一核心点，而且，“用”字意味着“德性”是这两种伦理学的根本内容和最高目的的实现途径，更能体现这部著作的核心理念。为此，经与谢阳举教授商量后将本书定名为“德性之用：思孟学派与亚里士多德的伦理学”。此外，用这个书名也受到余纪元先生《德性之镜：孔子与亚里士多德的伦理学》的启发，作为一个初学者，学术功底虽然浅薄，但还是希望在学术领域里能够继前人的脚步不断前行！

崔丽萍

2015 年 11 月